文史哲學集成

楊文雄著

詩佛王維研究

文史哲出版社印行

詩佛王維研究 / 楊文雄著. -- 初版 -- 臺北市：
文史哲, 民 77.02
頁; 21 公分（文史哲學集成; 183）
ISBN 978-957-547-388-4（平裝）

文史哲學集成 183

詩佛王維研究

著者：楊文雄
出版者：文史哲出版社
http:// www.lapen.com.tw
e-mail：lapen@ms74.hinet.net
登記證字號：行政院新聞局版臺業字五三三七號
發行人：彭正雄
發行所：文史哲出版社
印刷者：文史哲出版社
臺北市羅斯福路一段七十二巷四號
郵政劃撥帳號：一六一八〇一七五
電話886-2-23511028・傳真886-2-23965656

實價新臺幣五〇〇元

一九八八年（民七十七）二月初版

ISBN 978-957-547-388-4 00183

詩佛王維研究　目次

第一章　緒　論

一、研究旨趣

王維兼擅詩畫，又精禪理，生前即有「當代詩匠」的雅號（註一），死後連皇帝代宗也以「天下文宗」褒獎他（註二），可說是盛唐有名大詩人，歷來史家均無異說。但名聲顯赫的背後，也難免有其不足爲外人道的辛酸。他急於仕進，而有度曲「鬱輪袍」利用公主關說得解頭的醜聞（註三），再加上安史之亂被迫僞職，却不能死節，算是道德上的汚點，後世部分學者雖曲意維護，却也令人不無遺憾。清代史家章學誠「王右丞集書後」有以下的論斷：

> 摩詰蕭遠清謐，淡然塵外，詩文絢爛歸入平淡，似不食人間煙火味者。「鬱輪袍」取解之辱，杭大宗（世駿）已辨其誣。陷身於賊，服藥取痢，佯瘖賦凝碧池詩，前人謂其心未忘君，不能引決，爲遺憾耳。歷觀前世清靜自好之士，能輕富貴，寡嗜欲，而往往顧惜身命，臨難不能引決，依違濡忍，卒遺後世譏議，若揚子雲之投閣餘生，王摩詰之輞川晚節，均可惜也」。（註四）

章氏顯然歸咎王維信佛而不能死節爲憾，原因未免片面，或可從歷史背景、時代思潮及心理學等方面研究，而找出王維陷溺之由，這種外緣研究實有必要。外文系學者蔡源煌先生曾談到：

> 外緣研究所涉獵的佐證資料（例如傳記、心理學、歷史背景、政治與文化思潮、思想主流等）一則成爲誇行（interdisciplinary）的訓練，可以拓展文學的領域，一則可以彌補內在研究之不足。（註五）

雖然這種「新批評」理論已不時興，甚至有人反對，研究分外緣、內在乃取其綱目清楚，而非故意割裂作品的完整性。中國文評向重「知人論世」，了解作家的歷史背景與生平，視爲重要的一件事。中國既有悠久的「託意言志」之傳統，即是詩人本身也往往在作品中隱含有種種志意的託喻，此種詩人外緣的研究確有必要。學人周策縱先生也有以下的看法：

> 過去，研究古典文學多依循傳統解釋；後來的趨勢，由於比較文學研究等新的方式，解釋顯得自由得多，也實現了很多新的意義。然而，現今研究古典詩詞最合理而完善的做法，仍應是在企圖解釋之前，先從背景、環境的了解做爲研究的基礎工夫，又不能僅僅停留在這一階段，必須更進一步以讀者的內涵加以詮釋。一首詩應有多層次的解釋，不只終結於詩本身文字的限制。（註六）

周氏除了重視背景、環境等外緣的研究，也講求「作品闡釋」（explication de texte）。蔡源煌先生則有進一步深論：

新批評的作品闡釋方法使我們有效地將注意力投入作品之中，以瞭解作品本身，來做爲文學研究的出發點。這一點，英美的「新批評」功不可沒。然而，我們也不應該忽視內在研究的局限。外緣研究不論是採用傳記資料做爲作品研究的參考佐證，或是探討一個作者的文學表現的淵源、來龍去脉，對於作品本身的瞭解，並沒有衝突。甚至於運用心理學的原理來分析文學表現的替代、轉化，也能夠幫助我們去實現普通的實證經驗所無法窺見的蘊義。（註七）

因此，蔡先生認爲文學研究的最高理想乃是內在研究與外緣研究兼容並蓄。並鼓勵多元化的研究方針，不宜祇抱持某一項理論模式，而妄圖定於一尊。爲了檢證，似有從歷來詩評家對作品的討論中求印證。

王維「輞川集」二十首是被神韻派目爲「幽靜沖淡」，近於閒靜淡泊的風格。其中「竹里館」（「獨坐幽篁裡，彈琴復長嘯。深林人不知，明月來相照」）一首屢被討論，玆就個人所輯，或過錄或句摘，依年代順序列之如下：

㈠李攀龍氏「唐詩選評釋」云：

以下則爲輞川唱和之詩，摩詰與其友裴廸，俱於茶鐺、藥臼、經案、繩床間，日事嘯歌唱和，閒中之清課也。彈琴長嘯之聲，人所以不能知者，以竹林極深也。唯天上明月，則來相照，如月亦有會意者。此趣人所不易知，其偶然託興，不肯著題模擬，實與前詩（指「鹿柴」）相髣髴，令人冷然而善。（註八）

此傳統詩說，雖交代了背景，所論近於印象式批評。

㈡葉嘉瑩先生「迦陵談詩」一書，其中「從義山嫦娥詩談起」一文列出王維「竹里館」與王靜安「浣溪沙」詞作比較，談到「其爲寂寞心雖同，……摩詰居士所有的是修道者的自得」，認爲王氏之「獨坐幽篁裡」爲人我隔絕，她說：

再則摩詰居士所證之果，似亦只是辟支小果，去智度論所云「大慈與一切衆生樂，大悲拔一切衆生苦」及法華經所云「利益天人，度脫一切」的大乘佛法似還大有一段距離在，然而也惟其如此，所以王氏頗有「自了」「自救」的「自得」之樂。王氏是有心出世的，因此我說王氏寂寞心之因是「求仁得仁」，故其於寂寞中所感者亦少苦而多樂。自前所舉竹里館詩之「獨坐幽篁裡」及「深林人不知」觀之，豈不是極寂寞的境界，而王氏偏有「彈琴復長嘯」的快樂，和「明月來相照」的欣喜。因此我說摩詰居士由寂寞心所產生之果爲修道者的自得。（註九）

葉氏所論是以佛經教義來印證解詩，頗有會心，所揭「人我隔絕」近於心理學說法。

㈢楊牧先生「隨劉守宜先生訪竹里館」一文係翻案文章，劉氏有一篇講疏王維輞川集「竹里館」的小品（刊「聯合副刊」民國六十六年八月十六日），限於篇幅不便徵引，只摘錄楊牧兩段文章如下：

「劉先生以謙冲的君子之心，看到的王維是『篤志信佛，食不葷，衣不文采』的有道之士；我所看到的王維却是一個頗爲矯情的人。劉先生認爲『竹里館』是王維『一時興來，順手寫下』的詩，『享受生活閒趣的抽樣』；我卻覺得這詩糾纏得很，盤曲轉折，很有些造作技巧的花招。」

「如此說來，一首『竹里館』裏所展現的竟多是六朝人的興趣韻致，竹林是七賢的，琴是嵇康的，嘯是阮籍的，最後一句的明月更是有目共睹，且可以用謝莊這一段話爲註脚收束前三句：『君王廼……去燭房，即月殿；芳酒登，鳴琴荐，若廼涼夜自淒，風篁成韻……』竹琴月三位一體，詩人屬筆時盤曲轉折，大受知識和典故的導引，這是心理學上Gestalt 理論的最佳例子，我深覺這詩恐怕不是『一時興來，順手寫下』的。……『輞川集』載絕句二十餘首，合以其他登山臨水的作品讀之，令人覺得此老頗不簡單，是有『蟬脫塵埃』之勢，以爲他合當如此。千載之間，祇有朱熹目光如炬：『其人既不足言，詞雖清雅，亦萎弱少氣骨』」。（註一〇）

楊氏以朱熹舊說配合形態心理學的「格式」（指經驗的統一）理論，竟得到一個結論——王維是個造作虛矯的人。

(四)顏元叔先生「竹林、月光、詩人」一文，純係比較文學的觀點，他分五點來談：

(1)宗主權慾：現代人格心理學中有所謂Territoriality 的說法，就是一個人佔領空間的基本慾望。既然，佔領空間，對空間形成宗主權慾，讀者逸入詩中，獲得取代的滿足感。

(2)自由感：一個人佔領一個空間，其主要目的，在這個空間裏，可以享受最大的自由。

(3)陪伴者的出現：在空間裏雖得充分自由，但難免孤獨，會渴求一個不會危害到空間控制的陪伴者，那就是明月。

(4)自然之愛：人類源於自然，對自然有意識無意識地產生認同感，甚至回歸的慾望，這是一種原始類型的情感，會引起共鳴。「竹里館」是利用一組具有普遍訴諸力的意象，造構一個原始類性的情景。

(5)總結：回歸胚胎，現代心理分析學有所謂「回歸胚胎」的說法：人們都有一種潛在慾望，想回到母胎裏去。「竹里館」的世界，「幽篁」與「深林」，象徵地看，像一個胚胎；而詩人獨坐其中，就像胎兒獨佔母體一樣。（註一一）

顏氏應用到了人格心理學和現代心理分析理論，觀點雖新穎，完全背離了傳統說法。

以上列舉四種批評方法，都因研究者的需要和主觀的預期而定，必然有其局限，甚至要付出代價。王維一首區區二十個字的絕句，竟然負載如許意涵，何者最接近當初王維的意思？答案恐怕仍是見仁見智，無法定於一尊。因爲文學批評是主觀的，每一個批評家的選擇，總難免受到他所受環境及理論典範的影響，每一種批評意見都是局部的。鑑於各種批評模式的局限之體認，要從事一項新的批評研究，有必要重新界定其理論典範。

二、研究方法

晚近文學批評的蓬勃發展，令人目不暇給，如想附驥，也必註定要疲於奔命。現在可說是文學批評界的戰國時代，依比較文學學者陳慧樺先生的意見是：

當今最具規模的流派有記號學、解構批評、現象學、讀者反應和接受美學、詮釋學、新馬克斯主義、女性主義和深層心理學等，這些詮釋力量多少都跟語言哲學、哲學（尤其達希拉的解構哲學）、社會學和心理分析等有關，深富科際整合的色彩，所以現今研究批評的人根本不可能抱殘守缺，或者僅僅躲在某一學派的象牙塔裡而不探出頭來，因為當今各門學問的發展日進千里，資訊的散播極為驚人，只執著於某派委實不太可能，也太不睿智。（註一二）

出身中文系，面對這種「學術震撼」，雖心嚮往之，而頗有「憾」焉。六、七年前還附驥「新批評」寫了一本「李賀詩研究」，已費九牛二虎之力。如今「新批評」沒落，新的典範還未建立，眞有茫然之感。前年趁梅祖麟教授到成大演講曾請教過他，他和高友工教授是研究唐詩語法的專家，卻認為新的批評法不見得比舊的印象式批評好。高友工教授也在「文學研究的理論基礎—試論『知』與『言』」一文的結論中，主張我們應該細讀古人的印象批評，想辦法瞭解古人隻言片語背後的動機與眞正的涵義（註一三），顯然又回到了老路。不過，這種回歸傳統的省思仍有其積極的意義。重新肯定傳統批評的優點，也是援引西方理論的先決條件，葉嘉瑩先生「關於評說中國舊詩的幾個問題」談到：

所以接納西方的文學理論與批評方法，來為中國舊詩的批評建立新的理論體系，雖然是今日我們所當負的責任和所當行的途徑，可是重認中國舊詩的傳統，對舊詩養成深刻正確的了解及欣賞能力，則是在援引西方的理論方法前的一個先決條件。（註一四）

夙來喜歡研究王維的比較文學學者葉維廉先生，即有「批評理論架構的再思」及「中國古典詩與英美現代詩美學的匯通」（註一五）等文章，企圖架構中西詩學並找出中國詩的特色：

葉先生認爲中國詩以其特殊的文字和語法結構爲基礎，發展出純粹視覺性、雕塑性與電影意味（蒙太奇技巧和水銀燈效果）的特色，至於超越了分析說解的思維習慣與思想範疇，使事物（意象）自然呈現，因而把握了現象的眞象，則更是西方詩所無法企及的。這便是中國詩的視境。（註一六）

葉先生認爲中國詩任事物（意象）不沾知性的從自然現象裏純然傾出，非分析、演繹性的表現，最典型的例子便是王維。譬如王維「鳥鳴磵」：「人閒桂花落，夜靜春山空。月出驚山鳥，時鳴春澗中」，葉先生的解釋是：

詩中的景物自然發生與演出，作者毫不介入，既未用主觀情緒去渲染事物，亦無知性的邏輯去擾亂景物內在生命的生長與變化的姿態。在以物觀物的感情形態下，讀者與景物之間的距離被縮短了，因而得以參與美感經驗的直接創造。（註一七）

以上所言正是王維詩中所表現的純粹經驗。葉先生有「王維與純粹經驗美學」一文（註一八），他所提倡的純粹經驗美學，不僅肯定了王維的價值，使我們重新體認這位詩人的藝術成就；並藉由「出位之思」（詩或畫各自欲跳出本位而成爲另一種藝術的企圖）的觀點，重新肯定中國藝術（如詩、畫）的視境和精神。蘇東坡讚譽王維「詩中有畫，畫中有詩」的說法，就是王維詩的藝術特色之概括。年青學者張漢良先生有「語言與美學的滙通—簡介葉維廉比較文學的方法」一文，已指出葉先生採取「比較文學」的角度來滙通語言和美學，正是本論文所取資學習的立足點。比較文學風行有年並普遍爲學界所接受，「比較詩學」正是一套方法學（註一九），足供借鑑取資應用。本論文乃歸納前面論說並條舉體例如下：

㈠第一章緒論。首揭研究旨趣及研究方法，以明論文理路。

㈡第二章王維的時代背景與生平。本章注重王維在安史變亂所受到的影響，以及其家世眞貌的揭示。對其交游尤多著墨，並檢討裴廸身世及皇甫岳、李揖兩人生平之謎。並附「王維年譜新編」，期求條舉目張，對王維生平及交游有進一步認識。

㈢第三章王維人格辨誣。依心理學觀點，參照王維正史及野史傳聞來解析王維的人格。

㈣第四章王維的藝文觀念背景。討論盛唐文學環境、創作背景、思想及畫論特色。所分細目如下：

第一節盛唐文學環境。

第二節王維詩的創作背景：⑴出身背景⑵詩的淵源⑶藝文創作觀點。

第三節王維詩的儒道佛三家思想，並兼及「所謂王維思想性格矛盾之討論」。

第四節王維畫論及其畫風特色之討論。

㈤第五章王維詩的藝術特色—詩中有畫。文分四節：

第一節「詩中有畫，畫中有詩」說理論探源。

第二節「出位之思」：詩與畫關係之討論。

第三節「詩中有畫，畫中有詩」之義界。

第四節王維詩「詩中有畫」理論之整合。分⑴語法理論⑵繪畫理論⑶電影理論⑷情景理論⑸虛實理論。

㈥結論。由詩畫地位的轉換及歷來史家說法加以論列其文學史上的地位，以肯定他的藝術成就。

【附註】

註一　全唐詩卷一百二十九，苑咸酬王維詩序文。
註二　王縉進王右丞集表，代宗皇帝批答手敕。
註三　唐薛用弱「集異記」卷二。另見太平廣記卷一七九。
註四　刋新編本「文史通義」，頁六二六，華世出版社版。
註五　文見「文學的外緣研究與內在研究」，刋氏著「文學的信念」，頁一二三，時報出版公司版。
註六　文見「剪燭夜談—中國古典文學會外會」，刋聯合副刋，民國七十四年四月十二日。
註七　同註五，頁一二三。
註八　刋「唐詩選評釋」卷六，河洛圖書出版社版。
註九　文見「從義山嫦娥詩談起」，刋「迦陵談詩」頁一六四—八，三民書局版。
註一〇　刋氏著「文學知識」，頁一五一—六，洪範書店版。
註一一　刋聯合副刋，民國六十七年十月二十四日版。
註一二　文見「文學批評之公權力」？刋「文訊」三十三期，頁三八。

註一三　刋「中外文學」雜誌，七卷七期。

註一四　刋「迦陵談詩二集」，頁七三，東大圖書公司版。

註一五　「批評理論架構的再思」刋「中外文學」十四卷十二期；「中國古典詩與英美現代詩美學的匯通」刋「比較詩學」，頁二七—八五，東大圖書公司版。

註一六　文見張漢良先生「語言與美學的匯通—簡介葉維廉比較文學的方法」，刋「中外文學」四卷三期。

註一七　同註一六，頁一九八。

註一八　刋「純文學」雜誌第五七期。

註一九　葉維廉先生著有「比較詩學」一部，討論到中國詩的語言、媒介以及詩畫美學等問題，其中一篇—「出位之思」：媒體及超媒體美學，可爲王維「詩中有畫、畫中有詩」說法找到一條理路。本文深受啓發，特此致謝。

第二章　王維的時代背景與生平

第一節　王維所處時代背景

王維生處盛唐，時當武后、中宗、睿宗、玄宗、肅宗五朝。（生於武后大足元年，卒於肅宗上元二年，享年六十一歲）。雖歷經五朝，對王維影響最大的當數玄宗一朝。玄宗在位四十五年，剛好是王維由青年到老年時期，王維一生閱歷遭逢都與其關捩，玄宗一朝實足特加探討，以明王維所受時代影響。

玄宗前期勵精圖治，號稱「開元之治」，但到後來，政事全委李林甫，擧用奸佞，內寵楊貴妃，奢侈浪費又迷信，竟重用聚歛之臣，再加政策失當，邊陲任用蕃將，節度使勢力坐大，貽安祿山作亂之機，安史之亂是唐朝盛衰的轉捩點（註一），而關鍵在於玄宗一人身上。

玄宗一朝可分理亂兩期，史家都以開元二十四年分劃，「唐鑑」曾記載崔群答憲宗言，云：

人皆以天寶十四年安祿山反爲亂之始，臣獨以爲開元二十四年罷張九齡相，專任李林甫，此理亂之所分也。（註二）

此指九齡罷相，次年杖殺監察御史周子諒，張九齡受連累被貶荊州，再加宋璟卒於東都，朝廷從此沒有正直敢諫之士，宋人范祖禹特加評論，云：

古之殺諫臣者，必亡其國，明皇親爲之，其大亂之兆乎？開元之初，諫者受賞，及其末也而殺之，非獨於此而異也。始誅韋氏，抑外戚，禁珠玉錦繡，詆神仙，禁言祥瑞，豈不正哉。其終也，惑女寵，極奢侈，求長生，悅禨祥，以一人之身而前後相反如此，由有所陷溺其心故也。（註三）

范氏所擧可以看出前後理亂之由，前期有開元之治，後期却惑於楊貴妃，豪侈浪費，且迷信長生，另外還可指出多種弊端，如擧用奸佞、專務聚歛，軍事擧措失當等等，試依個人、政治、經濟、軍事四方面擧例說明。

一、迷信長生，陷溺心志——個人方面

唐朝自高祖李淵以老子爲同宗起，尊崇道教，歷朝君王均熱衷於祈禳、服丹，到了玄宗更甚。玄宗起事之初，即引用道士馮道力、處士劉承祖等人廣製瑞應。即位後，置崇玄館，設立道學，開元十三年封禪泰山。宰臣以符瑞奉承而得位的有王璵、陳希烈等多人。尤有進者，玄宗自鍊丹藥，又裝神弄鬼，史有記載，資治通鑑卷二一五，唐紀玄宗天寶四載，云：

春，正月，庚午。上謂宰相曰：朕比以甲子日，於宮中爲壇，爲百姓祈福，朕自草黃素置案上，

俄飛升天，聞空中語曰：「聖壽延長」。又朕於嵩山鍊藥成，亦置壇上，及夜，左右欲收之，又聞空中語曰：「藥未須收，此自守護」，達曙乃收之。太子、諸王、宰相皆上表賀。

玄宗雖製造「神」話，却深忌圖讖。如開元六年，以桓彥範等五人「名著讖諱」配享中宗；駙馬都尉裴虛己，坐與岐王範遊，「兼挾讖諱」，配徙嶺外；周子諒劾奏牛仙客「語援讖書」，杖於朝堂，流配而死，故史家認爲：

則玄宗於讖，誠有畏忌之情，故王鉷、李林甫得以「蓄讖諱，規復隋室」陷楊慎矜也。玄宗可謂迷信之魁矣。（註四）

玄宗的迷信，甚至影響後代，所謂「上有所好，下必有甚焉者」。安史亂起，肅宗於兵事倥偬之際，仍熱衷於祈禳祠祀，分遣女巫遍祭天下名山大川。代宗也喜祠祀，又受宰臣元載、王縉影響，竟稱平亂不在人事，而在業力果報，舉國風靡，群趨祈禳鍊丹，遂致刑政日益敗壞。歷朝君王奉道（也包括佛教），求仙之弊無代無之，有唐一代，玄宗迷信之漸，影響深遠。再加晚年心志陷溺，以致舉措失當，如爲迎合武惠妃，而錯殺太子瑛、鄂王瑤、光王琚。最後仍然不敢立武惠妃愛子——壽王瑁，反而立庸弱的忠王亨爲太子。不久武惠妃病卒，「帝悼惜久之，後庭數千無可意者」，後來雖尋到了「資質豐艷，善歌舞通音律，智算過人，每倩盼承迎，動移上意」的楊貴妃（註五），却是自己兒子壽王瑁的妃子，「從此君王不早朝」，沈湎酒色，政事全委楊國忠，國事當然不堪聞問。

二、舉用奸佞，朝政日非——政治方面

在開元前期，玄宗所任名相當數姚崇、宋璟最有名，也是「開元之治」的功臣，司馬光曾指出這些宰臣的優點：

姚崇尚通，宋璟尚法，張嘉貞尚吏，張說尚文，李元紘、杜暹尚儉，韓休、張九齡尚直，各其所長也。九齡既得罪，自是朝廷之士，皆容身保位，無復直言。（註六）

司馬光指出，皇帝的明昏，視所用宰臣而轉移，臣忠則君明，臣姦則君昏。所以開元二十四年以後，朝廷無直諫之臣，次年更杖殺諫官周子諒，范祖禹以為大亂之兆。得志的盡是奸佞之輩，李林甫、牛仙客及楊國忠等輩，僅知揣摩玄宗心理，阿其所好，玄宗那能不昏瞶？

尤以李林甫居相位十九年，除了專權，就是朦蔽主上、打擊異己，以鞏固個人勢力，據司馬光言：

上晚年自恃承平，以為天下無復可憂，遂深居禁中，專以聲色自娛，悉委政事於林甫。林甫媚事左右，迎合上意，以固其寵；杜絕言路，掩蔽聰明，以成其姦；妬賢疾能，排抑勝己，以保其位；屢起大獄，誅逐貴臣，以張其勢。自皇太子以下，畏之側足。凡在相位十九年，養成天下之亂，而上不之寤也。（註七）

依司馬光之言，李林甫為鞏固個人權位勢力，共用了四種手段。第一是迎合上意，使玄宗沈湎酒色，而無暇過問政事。據新唐書李林甫傳，云：

林甫善養君欲，自是，帝深居燕適，沈蠱衽席，主德衰矣。

第二個手段在杜絕言路，矇蔽玄宗的耳目。依新唐書李林甫傳，云：

林甫居相位十九年，固寵市權，蔽欺天子耳目，諫官皆持祿養資，無敢正言者。補闕杜璡上書言政事，斥爲下邽令。因以語動其餘曰：「明主在上，群臣將順不暇，亦何所論，君等獨不見立仗馬乎？終日無聲而飫三品芻豆，一鳴則黜之矣，後雖欲不鳴，得乎？」由是諫爭路絕。

李林甫第三種手段，就是妬賢疾能，以保其位。據資治通鑑天寶元年載：

李林甫爲相，凡才望功業出己右及爲上所厚，勢位將逼己者，必百計去之。尤忌文學之士，或陽與之善，啗以甘言而陰陷之。

據史書記載，被李林甫所排擠的宰臣有張九齡、李適之，可能入相而杜絕其入相的，有裴寬、韋堅、嚴挺之、王忠嗣、盧絢等人。

第四種手段竟是下殺手，陷害忠良或不利於己之人。依舊唐書玄宗本紀所載，從天寶五載到八載，短短四年，先後貶殺了韋堅、李適之、杜有鄰、王曾、柳勣、李邕、裴敦復、楊愼矜三兄弟及趙奉璋等人。天寶十一載十一月，李林甫雖死了，繼任的楊國忠更是一丘之貉，依舊書楊國忠傳，云：

國忠，自侍御史以至宰相凡領四十餘使，又專判度支吏部三銓，事務鞅掌，但署一字，猶不能盡，皆責成胥吏，賄賂公行。

楊國忠能力不及李林甫，又恃楊貴妃得寵之勢力，一無顧忌，再加和安祿山時有摩擦，終於惹起安祿山的叛變，依司馬光言，云：

安祿山專制三道，陰蓄異志殆將十年，以上待之厚，欲俟上晏駕然後作亂。會楊國忠與祿山不相悅，屢言祿山且反。上不聽，國忠數以事激之，欲其速反以取信於上。祿山由是決意遽反。（註八）

可見楊國忠是點燃安史之亂的禍首，大唐盛世就在這場「漁陽鼙鼓動地來」聲中，霧消雲散。

三、專務聚斂，豪侈浪費——經濟方面

玄宗寵信聚斂之臣，依舊唐書食貨志言：

開元中，有御史宇文融獻策括籍外剩田色役僞濫及逃戶許歸首，……得錢數百萬貫，玄宗以爲能，……又楊崇禮爲太府卿，清嚴善勾剝，……必令徵天下州縣徵財帛，四時不止。……又有韋堅，……關中漕渠鑿廣運潭，以挽山東之粟，歲四百萬石，帝以爲能。……又王鉷進計奮身自以爲戶口色役使，徵剝財貨，每歲進錢百億，寶貨稱是，云非正額租庸，便入百寶大盈庫以供人主宴私賞賜之用。

玄宗靠宇文融等輩聚歛營私，再加裴耀卿於河口置輸場，運米入關中，一擧解決長安及西北駐軍糧食問題（註九）。開元之際，誠如杜甫「憶昔」詩所述「憶昔開元全盛日，小邑猶藏萬家室，稻米留脂粟米白，公私倉廩俱豐實。」但由於「（上）以國用豐衍，故視金帛如糞壤，賞賜貴寵之家，無有限極。」（註一〇）可見唐玄宗因富裕而驕侈，到了天寶年間，寵楊貴妃之故，奢侈之風達於極點，依舊唐書

楊貴妃傳，云：

韓虢秦三夫人，歲給錢千貫，爲脂粉之資。……姊妹昆仲五家，甲第洞開，僭擬宮掖。每構一堂，費踰千萬計，見制度宏壯於己者，即徹而復造，……玄宗每年十月，幸華清宮，……五家合隊，照映如百花之煥發，而遺鈿墜舄，瑟瑟珠翠，璨爛芳馥於路。

楊氏姊妹這種豪侈浪費，世無其匹，始作甬者，應怪聚歛之臣，有了他們的搜括，聚天下寶貨爲少數人所用，當然會有不平之鳴（註一一），尤以引起舉國競侈之風，上行下效，影響豈能謂小？

四、重用蕃將，節度坐大——軍事方面

玄宗喜開邊隙，重邊功，故沿邊設置節度使，後又重用蕃將。且由於府兵制度寖壞，只好改府兵爲彍騎，變成募兵制，將帥握兵權，勢大跋扈，造成尾大不掉，是萌發暴亂之原，史學家李樹桐先生談到：

歷觀中外史實，權集於中央則各地聽命，權分於下則尾大不掉，移於奸臣則篡竊，移於將帥則叛亂，皆自然之理也。天寶之亂的造成，在軍事上就是由權移於將帥的緣故。（註一二）

唐朝本繼承北周以來的府兵制，將帥無從抓權跋扈，據新唐書兵志，云：

初府兵之置，居無事時耕於野，其番上者宿衞京師而已。若四方有事，則命將以出，事解輒罷，兵散於府，將歸於朝，故士不失業而將帥無握兵之重，所以防微漸絕禍亂之萌也。

府兵制度雖佳，但到了高宗、武后時，天下久不用兵，「番役更代，多不以時，衛士稍稍亡匿，至是（指開元六年）以後，益耗散，宿衛不能給」（註一三）。要等到開元十一年，兵部尚書張說提出改革辦法，召募強壯，分繫諸衛，更番上下以實京師，號「長從宿衛」，後更號曰彍騎，中央召募的充宿衛，邊疆節度使召募的充邊軍，從此改徵兵爲募兵，征戍的責任，遂落於節度使鎭將的肩上。

當時雖有「師不土著，無家族之顧，將帥脅一時之命，而偏裨殺將自擅之兆生矣」的疑慮（註一四），節度使與邊域鎭將仍然乘機坐大。再加上李林甫的偏頗心態，主張重用蕃將，以杜絕邊將入相，依新唐書李林甫傳，云：

貞觀以來，任蕃將者如阿史那社爾、契苾何力，皆以忠力奮，然猶不爲上將，皆大臣總制之，故上有餘權以制於下。先天開元中，大臣若薛訥、郭元振、張嘉貞、王晙、張說、蕭嵩、杜暹、李適之等，自節度使入相天子。林甫疾儒臣以方略積邊勞且大任，欲杜其本以久己權，即說帝曰，……帝然之，因以安思順代李林甫領節度使，而擢安祿山、高仙芝、哥舒翰等專爲大將。林甫利其虜也，無入相之資，故祿山得專三道勁兵，處十四年不徙。天子安林甫策不疑也。卒稱兵蕩覆天下，王室遂微。

單以安祿山獨兼平盧、范陽、河東三鎭兵力都壓倒中央的彍騎，再加安祿山兼領內外閑廐都使及知樓煩監，陰選甲馬歸范陽，兵力傾蓋天下，再經楊國忠一再相激，安祿山那能不反？推究緣由，乃在府兵制破壞，玄宗又喜開邊隙，廣置節度使，再經奸人李林甫誤導，楊國忠推波助浪，重用蕃將，造成朝廷勢弱，邊陲勢強的局面。軍事上的一著失棋，導致全盤皆輸，玄宗一念之差，造成八年的安史變亂，代價可謂不小。

總之，玄宗朝雖有號稱「開元之治」的治世，但到開元後期（即開元二十二年李林甫居相位起）以迄天寶安史之亂，政事全委李林甫及後來的楊國忠，小人當道，以致政局杌隉不堪。王維貶官濟州後，靠張九齡援引，得重返長安任右拾遺，也在開元二十二年，正處於李林甫專權時期之下，境遇之壞可想而知。個人曾以「王維人格辨誣」專節論及王維不得不應酬李林甫，以及面對李林甫親信苑咸所作的解嘲，已作詳細說明，此處不贅。（註一五）

【附　註】

註　一　見傅樂成先生「中國通史」第十六章，安史之亂以後的唐帝國，大中國圖書公司版。

註　二　宋范祖禹著「唐鑑」卷十八。

註　三　同前註。

註　四　見呂思勉「隋唐五代史」，頁一四一〇，九思出版社版。

註　五　舊唐書卷五十一，楊貴妃傳。

註　六　資治通鑑卷二百十四，唐紀三十，玄宗開元二十四年。

註　七　同前註六，卷二百十六，唐紀三十二，玄宗天寶十一載。

註　八　同前註六，卷二百十七，唐紀三十三，玄宗天寶十四載。

註　九　同前註六，卷二百十四，開元二十二年，載裴耀卿爲江淮河南轉運使主其事。

註一〇　同註七，玄宗天寶八載。

註一一　同註六，開元十七年載：宇文融性精敏，應對辯給，以治財賦得幸於上，始廣置諸使，競爲聚斂，由是百官浸失其職，而上心益侈，百姓皆怨苦之。

註一二　李樹桐先生「唐史研究」，頁一九三，台灣中華書局版。該書攷證精詳，本文頗受啓發，並採用多處，謹此致謝。

註一三　新唐書兵志。

註一四　玉海卷一三八，引鄴侯家傳。

註一五　見本書第三章「王維人格辨誣」，「上李林甫詩與苑咸解嘲」條。

第二節　王維家世

一、郡望與里居

自晉以來，矜尙門第。而任何「門第」，必須具備「族姓」、「門戶」以及「地望」三者，缺一不可（註一）。所謂「地望」即是大家習稱的「郡望」，後來唐人相承習，喜言「郡望」，而不注重「里居」。故「文人屬詞喜稱先代之地望，非必土著云然。李白生西蜀寄長安而自稱『隴西成紀人』」（註二）。依舊唐書王維傳，王維是太原祁人，屬「太原王氏」。再依柳芳「氏族論」，是「山東郡姓」—王、崔、盧、李、鄭之首（註三），故王氏族人自稱「後魏定氏族，僉以太原王爲天下首姓，故古今時諺有鼎蓋之名，蓋謂蓋海內甲族著姓也」（註四）。但依唐劉知幾「史通」因習篇自註言：「「近代史爲王氏傳，云瑯邪臨沂人；爲李氏傳，云隴西成紀人。非惟王、李二族久離本郡，亦自當時無此郡縣，皆是魏、晉以前舊名。」知「瑯邪王氏」才是本流，攷之新唐書宰相世系表：「王氏定著三房：一曰瑯邪王氏，二曰太原王氏，三曰京兆王氏」。則王維所屬郡望—太原王氏乃支流，但在唐朝仍屬天下名族中的名族。

至於「太原王氏」祖籍原居地究在何處？依新唐書宰相世系表，「太原王氏，出自離次子威，漢揚州刺史。九世孫霸，字儒仲，居太原晉陽。」則太原王氏的本支當在太原晉陽，那麼王維屬太原祁人即是旁支。太原祁縣，在今山西省祁縣。位在太原以南，汾陽以東，泌源以北，遼縣以西。汾河支流，從西繞縣城北邊，再向東流，水陸交通便利。在春秋時代，是晉大夫祁奚的封邑，漢朝才置郡縣。

再依劉昫王維本傳言，王維父親徙家于蒲，遂爲河東人。但依王維先世王卓落籍河東猗氏縣（楊炯一作「長壽縣」）（註五），則早在四世紀的晉朝，王維這一支已是河東人，不必等到他父親到汾州做司馬，搬到蒲州，才算河東人。歐陽修宰相世系表定他們這一支爲「河東王氏」，所以王維的祖籍應是「河東猗氏縣」。

再談到王維居住地，照劉昫王維本傳應是蒲州。蒲州居河東道，開元八年，改稱河中府，即今山西省永濟縣。新唐書王縉傳稱：「本太原祁人，後客河中」，「河中」與王維傳所稱「徙家於蒲」，地理位置相同，即同指蒲州。但大唐傳以「王河南維」相稱，當以蒲州近河南府，才作如此稱呼。蒲州形勢險要，龍門居北，南對潼關，西臨黃河，東倚太行。原是虞舜的國都—蒲坂，縣北陶城有帝舜燒陶舊地，城南雷首山，則是伯夷、叔齊兄弟隱居之地。蒲州應是王維早年未到長安（十五歲以前）時的故居。

二、先　世

王氏，乃天子後裔，所出不一，依鄭樵「通志略」云：「有姬姓之王，有嬀姓之王，有子姓之王，有虜姓之王」（註六）。而王維係太原祁人，再依通志氏族略第四云：「若瑯邪太原之王，則曰周靈王太子晉，以直諫廢爲庶人，其子宗恭爲司徒，時人號曰王家。……此皆姬姓之王也。」可見王維應屬周靈王太子晉之後人。

再依宋本「廣韻」記載，王氏家族共有二十一地望，其中以太原和瑯邪的王氏最有聲望。歐陽修宰相世系表記其源流，云：

王氏出自姬姓。周靈王太子晉以直諫廢爲庶人，其子宗敬（鄭樵通志作「宗恭」）爲司徒，時人號曰「王家」，因以爲氏。八世孫錯，爲魏將軍。生賁，爲中大夫。賁生渝，爲上將軍。渝生息，爲司寇。息生恢，封伊陽君。生元，元生頤，皆以中大夫召，不就。生翦，秦大將軍。生賁，字典，武陵侯。生離，字明，武城侯。二子：元、威。元避秦亂，遷于瑯邪，後徙臨沂。

此係瑯邪王氏祖籍由來。而太原王氏則出自離次子威，再依宰相世系表，云：

> 太原王氏出自離次子威，漢揚州刺史，九世孫霸，字儒仲，居太原晉陽，後漢連聘不至。霸生咸，咸十九世孫澤，字季通，雁門太守。生昶，字文舒，魏司空、京陵穆侯。二子：渾、濟。渾字玄冲，晉錄尚書事、京陵元侯。生湛，字處冲，汝南內史。生承，字安期，鎮東從事中郎、藍田縣侯。生述，字懷祖，尚書令，藍田簡侯。生坦之，字文度，左衞將軍、藍田縣侯。生愉，字茂和，江州刺史。生緝，散騎侍郎。生慧龍，後魏寧南將軍、長社穆侯。生寶興，龍驤將軍。生瓊，字世珍，鎮東將軍。四子：遵業、廣業、延業、季和，號「四房王氏」。

可見太原王氏祖籍在太原晉陽，而王維祖籍係太原祁縣，又宰相世系表也稱王維這一支爲「河東王氏」，這其中必有問題。另外上列譜系其中一段有錯誤：「二子：渾、濟。渾字玄冲，晉錄尚書事、京陵元侯。生湛，字處冲，汝南內史。」依晉書卷四十二及七十五，應更正及增字爲：「二子：渾、湛。渾字玄冲，晉錄尚書事、京陵元侯。生濟，驃騎將軍，尚常山公主，有庶子二人。卓字文宣，嗣渾爵，拜給事中。次子聿字茂宣，敏陽侯。湛（按：應爲渾弟，非其子）字處冲，汝南內史」，才算正確。

還有一個問題，從「湛字處冲，汝南內史」以下到「四子：遵業、廣業、延業、季和。號『四房王氏』」，都屬王湛庶系這一支。而明顧起經箋註却認爲「四房王氏」的第三房（即王延業）是河東王氏（註七），也即王維遠祖。但攷之北史卷三十五，第三房的王延業，戰死無子，據北史原文是：

> 廣業弟延業，博學多聞，頗有才藻，位中書郎。河陰之役，遂亡骸骨。又無子，贈齊州刺史。

可說是證據確鑿，既無子，何來「河東王氏」？王維所屬河東王氏當不屬於王湛這一支，顯然宰相世系表也有錯誤。

以上所言都指出「河東王氏」有問題，那麼王維系屬河東王氏，只能追溯到高祖王儒賢。幸好有王顏的「追樹十八代祖晉司空太原王公神道碑銘」一文，論及河東王氏的遠祖—王卓及王維屬於河東王氏猗氏房（註八），剛好可上接「王渾—王濟—王卓」這一支嫡系，有別於王湛的庶系。但疑點仍然很多，依王顏原文談及王卓，云：

卓字世盛，歷魏晉，爲河東太守，遷司空，封猗氏侯。夫人河東裴氏，父仲賢，任雍州牧。卓翁年七十九，薨於河東。時屬劉聰、石勒亂太原晉陽，不遂歸葬，葬河東猗縣焉。

這是河東王氏的由來，但王卓字世盛，担任職務是河東太守、司空，和初唐楊炯的「瀘川都督王湛神道碑」所記載又有不同，依楊炯神道碑記載云：

公諱湛，字懷元，太原晉陽人也。十一代祖卓，晉給事中，母常山公主，河東有湯沐邑，因家焉，葬於長壽縣，故鄉有太原之號。

此文所載王卓和歐陽修宰相世系表所記王渾的孫子王卓，應屬同一人。而身爲王氏後代的王顏卻粉飾史實，捏造譜系，編「全唐文」的董誥等人已加案語駁斥（註九），而王顏何以要捏造，日人伊藤正文有專文詳細推論，云：

在山西省南端的河東地帶，自從晉的給事中王卓以來，就有太原王氏的一支支流聚居，當初在長壽縣還保存太原鄉的名稱，也定期的舉行集會、祭祀；但隨著河東王氏的猗氏房強盛，太原鄉的名字也從長壽縣轉移到猗氏縣了，最後才會說王卓埋葬的地點也是在猗氏縣。總之，河東王氏的遠祖，起自後漢的王澤，經過魏的王昶，到了昶的長子—也就是晉代的王渾，再經王渾的長子濟，傳到王卓，這個家族可說是王氏嫡氏之後。可是若依「王湛碑」中所見，王卓以後的幾代却是空白的，很可能是在這一段時間裡，至少在政治，社會上，王氏處於消沈時期。相反的，上述王渾的么弟王湛的家世，以後却代代都有發展，從南北朝到隋唐時代，都出現許多名留正史的人物，也留下完整的系譜，可以說嫡系的發展反不如庶系來得好，所以，一旦定居河東的嫡系，從南北朝末期再次抬頭時，這一家的有志之士，必然會急於恢復嫡系的原有名譽。（註一〇）

這種門閥意識在唐朝還很強烈，唐人矜尚郡望，不重里居，王顏的「神道碑」及闕名的「太原鄉牒」（依全唐文編者董誥攷知，乃王顏所作）都透露出蛛絲馬跡。王顏等後代都在粉飾王縉以後跌落的聲望，如王顏「神道碑」說：「河東王承太原顯望久矣，一旦為縉叔齊公沒之，而望平沈也」（註一一）。個中消息可知。再加上王維作品裡，看不到有關父祖的敍述或碑文，也沒有直接言及河東王氏和自己所屬的猗氏房，忌諱談論家世，殊足令人困惑。但以文獻不足，僅就所能，依部分資料排比列出王維世系簡表（詳後），並再說明兩點：

(1)楊炯的「瀘川都督王湛神道碑」的王湛係唐高宗時人（高宗咸亨三年七月十七日卒），和宰相世系表所述王渾么弟王湛，不是同一人，應有所分別。而歐陽修等人可能刪漏部分資料不察（說見前），造成張冠李戴，前所言宰相世系表有誤，原因或在此。

(2)大致已明瞭王維世系是河東王氏猗氏房，但其祖王卓生平仍有爭議，苦於文獻不足，只有暫繫王卓這一支，以待高明。

（以下王維世系表，係依新唐書宰相世系表、晉書卷四二、七五及北史卷三五等製成，恐有疏漏及不足，請補苴匡正爲幸。）

〔附錄〕王維世系簡表

王維世系簡表

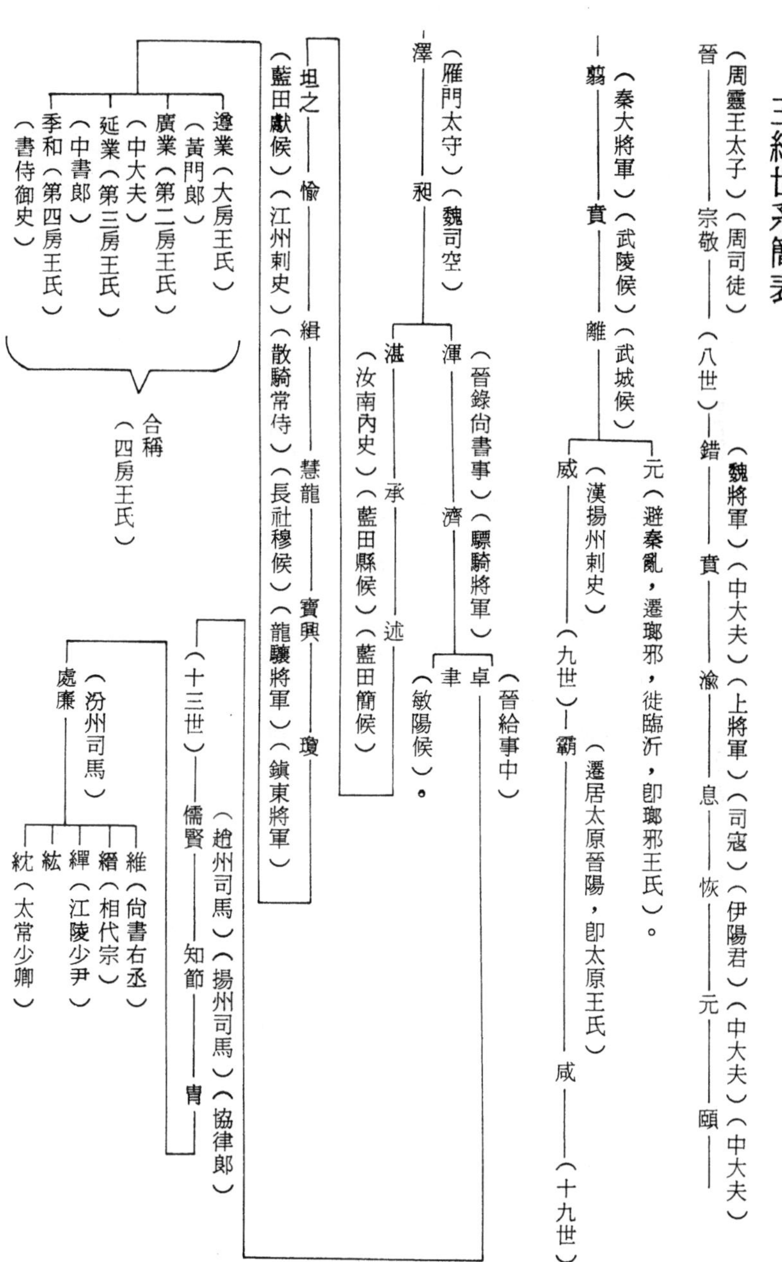
晉（周靈王太子）（周司徒）——宗敬——（八世）—錯（魏將軍）——賁（中大夫）——渝（上將軍）——息（司寇）——恢（伊陽君）——元（中大夫）——頤（中大夫）——
翦（秦大將軍）——賁（武陵侯）——離（武城侯）——
元（避秦亂，遷瑯邪，徙臨沂，即瑯邪王氏）。
威（漢揚州刺史）——（九世）—霸（遷居太原晉陽，即太原王氏）——咸——（十九世）
澤——昶（雁門太守）（魏司空）
渾（晉錄尚書事）——濟（驃騎將軍）
卓（晉給事中）
聿（敏陽侯）。
湛（汝南內史）——承（藍田縣侯）——述（藍田簡侯）
坦之（藍田獻侯）——愉（江州刺史）——緝（散騎常侍）——慧龍（長社穆侯）——寶興（龍驤將軍）——瓊（鎮東將軍）
遵業（大房王氏）（黃門郎）
廣業（第二房王氏）（中大夫）
延業（第三房王氏）（中書郎）
季和（第四房王氏）（書侍御史）
合稱（四房王氏）
（十三世）——儒賢（滄州司馬）——知節（揚州司馬）——冑（協律郎）
處廉（汾州司馬）
維（尚書右丞）
縉（相代宗）
繟（江陵少尹）
紘
紞（太常少卿）

三、家　族

甲、高祖儒賢，趙州司馬。曾祖知節，揚州司馬。祖冑，協律郎。父處廉，汾州司馬。母，崔氏。

由於缺乏文獻資料，我們對王維的家族所知有限。令人困惑的是，以王維、王縉兄弟所謂「朝廷左相筆，天下右丞詩」的聲望，竟然沒有詳細資料記載。何況王維集中仍有很多爲別人所作碑銘、墓誌，甚至是序文，竟無一語道及其家族及先世，我們僅能從歐陽修宰相世系表抄出部分資料，聊作參攷。

王維的父親處廉，曾任汾州司馬，且把家搬到蒲州，可能在王維早年就過世了，有史家定王處廉卒於玄宗開元三年，王維十五歲時，莊申先生「王維年表」主之。問題是守喪期間（唐俗是二十五個月）怎麼可能出外到外地去？王維詩「過秦王墓」註記「時年十五」；「洛陽女兒行」十六歲時作，都可證明王維丁父憂，應在開元三年以前，但文獻不足，只有待攷。

祖父王冑，曾當過協律郎，可能對王維有影響。「集異記」稱王維「年未弱冠，文章得名，性閑音律，妙能琵琶」，應是祖父的薰陶教導，才能揚名朝廷親貴之間。曾祖王知節，曾任職揚州，担任司馬；高祖儒賢也曾任趙州司馬，都算是地方上的中級官吏，名望不夠顯赫，或許這就是王維家族記載缺漏的原因，在唐代那種矜尚門第的社會，因顧忌而隱諱了。

母親崔氏，博陵人，後封博陵縣君。照王維「請施莊爲寺表」中所說：「臣亡母故博陵縣君崔氏，師事大照禪師三十餘歲。褐衣蔬食，持戒安禪，樂住山林，志求寂靜」。知道王維的母親也是「山東郡姓」——王、崔、盧、李、鄭的崔氏大族之後，按宰相世系表，崔氏有博陵安平一派，當是右丞母氏所出，故以博陵爲號。至於「縣君」由來，依唐書百官志，文武官五品母妻爲縣君。天寶元年，王維任庫部郎中，剛好是五品官，他母親被封博陵縣君應在那個時候，王維已四十二歲，他母親的年紀也應在六十開外了。

由於王維的母親篤信佛教，師事大照禪師三十餘年，對王維應有很大影響。開元十八年，王維三十歲，可能遭喪妻之痛，受教道光禪師（註一二），到了晚年，信佛更篤，當係其母啓之而影響深遠。再依舊唐書本傳云：「事母崔氏以孝聞」以及新唐書本傳言：「與弟縉齊名，資孝友」，可見王維極盡孝道及友愛兄弟。他在爲王璵相國所寫「紫芝木瓜讚」文中談到「孝悌之至，通於神明」。難怪在天寶九年春（註一三），母親崔氏過世，王維竟「居母喪，柴毀骨立，殆不勝喪」（劉昫本傳語）、「母喪，毀幾不生」（宋祁本傳語）。他爲了紀念母親，施莊爲寺，依「請施莊爲寺表」中「元聖中興」一語，當在乾元元年以後，他把輞川草堂精舍改稱「清源寺」。據「長安志」所載：「清源寺在藍田縣南輞谷內，唐王維母奉佛山居，營草堂精舍，維表乞施爲寺焉」。今陝西志也記載：「西安府藍田縣有王維母博陵縣君崔氏及維墓，俱在鹿原寺西。」

乙、弟縉、紞、紘、紞，妹（人數不詳）

王維有四個弟弟，大弟縉，二弟紞，三弟紘，四弟紞。可能由於年齡接近的關係，和王縉相差一歲最爲親近。但對四弟王紞也關愛有加。誠如劉昫本傳所言：「與弟縉，俱有俊才，博學多藝亦齊名，閨門友悌，多士推之」，亦可想見王維愛護弟妹的情形。

王縉，字夏卿，兩唐書有傳。少好學，與兄王維以文翰知名。連應草澤及文辭清麗舉，累授侍御史、武部員外。安祿山亂起，選爲太原少尹，與李光弼同守太原，因功加憲部侍郎。以王維陷賊受僞官，賊平議處，王縉請削官爵爲兄贖罪，特爲減等。後累封兵部侍郎，史朝義平，詔宣慰河北。廣德二年，拜黃門侍郎，同中書門下平章事。進侍中，持節都統河南等道諸節度行營事。詔拜盧龍節度使，至幽州，委軍於李希彩乃還，兼領河東節度，殺不聽律令鎭將王無縱等人，次年以本官復知政事，當時元載貴顯，王縉曲附，同流合汚，縱容弟妹爭納賄賂，多所營造佛祠，終以夜醮爲人告發圖謀不軌，貶括州刺史，卒於德宗建中二年，享年八十二。

王縉和王維才名相等，當時即有「朝廷左相筆，天下右丞詩」的雅稱，但兩人之間的孝悌友愛，也爲人所稱羨。安史之亂，王維陷賊論罪，王縉請削官以贖兄罪，兩唐書王維本傳都有記載，王維晚年所寫「責躬薦弟表」稱其弟「上表祈哀，請代臣罪」，仍念念不忘王縉的恩德。所以，王縉遠在蜀州任刺史，王維上表乞求削官歸里，賜王縉散職，任職朝廷，文在「責躬薦弟表」、「謝弟縉新授左散騎常侍狀」，內容除了道盡個人五種短處，揄揚王縉五種長處外，更傾訴兄弟友于之情，令人感動。他說：

臣又逼近懸車，朝暮入地，闃然孤獨，迥無子弟。弟之與臣，更相爲命，兩人又俱白首，一別恐隔黃泉。儻得同居，相視而沒，泯滅之際，魂魄有依。伏乞盡削臣官，放歸田里，賜弟散職，令在朝廷。臣當苦行齋心，弟自竭誠盡節，並願肝腦塗地，隕越為期。

寫來情眞意摯，也可想見兩人生前吟詩唱和，登臨遊樂，並肩攜手，其樂融融。甚至臨終之際，仍不忘手足之情，依劉昫唐書說：「以縉在鳳翔，忽索筆作別縉書。又與平生親故作別書數幅，多敦厲朋友奉佛修心之旨，捨筆而絕」。可見王維對其弟妹的關愛。可惜的是，王維身後，王縉官雖愈做愈大，却忘了王維奉佛本意，竟營寺淫祀，並奏請代宗廣建道場，舉朝奉佛靡費無數，馴致朝政不修。「又縱弟妹女尼等廣納財賄，貪猥之跡如市賈」（註一四），王縉晚年失節，有失王維在世愛護提攜之意，思之憮然。

王維另有二弟王繟，曾任江陵少尹；三弟紘；以及四弟紞，任太常少卿（註一五）。王維詩有「山中示弟等」二首，要他的弟弟安貧樂道，「莫學嵇康懶，且安原憲貧」，甚至「惟應見白雲」（山中寄諸弟妹）那樣清高自守。那曉得王維過世之後，王縉竟領頭，「縱親戚尼媪招納財賄，猥屑相稽，若市賈然」（唐書本傳），幸好四弟王紞表現較佳，據竇蒙註「述書賦」，談到王紞說：「幼弟紞，有兩兄之風，閨門之內，友愛之極」。除了王縉外，王維僅具名給王紞寫了一首「林園寄舍弟紞」。當然還有流傳很廣的「九月九日憶山東兄弟」，寄託有淳厚兄弟之情，可證他對其弟的感情，始終如一。

新舊唐書王縉傳都提到有妹妹，但不知確數，王集有一首「別弟妹詩」，云：

兩妹日成長，双鬟將及人。已能持寶瑟，自解掩羅巾。念昔別時小，未知疏與親。今來始離恨，拭涙方慇懃。

既言「兩妹日成長」，當係有兩個妹妹。問題是，這一首和另一首「寶瑟詩」，有作盧象詩，因盧象詩集有「八月十五日象自江東止田園移莊慶會，未及歸汶上，小弟幼妹尤悲其別，兼賦是詩三首」。第一首是「謝病始告歸」，第二首是「兩妹日成長」，第三是「小弟更孩幼」，所以「唐詩紀事」也作盧象詩，趙殿成箋注也主盧象所作。只有近人莊申先生「王維研究」主張王維有越東探親之行，列出三點證據，定爲王維所作。但時人徐賢德、簡錦松輩以及韓維鈞「王維現存詩歌質疑」（註一六）都反對，只好兩說並存，王維究有幾個妹妹，只有留待高明。（註一七）

丙、妻、兒

王維妻子的記錄很少，僅劉昫王維本傳談到「妻亡，不再娶，三十年孤居一室」，宋祁王維本傳也談到「喪妻不娶，孤居三十年」，故史家都定王維三十歲時，其妻過世，時在玄宗開元十八年。

至於是否有兒子，也無正確記錄，如照王維「責躬薦弟表」所言：「臣又逼近懸車，朝暮入地，闃然孤獨，迥無子孫」看，似乎沒有生過孩子，但王維貶官濟州時，老友祖詠曾到訪並有「答王維留宿」詩一首，提及「升堂還駐馬，酌醴便呼兒」，好像有一個兒子，後來可能夭折了。另外，王維又有詩「鄭果州相過」一首，談到「五馬驚窮巷，双童逐老身」，這双童會不會是王維所生，文獻不足，只有留待後攷。

丁、從弟綵、據、藩、惟祥和內弟崔興宗、外甥賀遂、蕭氏等

王維有從弟五人：王綵、王據、王藩、王惟祥，另一名不詳。王維詩有「和陳監四郎秋雨中思從弟據」、「送從弟藩遊淮南」、「送從弟惟祥宰海陵序」、「贈從弟司庫員外綵」以及「靈雲池送從弟」等五首可知，其中以和曾任司庫員外郎的王綵關係較密切，「贈從弟司庫員外綵」詩云：

少年識事淺，強學干名利。徒聞躍馬年，苦無出人智。即事豈徒言，累官非不試。既寡遂性歡，恐招負時累。清冬見遠山，積雪凝蒼翠。皓然出東林，發我遺世意。惠連素清賞，夙語塵外事。欲緩携手期，流年一何駛。

由「遺世意」、「塵外事」可知信仰相近，有互相期勉之意，更有「招負時累」互相慰問之情，關係自當不同。

至於內弟崔興宗，應是舅之子，依鄭玄儀禮註，舅之子，內兄弟也。王維有詩「送六舅歸陸渾」，近人莊申先生因推論此六舅即崔興宗的父親（註一八）。在唐書宰相世系表博陵崔氏第二房中有崔興宗，是駙馬都尉崔恭禮的兒子，曾做饒州長史。明顧起經認為這一位即是王維內弟。日人伊藤正文更由此推論，「王維和唐皇室李氏有相當深厚的關係」（註一九），可能推論過當，近人劉維崇先生「王維評傳」有所駁正（註二〇），這位崔恭禮駙馬的兒子—崔興宗，距王維天寶初年，相去一百二、三十年，所以不可能是王維的內弟，和王維交遊的這位崔興宗當另有其人，至於是否如莊申先生所言，崔興宗的父親是王維六舅，文獻不足，只有留待後攷。

崔興宗生平記錄很少，僅有全唐詩卷小傳有簡短介紹：「崔興宗，與王維、裴廸俱居終南，後官右補闕。詩五首。」如照王維爲「崔興宗寫眞」所言：「畫君年少時，如今君已老。今時新識人，知君舊時好。」那麼，王維年幼時即與崔興宗在一起。後來王維出來作官，崔興宗仍隱居終南。王維曾與盧象、裴廸、王縉一齊去拜訪崔興宗，由底下詩語可描摩崔興宗的形象。王維「與盧員外象過崔處士興宗林亭」詩云：

綠樹重陰蓋四鄰，青苔日厚自無塵。科頭箕踞長松下，白眼看他世上人。

盧象同詠，詩云：

映竹時聞轉轆轤，當窗只見網蜘蛛。主人非病常高臥，環堵蒙籠一老儒。

王縉同詠，詩云：

身名不問十年餘，老大誰能更讀書。林中獨酌隣家酒，門外時聞長者車。

裴廸也和詩一首，云：

喬柯門裏自成陰，散髮窗中曾不簪。逍遙且喜從吾事，榮寵從來非我心。

王維既稱他「處士」，顯然是長期隱居終南，竟有「身名不問十年餘」之久。由他們的描述裏，崔興宗的形象竟像一個落拓文人：科頭箕踞、散髮不簪，給人白眼看，自視甚高的老儒。處在「環堵」都是蜘蛛網的「窮巷」裏，不問身名，自得其樂。到了天寶十一年，崔興宗才跟王維同朝爲官，當時王維任文部郎中，曾作詩「敕賜百官櫻桃」，崔興宗有同詠詩，並註時官「右補闕」可證。

王維和崔興宗情誼深厚，常吟詩唱和。朝夕分離，即有形單影支之嘆，如「送君從此去，轉覺故人稀」（送崔九興宗遊蜀）、「已恨親皆遠，誰憐友復稀」（送崔興宗）、「城隅一分手，幾日還相見？」（崔九弟欲往南山，馬上口號與別）。這種親密關係很可能肇始於思想信仰的一致，王維曾有「同崔興宗送瑗公」詩，談到「一施傳心法，惟將戒定還」，瑗公應是曹溪禪宗一派，莊中先生也認爲瑗公是禪宗高僧。而崔興宗也有同詠詩，稱「常願入靈嶽，藏經訪遺蹤。南歸見長老，且爲說心胸」，要瑗公說法，故可能兩人都信禪宗。再加上兩人自幼年以來的友情，難怪要「秋夜獨坐懷內弟崔興宗」，詩云：

夜靜群動息，蟪蛄聲悠悠。庭槐北風響，日夕方高秋。思子整羽翮，及時當雲浮？吾生將白首，歲晏思滄洲。高足在旦暮，肯爲南畝儔。

王維在秋高日暮，行年白首之時，懷念幼時老友，期待聚守南畝，永爲伴侶，也可想見兩人感情之深且厚了。

外甥有蕭氏和賀遂兩人，依王維詩題「戲題示蕭氏外甥」內容：「憐爾解臨池，渠爺未學詩。老夫何足似，弊宅倘因之」看，當係愛惜這位蕭氏外甥，教他學書作詩。另一位外甥叫賀遂較有名，王維有「送賀遂員外外甥」一首，提到荊門、昭邱，可能是荊州人，官做到員外郎。又有「春過賀遂員外藥園」詩一首，當係同一人，且賀遂此人建有藥園，依唐時文人李華「賀遂員外藥園小山池記」一文，云：

賀遂公衣冠之鴻鵠，執憲起草，不塵其心，夢寐以青山白雲爲念。庭際有砥礪之材，礎礩之璞，……種竹藝藥，以佐正性。……其間有書堂琴軒，……賦情遣辭，取興茲境。當代文士，目爲詩園。

這位賀遂外甥看來也是一位雅士，「頗識灌園意，於陵不自輕」（王維「春過賀遂員外藥園」），和王維同樣喜愛隱居生活。這兩位外甥不知是否王維親妹妹所生？如屬實，則王維至少有兩位妹妹，問題是如爲表姊妹所出，則不能算，資料不全，姑置於此，以待高明。

四、家庭經濟狀況

王維雖是山東郡姓，出身於王氏大族旁支—河東王氏，但家庭經濟可能並不富裕。從他高祖到他父親所任都是司馬或協律郞看來，算是中下級官吏，薪俸微薄，依宋洪邁「容齋續筆」卷十五云：「唐世朝士俸錢至微」可證。再加父親早喪，弟妹多人食指浩繁，負擔可謂不輕，王維又是長兄，必須奉養母親及挑起全家經濟的重任，難怪他要說「小妹日成長，兄弟未有娶。家貧祿既薄，儲蓄非有素」（註二一），以致於必須「窮邊徇微祿」（「宿鄭州」）。

其實，王維從十五歲起就奔波洛陽長安道上，雖看不慣那些「繁華子」多出金張門，但爲了挑起全家生計，也只有求取仕途功名，才能維持生活支撐門戶。起初一切順利，到了長安，就遊歷親貴之間，尤爲岐王所眷重，被薦爲解元。開元九年，王維二十一歲又一舉登第，可說青雲直上，指日可期。

那曉得「調大樂丞，以伶人舞黃獅子事坐累貶官濟州」，眞是晴天霹靂，所以「被出濟州」詩雖在安慰自己「縱有歸來日，多愁年鬢侵」，愁的仍然是經濟問題，才會爲了微薄俸祿到邊遠的濟州去。

王維最大的問題是必須混出名堂，以維持河東王氏猗氏房的名聲。所以貶官濟州到張九齡擢引爲右拾遺的十年間（即王維二十三、四歲到三十四歲）是王維家低潮時期，王維先後隱居過嵩山、終南，後來選藍田定居，理由是「一個人長期隱居山林是不行的，因此他選擇了離長安不遠的藍田，安家定居經營莊園，一方面維持家庭生活，一方面積極設法謀進取」（註二二）。這一段生活情況，在「酬諸公見過」一詩有明白的描述：

嗟余未喪，哀此孤生。屛居藍田，薄地躬耕。歲晏輸稅，以奉粢盛。晨往東皐，草露未晞。暮看煙火，負擔來歸。

看來王維必須親自下田，從早忙到晚。難怪對自己弟妹勉勵他們要「莫學嵇康懶，且安原憲貧」（山中示弟）；對外人甚至好友要他們體諒他的貧困，「鄭果州相過」詩云：

麗日照殘春，初晴草木新。牀前磨鏡客，林裏灌園人。五馬驚窮巷，雙童逐老身。中厨辦粗飯，當恕阮家貧。

「當恕阮家貧」這句話出自風光過一時的王維口中，其內心的沉痛，當可想見。不過，經過多年的努力，總算生活改善了，而且可以幫助人，唐人段成式「酉陽雜俎」曾有一段記載，云：

韓幹，藍田人，少時嘗爲貰酒家送酒。王右丞兄弟未遇，每一貰酒漫遊，幹常徵債於王家，戲畫地爲人馬，右丞精思丹青，奇其意趣，迺歲與錢二萬，令學畫十餘年。這一段話如屬實，則可肯定王維在未被張九齡擢引右拾遺前，曾定居藍田。且每年能給韓幹兩萬錢，看似不可能，但「維工草隸，善畫，名盛于開元天寶間」（宋祁唐書本傳），王維既「精思丹青」，當可靠賣畫維生，再加其弟「王縉好與人作碑銘」，潤毫收入不少，兩兄弟的努力，家庭環境當有改善。後來王維擢昇右拾遺，雖因奸相李林甫秉政，既能在朝爲官，家庭經濟應過得去；王縉又歷仕顯宦，「遂于藍田縣營山居一所」（請施莊爲寺表），這座山居當係輞川莊，即得之宋之問的藍田別墅，既能「與道友裴廸，浮舟往來，彈琴賦詩，嘯詠終日」（劉昫唐書本傳），且施莊爲寺，那麼王維家庭經濟應有大幅改善。但後來王維過世以後，王縉位至宰相，竟縱容弟妹招財納賄，與王維那段青、壯年受苦挨餓的日子相比，其間等差眞不能以道里計了。

【附　註】

註　一　何啓民先生「中古門第論集」，頁三。

註　二　國粹學報四十三期，史篇頁二。

註　三　此說依何啓民先生意見，文見前（註一），頁二八七，「唐朝山東士族的社會地位之攷察」。

註　四　全唐文卷五百四十五，王顏「追樹十八代祖晉司空太原王公神道碑銘」。

註　五　見後㈡先世之討論。

註　六　宋鄭樵通志略，氏族略，以爵爲氏。里仁書局版，頁七五。

註　七　明顧起經注，類箋王右丞全集，學生書局版，頁十七。

註　八　全唐文卷五四五。

註　九　同前註案語，並全唐文卷九八六，闕名太原鄉牒，可以互觀。

註一〇　譚繼山編譯「審美詩人—王維」，萬盛出版公司，頁二一。係日人伊藤正文「王維」一書的譯本。該書對王維譜系有深入討論，請參攷頁一八至二一，及頁二六。

註一一　王顏碑稱王縉爲叔，當係王維族子。且依史書記載，王縉沒有封過齊國公，很可能都係同支的王顏所揑造，理由不論自明。

註一二　王維「大薦福寺大德道光禪師塔銘」稱：「維十年坐下，俯伏受教」。道光禪師卒於開元二十七年，則王維應在開元十八年受教於道光禪師。

註一三　依金丁「王維丁憂時間質疑」，刊王維詩研究專集，頁三十六。

註一四　舊唐書卷一百十八王縉本傳，並見新唐書卷一百四十五本傳，云：「性貪冒，縱親戚尼姑招納財賄，猥屑相稽，若市賈然。」

註一五　見新書唐宰相世系表。

註一六　見徐賢德「王維詩研究」，頁七三—七四。簡錦松「莊著『王維研究』質疑」，「出版與研究」第四十一期。韓維鈞之作，見「唐詩研究論文集」，頁八三，中國語文學社編。

註一七　個人以爲最少應有兩個妹妹，王維詩題「戲題示蕭氏外甥」、「送賀遂員外外甥」，既稱外甥當係妹妹嫁給蕭、賀兩家所出，問題在無法證明是親妹妹或是表姊妹。

註一八　莊申先生「王維研究」，頁四三。

註一九　同前註十，頁二五。

註二〇　劉維崇先生「王維評傳」，頁一〇〇。

註二一　王維詩「偶然作六首」其三。

註二二　盧懷萱氏「王維的隱居與出仕」，唐詩研究論文集，頁二四。

第三節　王維交游

王維交游廣濶，遍及朝野，玆分㈠詩友、㈡官吏、㈢畫友、㈣宗戚、㈤國際友人、㈥其他等六項，分別敍述於後：

一、詩　友

1. 孟浩然

孟浩然，兩唐書有傳。今依王士源「孟浩然集序」、蕭繼宗先生「孟浩然傳」以及楊承祖先生「

孟浩然事跡繫年」稍加整理如下：字浩然，襄州襄陽人。其先世出鄒魯，雅尚儒素。家貧，嘗事耕稼。體貌修俊，風神散朗。少好節義，重交游，喜振人患難。與弟洗然並擅文翰，篤于友愛。浩然尤力學，工爲詞賦。年三十，以親老思祿養，苦無徵薦。旋應省試，赴進士舉，不第而歸，（依楊先生孟氏繫年：開元六至九年嘗遊京師。十四年或十五年，曾再遊長安，欲獲薦引，不遇而歸。）隱鹿門山。開元十六年，年四十，復游京師，京師士大夫爲之傾蓋延譽。閒游秘省，秋月新霽，群彥聯詩，及浩然屬句，曰：「微雲澹河漢，疏雨滴梧桐，舉座嗟其清絕，咸閣筆不復爲繼。丞相范陽張說（一作張九齡）、侍御史京兆王維、尚書侍郎河東裴朏、范陽盧僎、大理評事河東裴聰、華陰太守鄭倩之、守河南獨孤策，率與浩然爲忘形之交。時房琯、崔宗之、閻防、綦毋潛、劉慎虛、崔國輔輩皆名下士，亦爲之揚譽。顧爲有力者所沮，居歲餘，終無所遇。一云玄宗召對，誦詩，不稱旨意，因使放還。開元二十三年，時韓朝宗以襄州刺史兼山南東道採訪使，欲舉浩然，因偕入京師，欲薦諸朝。會故人至，劇飲歡甚，卒不赴，遂還襄陽。開元二十五年四月，張九齡貶荊州大都督府長史，辟孟浩然爲從事。未幾，九齡移官，浩然亦去。二十八年，故人王昌齡游襄陽，時浩然病疽，食鮮，疾甚，終於治城南園，年五十有二，葬於郡之鳳林山。宜城王士源集其詩二百一十八首，傳於世。

王維與孟浩然訂交日期，以史料闕如衆說紛紜（註一），無法正確推算，以致看不出兩人交誼深淺（註二）。爲顧及史料之正確，個人認爲王、孟訂交應在開元二十三年。前一年由於張九齡執政，王維才被擢爲右拾遺，而開元二十三年浩然曾隨韓朝宗入京，訂交較有可能。

與孟浩然同時的王士源在「孟浩然集序」談到韓朝宗偕孟浩然入京的情形，云：

> 因入秦與偕行，先揚于朝，與期約日引謁。及期，浩然會寮友（註三），文酒講好甚適。或曰：「子與韓公預諸而怠之，無乃不可乎？」浩然叱曰：「僕已飲矣。身行樂耳，遑恤其佗！」遂畢席不赴，由是閒罷。既而，浩然亦不之悔也！其好樂忘名如此。

孟浩然有寮友歡飲而不赴約，可見他風流率性（李白稱他風流天下聞），並不以功名爲念（註四）。後人都以張九齡、王維在朝何以不推薦孟浩然相疑，甚至生出很多議論，舉上例即可說明孟浩然無所遇的理由，但王維却爲他背了黑鍋，說王維忌才，尤以宋、葛立方「韻語陽秋」爲最，云：

> 開元天寶之際，孟浩然詩名藉甚。一遊長安，王維傾蓋延譽。然官卒不顯何哉？或謂維見其勝己，不肯薦於天子，故浩然別維詩云：當路誰相假，知音世所稀。史載浩然因誦不才明主棄句放還，使維有薦賢之心，當於此時力薦其美，以解明皇之慍，竟爾嘿嘿。或者之論，蓋有所自也。厥後雖寵鳳林之墓，繪孟亭之像，何所補哉！

會有這種忌才說法，是從新唐書孟浩然傳來的：

> 浩然嘗於太學賦詩，一座嗟服，無敢抗。張九齡、王維雅稱道之。維私邀入署，俄而玄宗至，浩然匿牀下，維以實對。帝喜曰：朕聞其人而未見也，何懼而匿。詔浩然出，帝問其詩，浩然再拜自誦所爲。至不才明主棄之句，帝曰：卿不求仕，而朕未嘗棄卿。奈何誣我，因放還。

新唐書文藝列傳是宋朝宋祁所作，年代已遠，恐係附會五代孫光憲「北夢瑣言」卷七之言，但孫則以引見者爲李白，而非王維。其實這件事不辯自明，裨官小說家之言怎可盡信？而且爲孟浩然編詩同時的王士源，所作孟浩然集序，也沒有因誦「歲暮歸南山詩」，觸怒玄宗的說法。即唐孟棨「本事詩」，多收遺聞軼事，也未及此。後晉劉昫所撰舊唐書孟浩然傳僅四十三字，也無一語道及，後人極盡渲染之能事，近人彭國棟先生剖析非常清楚，其言云：

> 按右丞有哭孟浩然詩云：故人不可見，漢水日東流。借問襄陽老，江山空蔡州。則王孟交情，始終不渝。葛常之之說，誠屬小人之用心。且據新唐書孟浩然傳：「初王維過郢州，畫浩然像於刺史亭，因曰浩然亭。咸通中，刺史鄭諴，謂賢者不可斥其名，更曰孟亭。」右丞於其生也，繪爲圖以觀其吟哦風度（見周召雙橋隨筆）。於其死也，復爲建亭畫像，以資紀念。眞可謂傾倒之至。豈有忌才者而能若此乎？竊意浩然匿苑中牀下，及對明皇誦詩之說，皆不可信。王士源與其同時，無一語及此。劉昫作傳，亦未道及。至宋子京濫採異聞，始著於史。要皆因歲暮歸南山詩而附會及之。浩然之不遇，乃其性情曠達，不諧於俗，即士源所謂「誕遊放性」也。豈有賢如浩然，而肯匿床下以自屈乎！文人附會，往往如此（註五）。

而後人對王維都頗有誤會。可能是贈答詩少，情意不夠濃烈的緣故。孟浩然離京返鄉有「留別王、侍御」詩，云：

> 寂寂竟何待，朝朝空自歸。欲尋芳草去，惜與故人違。當路誰相假，知音世所稀。祇應守寂寞，還掩故園扉。

有知心難覓，期待援引的心理，情意殷殷，依依不捨，足見孟浩然感情豐富。但王維的送別詩並非如此，「送孟六歸襄陽」云：

杜門不欲出，久與世情疏。以此爲長策，勸君歸舊廬。醉歌田舍酒，笑讀古人書。好是一生事，無勞獻子虛。

情意不夠熱烈，難怪近人莊申先生以爲兩人交情並不深厚。而且這首詩還有疑義。元人方回「瀛奎律髓」認爲是孟浩然好友張子容之作，近人韓維鈞先生主張最力（註六），如歸張子容屬實，則王維連賦詩送別都沒有，未免不近人情。孟浩然回到襄陽，又寫詩寄贈，可見情意，「京還贈王維」云：

拂衣何處去，高枕南山南。欲徇五斗祿，其如七不堪。早朝非晚起，束帶異抽簪。因向智者說，遊魚思舊潭。（註七）

由「欲徇五斗祿，其如七不堪」句，看出悔悟追求功名的無益，只有「遊魚思舊潭」，歸老家園，顯然已棄絕出仕之想。後來提拔王維的張九齡貶官荆州，雖辟爲從事，孟浩然不久即因病去世，孟浩然生前雖及見王維的老友王昌齡，等到後來王維知南選到襄陽，浩然已作古，王維有詩憑弔，云：

故人不可見，漢水日東流，借問襄陽老，江山空蔡州。

看來情意並不悲切，正如一般史家所認爲「兩人交往並不密切」，但王維却曾爲孟畫像（事見韻語陽秋），並在孟死後，畫浩然像於刺史亭，因曰「浩然亭」，王維爲孟畫像、建亭之舉，也可做爲王維友誼的表示，兩人交誼理應給以肯定。

2.杜甫

杜甫，字子美，號少陵，又稱杜陵布衣。兩唐書有傳。湖北襄陽人，曾祖遷居河南鞏縣，又稱鞏人。生於睿宗先天元年（西元七一二年），卒於代宗大曆五年（西元七七〇年）。十三世祖杜預，乃晉朝有名儒者，祖審言，終膳部員外郎，父閑，終奉天令。少貧，不自振，客吳楚齊趙間，李邕奇其才，先往見之。開元二十三年，應進士不第，浪遊齊晉一帶，與高適、李白往還唱和。天寶十年，進獻三大禮賦，封西嶽賦，待制集賢院，擢河西尉，不拜；改右衞率府胄曹參軍。會祿山亂，天子入蜀，甫避走三川。肅宗立，自鄜州羸服，欲奔行在，爲賊所得。至德二載，亡走鳳翔，上謁，拜左拾遺。與房琯爲布衣交，琯時兵敗陳濤斜，因上疏救房琯，直言獲罪，乾元元年貶華州司功參軍。關輔飢，輒棄官去，客秦州，負薪採橡栗自給。流落劍南，結廬成都西郭。會嚴武節度劍南東西川，往依焉。代宗，廣德二年，武再帥劍南，表爲參謀，檢校工部員外郎，後人稱杜工部。永泰元年，嚴武卒，蜀亂，少陵出川。大曆五年出瞿唐，下江陵，泝沅湘以登衡山，因客耒陽。遊嶽祠，大水遽至，涉旬不得食，縣令具舟迎之，乃得還。秋廻棹北歸，過南嶽入洞庭湖，卒於途次，時年五十九，旅殯岳陽。少陵歿後四十年，其孫嗣業，迎其殯而葬於偃師縣西北首陽山之前。詩人元稹爲之墓銘。有「杜工部集」行世。

王維詩中無一言及杜甫，而杜甫詩集涉及王維者，共有三首，不是稱其「中允聲名久」，就是「不見高人王右丞」，傾慕之情，情溢乎辭，可見兩人交情應非泛泛。個人以爲尚有兩個原因可說：一、是杜甫母親出身於清河崔氏，而王維母親雖是博陵崔氏，母系都可算同出一源。二、是杜甫的布衣交房琯，也是王維多年朋友，且同信奉禪宗。只可惜王維詩作可能有遺失而不見與杜甫之交誼，但單由杜甫的詩作也可推斷兩人交情了。

王維和杜甫交往應在天寶末年，可能是天寶十四年，王維第一次任給事中時。杜甫有「崔氏東山草堂」一首，詩云：

愛汝玉山草堂靜，高秋爽氣相鮮新。有時自發鐘磬響，落日更見漁樵人。盤剝白鴉谷口栗，飯煮青泥坊底芹。何爲西莊王給事，柴門空閉鎖松筠。

楊倫「杜詩鏡銓」引邵子湘註云：「東山即藍田山，又名玉山，在長安藍田縣東南，王維輞川莊在藍田，必與崔莊東西相近。」邵子湘認爲住在西莊的王給事應是王維，那麼與王維住那麼近的崔氏會是誰呢？極可能是崔興宗，唐詩記事曾言「（裴）廸初與王維興宗，俱居終南」可證。

到了安祿山叛亂，王維陷賊被迫僞職。而杜甫也陷賊中，亡走鳳翔得拜左拾遺，至德二年冬兩京收復，杜甫隨肅宗回京，次年改元乾元，王維賴其弟王縉削官免罪，責授太子中允。二人同時在朝爲官，王維有「和賈舍人早朝大明宮之作」詩，同和有杜甫、岑參二人。但兩人同朝聚首爲時很短，杜甫即以上疏救房琯，貶謫華州司空參軍離開長安。故杜甫爲王維辯白的那首「贈奉王中允維」詩，應是與王維在朝重逢，爲他不幸的遭遇而作，詩云：

中允聲名久，如今契濶深。共傳收庾信，不比得陳琳。一病緣明主，三年獨此心。窮愁應有作，試誦白頭吟。

除了推許王維名聲，也可認爲是杜甫爲王維辯冤疏（王右仲「杜臆」），浦起龍「讀杜心解」也認爲杜甫樂於成人之美，可見杜甫推崇王維的心意。後來到王維過世，兩人都沒有再相見，但到杜甫老年，杜甫還有「解悶」一詩繫念他的老友，詩云：

不見高人王右丞，藍田邱壑蔓寒藤。最傳秀句寰區滿，未絕風流相國能。

依杜詩鏡銓卷十七，本詩自註：「右丞弟今相國縉」，可知杜甫寫這首詩，正是王縉任宰相時，時在代宗廣德二年，但依劉孟伉杜甫年譜定在大曆二年，距杜甫過世（大曆五年）前三年，杜甫老年還作詩懷想王維，甚至給他「高人」的雅號，兩人交情不淺，應可想見，盛唐兩大巨星—詩佛、詩聖的交誼，誠亦文壇佳話。

3. 裴廸

裴廸，依全唐詩卷一百二九小傳云：「裴廸，關中人，初與王維、崔興宗居終南，同倡合。天寶後，爲蜀州刺史。與杜甫、李頎友善。嘗爲尙書省郎。詩九首」。新唐書宰相世系表卷七一上載有洗馬裴氏，其中提及任城尉裴回子廸，即裴廸本人，主其說者，有清人朱鶴齡，今人岑仲勉、高步瀛等人（註八）。如屬實，王維著有「故任城縣尉裴府君墓誌銘」可證，語云：

天寶二年，正月十二日。唐故魯郡任城縣尉河東裴府君，卒於西京新昌坊私第，享年三十九。嗚呼哀哉。君諱回，字玉溫，河東聞喜人也。曾祖宏泰，皇雍州錄事參軍，贈上黨長史。祖思義，皇侍御史吏部員外、左司郎中、戶部、吏部侍郎、河東郡太守、晉城縣開國子。父歇珍，皇薛王府騎曹參軍。自晉已降，世爲冠族。……而壽不中年，官才一命。慈母在堂，諸弟未仕，兒未有識，女且嬰孩，妻夭于前，身沒于後。

攷之宰相世系表，曾祖宏泰以下至裴回官職，名稱都符合，此裴回諒係裴廸之父。則全唐詩小傳稱裴廸關中人當係錯誤，裴廸當爲河東聞喜人。”和王維河東猗氏地緣接近。

由於王維此篇墓誌銘清楚寫出裴回卒於天寶二年，享年三十九歲，則裴回應生於中宗神龍元年（西元七〇五年），晚王維四歲。但近人莊申先生「王維研究」王維的交遊裴廸條，云：

據「唐詩品彙」，裴廸是關中人。生於玄宗開元四年（七一六），卒年無攷（註三〇）。比王維年幼約十五歲左右。

莊氏雖云：據「唐詩品彙」，定裴廸生於開元四年，但查攷汪宗尼刻本（學海出版社版）及四庫全書珍本六集（商務版）的「唐詩品彙」未見所出（註九），可能另有版本。縱然明朝高棅編該書，查出裴廸生於開元四年，比王維年輕十五歲，那麼王維這篇墓誌銘的裴回享年應算錯誤，問題是我們該信王維的文章或是高棅的推論呢？

如依王維所述，裴回生於中宗神龍元年（七〇五年），那麼定裴廸生年在開元四年（七一六年），則裴回在十二歲生裴廸，恐不近情，可見牴觸。再從王維該文錄出：「諸弟未仕，兒未有識，女且嬰孩，妻夭于前」，看來「兒未有識」有多重解釋，此「兒」當係指裴廸兄弟四人（據宰相世系表），

「有識」依辭海解爲「有卓見」，此句似可解爲「兒子尚未成名」，但依常情，似指「兒子尚幼」之意，則天寶二年時，裴廸還小，和陳貽焮氏言裴廸曾在開元二十八年任張九齡貶官荆州長史幕府說法不合（註一〇），議論紛紜，則王維該文或有錯誤，可見諸家說法都有可資商榷的餘地。個人以爲「兒未有識」採廣義解，當「尚未成名」解則較可通，但要正確列出裴廸生年恐也不易，難怪日人攷證王維生平很勤的伊藤正文，在其大作「王維」書中也只有存疑（註一一）。

但似可從裴廸入蜀一事反證，或許可找出蛛絲馬跡來。全唐詩卷小傳稱裴廸官蜀州刺史，近人高步瀛先生引多人意見，在「唐宋詩舉要」卷四，證之如下：

案唐詩紀事（卷十六）曰：「裴廸，天寶後爲蜀州刺史，與杜甫友善。」攷新唐書世系表，廸出洗馬房天恩之後，而不言其何官。子美有「和裴廸登新津寺寄王侍郎」詩原註曰：「王時牧蜀。」蔡註（指蔡夢弼）謂王侍郎爲王維弟縉，新書文藝王維傳言縉爲蜀州刺史，即蔡所本也。然新唐書王縉傳與維傳實多不合，故吳廷珍（縝）新唐書糾繆疑縉未嘗爲蜀州刺史。錢辛楣（大昕）校曰：「王維責躬薦弟表見文苑英華六百十一卷，則縉爲蜀州刺史，似非無據。然即使蜀牧非縉，亦自有王侍郎其人，知裴廸非蜀州刺史也。楊謂裴在王幕中，殆是。」

清人朱鶴齡攷出杜甫和裴廸同至新津寺應在上元元年，且杜甫該寺原註：「王時牧蜀」（註一二），則裴廸當非蜀州刺史，錢大昕氏所攷符合事實，且謂裴廸應在王侍郎幕中，剛好王維另一好友錢起有一首「送裴頔（一作廸）侍御使蜀」（註一三），句中言及「杜史纔年四十強，鬢髯玄髮美清揚。朝天繡服乘恩貴，出使星軺滿路光」。此裴頔，岑仲勉氏「唐人行第錄」，認爲應作廸，且全唐詩也稱「一作廸」，則裴廸是以侍御史的身分使蜀，入王侍郎的幕中，與錢大昕氏所攷合。再由錢起詩首句「杜史纔年四十強」來推算裴廸的生年，或許較有可信之處。

裴廸在上元元年（七六〇）使蜀，年約四十左右，則當生於開元九、十年（七二一），也較合王維所撰裴回墓誌銘之言，裴回約在十八歲時生裴廸，而王維文中所言「兒未有識」，以裴廸爲長子，除了表示裴廸其他三個弟弟年紀尚幼，裴廸年長且尚未成名，也較能符合開元二十八年在張九齡幕下這件事。如以上所攷較能近於事實，則裴廸當比王維年輕二十歲左右，可視爲王維的忘年交。

依上所攷，裴廸生平約略可敍述如下：「裴廸，河東聞喜人，生於開元九年左右。初與王維、崔興宗居終南，同唱和。上元元年，以侍御使身分入王蜀州幕，與杜甫、李頎、錢起友善。嘗爲尚書省郎。詩二十九首。」

裴廸如依所攷，小王維二十歲，那麼王維隱居終南山時，裴廸當時還小，而王維住終南山到定居藍田，遷居輞川，也沒有確實的時間可印證。全唐詩「初與王維、崔興宗居終南」實在無法理解，裴廸那麼小怎麼可能和王維同隱終南山？日人伊藤正文「王維」一書提出兩點意見：一、認爲提攜過王維的裴耀卿和裴廸是否有關係。二、認定裴廸是洗馬裴氏族的一員（王維爲去世的裴回寫「故任城縣尉裴府君墓誌銘」，可當作有力佐證）。王維是個非常重視血緣、地緣的人，他與裴廸在少年時，就建立了深厚的友誼，而促成他們這層友誼的，首推聞喜與猗氏的地緣關係。（註一四）聞喜和猗氏同屬河東，兩地相距五十里。而裴耀卿雖屬南來吳裴氏，和洗馬房裴廸仍算同族，只可惜史料闕如，姑且依此推論兩人關係由此始。

王維有九首詩和一封信送給裴廸，而裴廸二十九首中幾與王維都有關，可見兩人詠詩倡和，交誼莫逆之狀。如王維「贈裴廸」詩云：

不相見，不相見來久。日日泉水頭，常憶同携手。携手本同心，後歎忽分衿。相憶今如此，相思深不深。

難怪「風景日夕佳，與君賦新詩」（王維「贈裴十廸」），兩人交情如同兄弟，王維「登裴廸秀才小台作」，詩云：

端居不出戶，滿目望雲山。落日鳥邊下，秋原人外閒。遙知遠林際，不見此簷間。好客多乘月，應門莫上關。

裴廸也到王維輞口別業因遇雨回憶終南故居，詩云：

積雨晦空曲，平沙滅浮彩。輞水去悠悠，南山復何在。

兩人除互相造訪之外，也一同尋佛訪道，可推知兩人思想互相影響之情況，如王維詩「過感化寺曇興上人山院」、「夏日過青龍寺謁操禪師」、「青龍寺曇壁上人兄院集」以及「春日與裴廸過新昌里訪呂逸人不遇」等，裴廸都有同詠詩。

兩人交稱莫逆，又常携手賦詩，流傳有「山中與裴秀才廸書」及輞川集二十首，是自然詩的佳作，那封信更是字字珠璣，令人愛不釋手：

近臘月下，景氣和暢，故山殊可過。足下方溫經，猥不敢相煩。輒便往山中，憩感配寺，與山僧飯訖而去。北涉元壩，清月映郭。夜登華子岡，輞水淪漣，與月上下。寒山遠火，明滅林外。深巷寒犬，吠聲如豹。村墟夜舂，復與疏鐘相間。此時獨坐，僮僕靜默。多思曩昔，携手賦詩，步仄徑，臨清流也。當待春中，草木蔓發，春山可望，輕鯈出水，白鷗矯翼，露濕青皋，麥隴朝雊，斯之不遠，儻能從我遊乎？非子天機清妙者，豈能以此不急之務相邀，然是中有深趣矣。無忽，因馱黃蘗人往，不一。山中人王維白。

王維藉這封信完全描述了他們平日往來經過以及思想的溝通，圖繪了輞川別業形勝美景，也印證了劉昫、宋祁所說：

「維弟兄俱奉佛，……得宋之問藍田別墅，在輞口，輞水周于舍下，別漲竹洲花塢，與道友裴廸浮舟往來，彈琴賦詩，嘯詠終日，嘗聚其田園所爲詩，號輞川集。」

「別墅在輞川，地奇勝。有華子岡、欹湖、竹里館、柳浪、茱萸沜、辛夷塢，與裴廸遊其中，賦詩相酬爲樂。」

裴廸也有輞川集二十首和詩，所詠名勝計有：華子岡、文杏館、斤竹嶺、臨湖亭、欹湖、欒家瀨、金屑泉、白石灘、竹里館、辛夷塢、漆園、椒園等等，都是王維裴廸兩人嘯詠終日的地方，令人羨慕。但更令人欽佩的是，他們能患難與共，肝膽相照。

天寶末年，安史之亂，玄宗幸蜀，王維扈從不及爲賊所執，拘禁菩提寺，裴廸雖臨危地，仍敢去探望他，王維有詩「菩提寺禁裴廸來相看說逆賊等凝碧池上作音樂供奉人等舉聲便一時淚下私成口號誦示裴廸」記實，竟救了自己一條命，也端賴裴廸的探訪，才能如此，詩云：

萬戶傷心生野煙，百官何日再朝天。秋槐葉落空宮裏，凝碧池頭奏管絃。

除了表白自己的忠心，內心憂憤，王維又作了一首「口號又示裴廸」，詩云：

安得捨塵網，拂衣辭世喧。悠然策藜杖，歸向桃花源。

這種歸泉林下，脫離塵世的心情，也只有像裴廸這樣深交的友人才能體會，難怪王維藉「酌酒與裴廸」這首詩，向裴廸傾訴「世事浮雲、人情冷暖」的感傷，詩云：

酌酒與君君自寬，人情翻覆似波瀾。白首相知猶按劍，朱門先達笑彈冠。草色全經細雨濕，花枝欲動春風寒。世事浮雲何足問，不如高臥且加餐。

寫出了年輕到老相知的情懷，互相勸勉之意，兩人堅貞的友情在這首詩中表露無遺，誠足震古鑠金，道盡友情的可貴，也爲王維和裴廸的交誼作了一段最佳的見證。

4. 邱爲

邱爲，嘉興人。初累舉不第，歸山讀書數年。天寶初，劉單榜進士。王維甚稱許之，嘗與唱和。初事繼母孝，有靈芝生堂下。累官太子右庶子。時年八十餘，母猶無恙，給俸祿之半。觀察使韓滉以爲致仕官給祿，所以惠養老臣，不可在喪爲異，唯罷春秋羊酒。初還，縣令謁之，爲候門磬折，令坐

方拜，里胥立庭下，既出乃敢坐。經縣署，降馬而過，舉動有禮，卒，年九十六。有集行世。（唐才子傳）

由唐才子傳所言「初累舉不第，歸山讀書數年」，可見邱爲早年可能很不得志，開元年間，都沒中舉，他早年的好友王維（九年中舉）、祖詠（十二年中舉）先後及第，祖詠有「送邱爲下第」詩（全唐詩卷一百三十一），王維也有「送邱爲落第歸江東」詩一首，云：

憐君不得意，況復柳條春。爲客黃金盡，還家白髮新。五湖三畝宅，萬里一歸人。知禰不能薦，羞爲獻納臣。

王維以邱爲有禰衡之才情，慚愧自己沒能力像孔融推薦他。「獻納臣」當係拾遺、補闕等官職，極可能是王維被張九齡擢爲右拾遺時，即開元二十二年以後。因爲邱爲也有一首「湖中寄王侍御」，當係邱爲還鄉後所寄給王維的詩，而王維任侍御史約在開元二十五年，可見兩人交往當在那個時候。

玄宗天寶以後，邱爲登第，和王維同朝爲官，時間可能在天寶末年。王維有「左掖梨花」詩，邱爲也有同詠詩，並註云「同王維皇甫冉賦」，而皇甫冉詩也自註云「作和王給事維禁省梨花詠」，既稱王維爲給事中，當在天寶末年。

後來邱爲可能貶官唐州，王維有「送邱爲往唐州」詩云：

宛洛有風塵，君行多苦辛。四愁連漢水，百口寄隨人。槐色陰清晝，楊花惹暮春。朝端肯相送，天子繡衣臣。

細按詩意，既有風塵之累，又有張衡之四愁，當係貶官送別之作。邱爲也有詩回贈，全唐詩卷一二九，「丘爲留別王維」詩云：

歸鞍白雲外，繚繞出前山。今日又明日，自知心不閑。親勞簪組送，欲趁鶯花還。一步一回首，遲遲向近關。

此詩也載王維詩集，作王維「留別邱爲」詩，但細思題意，係邱爲還鄉時，遲遲不忍分離之情，尤以「親勞簪組送，欲趁鶯花還」，有答贈之意，以作邱爲詩較妥，也可見兩人交情。

5. 王昌齡

王昌齡，字少伯，兩唐書有傳。籍貫有京兆、江寧、太原三說（註一五），近人王競芬「王昌齡生平行誼及遺詩繫年攷」斷以京兆長安人（註一六）。開元十五年，年三十，李嶷榜進士，授汜水尉。十九年登博學宏詞科，遷校書郎。時王之渙、高適居長安，時相唱和，有共詣旗亭爭勝一事之記載。二十六年謫放嶺南，訪孟浩然於襄陽，浩然有「送王昌齡之嶺南」詩，二十七年遇赦北還，過巴陵遇李白。後晤孟浩然，浩然以疾疹背食鮮發病卒。回長安二年後，天寶元年又左遷江寧丞，岑參有「王昌齡赴江寧」一詩惜別，李頎、綦毋潛追至白馬寺送行。天寶三年，曾返長安，與李白、王維、岑參時相過從，不久返江寧。天寶七年，以不護細行，貶龍標尉。李白有「聞王昌齡左遷龍標遙有此寄」詩。安史亂起，以兵火之際歸鄉里，道經亳州，爲刺史閭丘曉所忌被殺。昌齡工詩，縝密而思清，時稱詩家夫子王江寧。有詩集五卷，又述作詩格律境思體例共十四篇，詩格一卷，詩中密旨一卷及古樂府題解一卷，今並傳。

王維和王昌齡訂交於何時，很難以資料證實，蓋王維只有一首詩談到王昌齡，詩題「青龍寺曇壁上人兄院集」，詩前序云「時江寧大兄持片石，命維序之」，依岑仲勉氏「唐人行第錄」，認爲「江寧大兄」當指王昌齡。詩云：

高處敞招提，虛空詎有倪。坐看南陌騎，下聽秦城雞。渺渺孤煙起，芊芊遠樹齊。青山萬井外，落日五陵西。眼界今無染，心空安可迷。

王維既訪佛家高僧，詩和詩序都援用佛家語，而王昌齡也和詩一首，廣用佛語，也可見兩人都是崇佛而結識的。而且王維中年以後，不但訪佛，更加訪道，再看王昌齡也有很多和鍊師交往的詩，全唐詩卷一四二有「謁焦鍊師」、「武陵龍興觀黃道士房問易題」、「題朱鍊師山房」、「黃鍊師院」等，可見王昌齡也是喜與道教人物往來，與王維思想是有其共同趨向，但兩人交往情形，由於史料缺乏，只有闕如。倒是王維一些友人和王昌齡反而多有交往。如孟浩然死前，有「送王昌齡之嶺南」詩，李頎也有「送王昌齡」詩，而王昌齡有「東京府縣諸公與綦毋潛李頎相送至白馬寺宿」一首，王昌齡與孟浩然、李頎、綦毋潛的友誼應也不淺，值得旁筆記之。

6. 祖詠

祖詠，依唐才子傳卷一言，「詠，洛陽人，開元十二年，杜綰榜進士，有文名。商璠評其詩，剪刻省靜，用思尤苦，氣雖不高，調頗凌俗，足稱爲才子也。少與王維爲吟侶，維在濟州，寓官舍，贈祖三詩，有云：結交二十載，不得一日展。貧病子既深，契闊余不淺。蓋亦流落不偶，極可傷也。後移家歸汝墳間別業，以漁樵自終，有詩一卷，傳於世。」

祖詠早有文名，却流落不偶，一生最爲人樂道的事與詩有關，可能與王維也有關。全唐詩卷一百三十一，有祖詠「終南望餘雪」詩，只有四句：「終南陰嶺秀，積雪浮雲端。林表明霽色，城中增暮寒。」下註云：「有司試此題，詠賦四句即納，或詰之，曰意盡。」王維早年與崔興宗、裴廸居終南山，唐才子傳稱祖詠「少與王維爲吟侶」，可能和王維少年即相識而有往來，因終南望餘雪，思及王維等友人，詩竟寫不下去了。

這或許難怪王維貶官濟州時，賦詩「贈祖三詠」以表長相思，註「濟州官舍作」，詩云：

蠨蛸挂虛牖，蟋蟀鳴前除。歲晏涼風至，君子復何如。高館闃無人，離居不可道。閑門寂已閉，落日照秋草。雖有近音信，千里隔河關。中復客汝潁，去年歸舊山。結交二十載，不得一日展。貧病子既深，契闊余不淺。仲秋雖未歸，暮秋以爲期。良會詎無日，終自長相思。

詩中言及結交二十載，當係兩小無猜的少年伴侶。他們兩人友情深厚，雖無法常相良會，終自長相思。後來祖詠竟到王維貶所─濟州作客，「喜祖三至留宿」，詩云：

門前洛陽客，下馬拂征衣。不枉故人駕，平生多掩扉。行人返深巷，積雪帶餘暉。早歲同袍者，高車何處歸。

詩中既言「故人」，又言「早歲同袍者」，也證明他們的交誼，此詩祖詠有和詩「答王維留宿」，云：

四年不相見，相見復何爲。握手言未畢，却令傷別離。升堂還駐馬，酌醴便呼兒。語默自相對，
安用傍人知。

由「四年不相見」或許可以證明王維在濟州的停留時間。王維開元九年中舉，官大樂丞，後以黃獅子事被出濟州，應在開元十一年，到了十四年秋天，王維離職歸隱嵩山，在濟州約四年有餘，與上舉時間合。且句中「酌醴便呼兒」很可能是祖詠親眼看到王維兒子的唯一記錄，王維晚年所寫「責躬薦弟表」談到自己沒有子孫，王維這個孩子在祖詠造訪時，年紀尚小，後來可能夭折了。整首詩也寫出兩人靈犀點通的友情。接著祖詠要離開時，王維依依不捨，詩云：

相逢方一笑，相送還成泣。祖帳已傷離，荒城復愁入。天寒遠山淨，日暮長河急。解纜君已遙，
望君猶佇立。

詩題「齊州送祖三」可能有誤，由頭兩句可明是祖詠到「濟州」拜訪送別，故不應作「齊州」，應是「濟州送祖三」。由君已遙而猶佇立遠送不忍離去，看來王維早年的情感非常純厚。

多年以後，祖詠退隱移居汝墳別業，王維有「送別」詩，詩云：

送君南浦淚如絲，君向東州使我悲。爲報故人顦顇盡，如今不似洛陽時。

此詩「萬首唐人絕句」作「齊州送祖三」，全首詩辭語悲切，眞情流露，也可想見兩人友情篤厚。另外王維友人也和祖詠有交誼的，全唐詩卷一百三十一，祖詠有「歸汝墳山莊留別盧象」及「送丘爲不第」等詩，而儲光羲等人和王維交情不淺，宜有來往，可證以王維爲中心的友誼網路是緊緊接繫著，

令人欽敬。

7.綦毋潛

綦毋潛，字孝通，荆南人。開元十四年，嚴廸榜進士及第。授宜壽尉，入集賢院待制，遷右拾遺。復授校書，終著作郎。與李端同時。善寫方外之情，歷代未有。後見兵亂官況日惡，挂冠歸隱江東別業。有集一卷行世。（唐才子傳，唐書藝文志）

王維和綦毋潛相識當在開元十一年左右，以後王維貶官濟州，而開元十四年綦毋潛已中舉，蓋以王維有「送別」詩一首，河嶽英靈集、文苑英華、唐文粹都作「送綦毋潛落第還鄉」，詩云：

聖代無隱者，英靈盡來歸。遂令東山客，不得顧採薇。既至君門遠，孰云吾道非。江淮度寒食，
京洛縫春衣。置酒臨長道，同心與我違。行當浮桂棹，未幾拂荆扉。遠樹帶行客，孤城當落暉。
吾謀適不用，勿謂知音稀。

有殷殷期勉之意，更以知音相許，故王維另有一首「別綦毋潛」稱贊綦毋之「盛得江左風，彌工建安體」，其實，當時綦毋詩清麗幽秀，又善寫方外之情，已有盛譽。像「題靈隱寺山頂禪院」句中「塔影掛清漢，鐘聲和白雲」，殷璠在「河嶽英靈集」中推爲「歷代未有」。可惜的是雖有名却貧困不堪，再加恃才傲物，雖在開元十四年中了舉，却以校書郎官階低微而棄官去，難怪當時好友李頎稱他「常稱掛冠吏」（題綦毋校書別業），韋應物「寄淮上綦毋三」也稱他「滿城憐傲吏，終日賦新詩」。連王維也有「送綦毋校書棄官還江東」詩，詩云：

明時久不違，棄置與君同。天命無怨色，人生有素風。念君拂衣去，四海將安窮。秋天萬里淨，日暮澄江空。清夜何悠悠，扣舷明月中。和光魚鳥際，澹爾蒹葭叢。無庸客昭世，衰鬢日如蓬。頑疏暗人事，僻陋遠天聰。微物縱可採，其誰爲至公。余亦從此去，歸耕爲老農。

細按王維詩意，竟也有步其後塵，歸耕爲老農的慨嘆，很可能是張九齡貶荆州長史以後，李林甫秉政那段政治黑暗期，時在開元二十五年左右。近人莊申先生攷證其棄官在天寶元年二月（註一七），則王維和綦毋潛的友誼就中斷了，但兩人交誼應有二十年之久。王維的朋友除李頎跟綦毋潛相知最契（有詩三首），還有儲光羲、王昌齡、韋應物等人。另外綦毋晚年和王灣也頗相知，全唐詩卷一百一十五，有「哭補闕亡友綦毋學士」詩，可見其兩人交情。

8.殷遙

殷遙，依唐才子傳言，丹陽人。天寶間嘗仕爲忠王府倉曹參軍。與王維結交，同慕禪寂，志趣高疏，多雲岫之想，而苦家貧，死不能葬。一女纔十歲，日哀號於親愛，憐之者賵贈，埋骨石樓山中。工詩，詞彩不群而多警句，杜甫嘗稱許之，有詩，傳於今。

據唐才子傳言，可知殷遙和王維同慕禪寂，且志趣高疏，多雲岫之想，和王維的思想相近，可說同是佛家信徒，而且殷遙常向王維請敎佛家「無生」思想，王維有兩首「哭殷遙」詩（一爲五言，一爲七言），其五言「哭殷遙」詩云：

人生能幾何，畢究歸無形。念君等爲死，萬事傷人情。慈母未及葬，一女纔十齡。泱漭寒郊外，蕭條聞哭聲。浮雲爲蒼茫，飛鳥不能鳴。行人何寂寞。白日自淒清。憶昔君在時，問我學無生。勸君苦不早。今君無所成。故人各有贈，又不及生平。負爾非一途，痛哭返柴荊。

由詩中「慈母未及葬，一女纔十齡」句寫出了殷遙可憐的身世，不僅蕭條，簡直慘不忍聞，也可見王維對他這位朋友的誠摯心意。再句中「憶昔君在時，問我學無生」，可證殷遙常向王維請教佛理。當時雖有多人寫詩悼念，現僅知儲光羲有「同王十三維哭殷遙」詩，句中有兩句「故人王夫子，靜念無生篇」，也說明了王維和殷遙信佛的虔敬，所以殷遙過世，歸葬石樓山中，王維親自送葬，並賦詩作別，「哭殷遙」詩云：

送君返葬石樓山，松柏蒼蒼賓馭還。埋骨白雲長已矣，空餘流水向人間。

9. 儲光羲

儲光羲，兗州人。開元十四年，嚴廸榜進士。有詔中書試文章，嘗爲監察御史。值安祿山陷長安，輒受僞署，賊平後，自歸貶死嶺南。工詩，格高調逸，趣遠情深，削盡常言，挾風雅之道。有集七十卷。

儲光羲兒子儲溶曾請顧況爲光羲詩文集作序，並曾說到：「我先人與王右丞伯仲之歡也。」既稱伯仲之歡，兩人當情同手足，但兩人的交往確實時間極難攷定，儲光羲有「藍上茅茨期王維補闕」詩，當係光羲隱居藍田時之作，稱王維爲補闕，時間當在天寶元年，詩云：

山中人不見，雲去夕陽過。淺瀨寒魚少，叢蘭秋蝶多。老年疏世事，幽性樂天和。酒熟思才子，谿頭望玉珂。

稱王維才子，可見兩人惺惺相惜。其實儲光羲也是自然詩派的健將，喜愛自然，追求淡泊的意境，和王維喜愛描繪田園生活是相一致的。天寶元年，王維官隱於輞川，藍田和輞川相距不遠，可以時相過從。有時王維期待儲光羲的到訪，王維詩「待儲光羲不至」云：

重門朝已啓，起坐聽車聲。要欲聞清佩，方將出戶迎。曉鐘鳴上苑，疏雨過春城。了自不相顧，臨堂空復情。

王維寫出了期待落空的心情，頗爲傳神。後來光羲也有詩「答王十三維」來回覆王維的關愛之情，詩云：

門生故來往，知欲命浮觴。忽奉朝青閣，回車入上陽。落花滿春水，疏柳映新塘。是日歸來暮，勞君奏雅章。

由兩人詩「酒熟」、「命浮觴」句，可見時相唱和賦詩，王維有偶然作六首，儲光羲竟有和詩十首，可見兩人聲氣相求，再加上儲光羲的一些好友也是王維的朋友，如儲集有「同王十三維哭殷遙」、「山居貽裴十二廸」、「酬綦毋校書夢耶溪見贈之作」、「華陽作貽祖三詠」、「洛中貽朝校書衡，即日本人也」等詩，所提到的裴廸、綦毋潛、祖詠、殷遙、朝衡等人和王維交誼也不淺，也可見他們之間關係的密切了。

10. 盧象

盧象，字緯卿，汶水人。依唐詩紀事，劉夢得記其文云，公始以章句，振起於開元中，與王維、崔顥比肩驤首，鼓行於時。妍詞一發，樂府傳貴。由前進士補秘書郎，轉右衞倉曹掾。丞相曲江公，方執文衡，揣摩後進，得公深器之，擢爲左補闕、河南府司錄、司勳員外郎。名盛氣高，少所卑下，爲飛語所中，左遷齊、汾、鄭三郡司馬。入爲膳部員外郎。安史亂起，爲虜所刼，受僞署，因而貶果州長史，又貶永州司戶，移吉州長史。詔拜主客員外郎，道病，留武昌，卒。

王維和盧象交往，依劉夢得「盧象集」序言：「始以章句，振起於開元中，與王維、崔顥比肩驤首，鼓行於時。」極可能在開元九年左右。王維在開元九年中舉，及第之前常出入歧王宅，而崔顥雖在開元十一年及第，却也有「歧王席觀妓」之作，再加上王維作官朋友韋陟傳（舊唐書）言及「於時才名之士，王維、崔顥、盧象等，常與陟唱和遊處。」可見王維、盧象和崔顥三人同時並舉，當有交往。至於正確時間無法攷定，只能意度王維開元九年以後貶謫濟州，故三人交往當在開元九年，未及第以前。王維有「與盧象集朱家」，詩云：

主人能愛客，終日有逢迎。貰得新豐酒，復聞秦女箏。柳條疏客舍，槐葉下秋城。語笑且爲樂，吾將達此生。

王維提到盧象也不冠官名，極可能是開元九年未及第前之作品，當時年輕，也能逢場作戲——「貰得新豐酒，復聞秦女箏」。

到了開元二十二年，張九齡執政，先後提拔王維任右拾遺，盧象任左補闕（唐才子傳稱左拾遺）。

王維詩有「同盧拾遺韋給事東山別業二十韻」，此盧拾遺當係盧象，韋給事可能是宰相韋嗣立次男韋恒，他曾任給事中，他的兄弟韋孚、韋濟也都是王維的好友。另有一旁證，王維朋友李頎有詩「留別王盧二拾遺」，也可證明王盧二人同朝爲官，宜有交往。

後來盧象又拜司勳員外郎，王維有多首詩提到盧象任員外郎時之作品，如「與盧員外象過崔處士林亭」，盧象即有「同王維過崔處士亭」唱和之作。王維信佛，盧象也可能崇佛，常跟王維到佛堂參拜遊歷，王維有「與蘇盧二員外期遊方丈寺而蘇不至因有是作」，詩云：

共仰頭陀行，能忘世諦情。廻看雙鳳闕，相去一牛鳴。法向空林說，心隨寶地平。手巾花氎淨，香帔稻畦成。聞道邀同舍，相期宿化城。安知不來往，翻以得無生。

詩中「共仰頭陀行」、「聞道邀同舍」句，都可說明王、盧同樣信仰佛教。甚至他們因修佛而飯僧，王維晚年除了施宅爲寺外並常飯僧，而盧象也如此，王維詩「過盧員外宅看飯僧共題」，詩云：

三賢異七聖，青眼慕青蓮。乞飯從香積，裁衣學水田。上人飛錫杖，檀越施金錢。趺坐簷前日，焚香竹下烟。寒空法雲地，秋色淨居天。身逐因緣法，心過次第禪。不須愁日暮，自有一燈然。

通篇幾全係佛家語，兩人「身逐因緣法，心過次第禪」而入諸禪定，共同達到「無生」的境界。其實，他們兩人一生有很多共同的際遇，如早年成名，同受張九齡特遇拔擢，並遭安祿山之亂受僞署，到晚年飯僧共題頭陀行，眞是患難之交。且兩人的朋友互有來往，盧象有「送祖詠」詩，祖詠有「歸汝墳山莊留別盧象」、「長樂驛留別盧象」兩首詩。李頎有「寄司勳盧員外」詩一首，崔顥「贈盧八象」

詩一首及盧象「送綦毋潛」詩等等，可見他們的朋友圈子很廣，常有交誼。

11. 皇甫岳

皇甫岳，唐書宰相世系表有皇甫岳，乃皇甫恂之子。依舊書列傳四十五云：「開元十三年，薛王業妃弟內直郎韋賓與殿中監皇甫恂私議休咎，貶皇甫恂爲錦州刺史」。此皇甫恂或許其父也。又王昌齡有詩兩首「至南陵答皇甫岳」、「別皇甫五」，依岑仲勉先生「唐人行第錄」所攷：「兩詩均憐被貶之辭，相信皇甫五即岳也」。茲錄王昌齡「至南陵答皇甫岳」詩，云：

與君同病復漂淪，昨夜宣城別故人。明主恩深非歲久，長江還共五谿濱。

由題意可知王昌齡與皇甫岳竟是故交，且知皇甫岳居長江邊五谿濱（或即宣城，濱蕪湖）。而王昌齡係王維好友，也有「皇甫岳雲谿五首」，所詠「鳥鳴磵」、「蓮花塢」、「鸕鷀堰」、「上平田」、「萍池」等地名，或許即皇甫岳之「五谿」，也可想見皇甫岳與王維也有往來。且王維有「皇甫岳寫眞讚」，云：

有道者古，其神則清。雙眸朗暢，四氣和平。長江月影，太華松聲。周而不器，獨也難名。且未婚嫁，猶寄簪纓。燒丹藥就，辟穀將成。雲漢之下，法本無生。

此讚有三點可說：一言「長江」月影，可證王昌齡前詩所云「長江還共五谿濱」，住長江邊五谿濱之皇甫岳係同一人。二言「燒丹藥就，辟穀將成」，與王維道家思想相合。三言「法本無生」，也與王維信佛「學無生」相合。由此可見此皇甫岳也佛、道之人物，與王維宜有交往。前言皇甫岳父，皇甫眴被貶，也可能棄官去，隱居修道，王維好友儲光羲有詩一首「送眴上人返吳」，此眴上人不知是否皇甫眴？惜史料闕如，誌之以待後攷。

12.錢起

依唐才子傳云，「錢起，字仲文，吳興人。天寶十年，李巨卿榜及第，少聰敏，承鄉曲之譽，初從計吏至京口客舍，月夜閒步，聞戶外有行吟聲，哦曰：曲終人不見，江上數峰清。凡再三往來，起遽從之，無所見矣。嘗怪之，及就試粉闈，詩題乃湘靈鼓瑟，起綴就，即以鬼謠十字爲落句，主文李暐深嘉美，擊節吟味，久之曰：是必有神助之耳。遂擢置高第，釋褐授校書郎。嘗採箭竹，奉使入蜀，除攷功郎中，大曆中，爲太清宮使、翰林學士。起詩體制新奇，理致清贍，芟宋齊之浮游，削梁陳之嫚靡，迥然獨立也。王右丞許以高格，與郎士元齊名，士林語曰：前有沈宋，後有錢郎。集十卷，今傳」，有外甥懷素善書。

全唐書卷一百三十九，儲光羲詩中有「藍上茅茨期王維補闕」一首，而全唐詩卷二百三十七，錢起也有相同詩題，內容完全一樣，可能當初編者混入錢起集中。王維當補闕在天寶元年，而錢起天寶十年才中舉，年紀尙輕，觀詩意不類，歸之儲光羲可能較妥，趙殿成箋註主之，而近人莊申、胡傳安兩人有歸之錢起本人作品之主張（註一八）。

個人假設「藍上茅茨期王維補闕」這一首詩歸儲光羲是有理由的。蓋錢起天寶十年才中舉，據唐才子傳稱授校書郎，但依錢起個人作品「初黃綬赴藍田縣作」（全唐詩卷二百三十六）看來，錢起最初只授藍田縣尉，由王維兩首贈詩「春夜竹亭贈錢少府歸藍田」、「送錢少府還藍田」可知，少府是縣尉別稱，由此可證唐才子傳「釋褐授校書郎」有誤，也證明了錢起赴藍田任縣尉（少府）職務，當在天寶十年以後，那時王維任文部郎中，半官半隱輞川莊，兩人才有交誼。王維「春夜竹亭贈錢少府歸藍田」詩云：

夜靜群動息，時聞隔林犬。却憶山中時，人家澗西遠。羨君明發去，采蕨輕軒冕。

錢起即有「酬王維春夜竹亭贈別」詩（全唐詩卷二百三十六），詩云：

山月隨客來，主人興不淺。今宵竹林下，誰覺花源遠。惆悵曙（一作曉）鶯啼，孤雲還絕巘。

到了天寶末年，王維任給事中，錢起曾再造訪王維，王維有「送錢少府還藍田」詩，云：

草色日向好，桃源人去稀。手持平子賦，目送老萊衣。每候山櫻發，時同海燕歸。今年寒食酒，應得返柴扉。

錢起有「晚歸藍田酬王維給事贈別」，此詩也載王維集，趙殿成箋註載其男秉恕攷證應爲錢起酬答王維之作，詩云：

卑棲却得性，每與白雲歸。徇祿仍懷橘，看山免採薇。暮禽先去馬，新月待開扉。霄漢時回首，知音青瑣闈。

詩題既稱王維爲給事，當在天寶十四年。後來安史之亂，王維被俘受僞署，幸其弟減官得免責，乾元元年授中書舍人，錢起有「中書王舍人輞川舊居」詩（全唐詩卷二百三十八），可證兩人仍有來往。

到了上元二年七月，王維過世之後，全唐詩卷二百三十九，錢起詩卷四有「故王維右丞堂前芍藥花開悽然感懷」詩，云：

芍藥花開出舊欄，春衫掩淚再來看。主人不在花常在，更勝青松守歲寒。

這首詩也是王維過世後，他的朋友唯一一首悼念詩，看來錢起和王維雖是忘年之交，情誼却相當深厚。而且和王維最好老友裴廸也有來往，諒係錢起任職藍田，造訪王維而認識裴廸的。錢起有一首「送裴廸侍御使蜀」，可證明兩人確有交往。且由於錢起明白寫出裴廸當時的官銜—侍御，也可證明全唐詩卷稱裴廸上元元年任蜀州刺史是錯誤的（攷據見裴廸條）。不過，由於錢起無意寫就的贈別詩，竟證明了歷史的眞相，誠也文壇佳話。

13.薛據（或作璩）

薛據，或作璩。趙殿成箋註以爲二人，試依各家詩作歸納如下：王維有「瓜園詩幷序」言及「太子司議郎薛璩」，「座上走筆贈薛璩慕容損」，「送張舍人佐江州同薛璩十韻」（顧元緯本作「璩」）三首，據、璩不一。仇兆鰲杜詩詳註卷十八有「寄薛三郎中璩」，但杜詩鏡銓卷十五的詩題則爲「寄薛三郎中據」，據、璩互見。另杜詩又有「秦州見敕目薛三璩授司議郎畢四曜除監察與二子有故遠喜遷官兼述索居凡三十韻」，錢牧齋杜詩箋註謂薛三璩當刊作薛三據，可見王維、杜甫詩集都有出入，亟須另找資料，依次排列之：全唐詩卷二百十一高適詩中有「淇上酬薛三據兼寄郭少府微」；岑參有「與高適薛據同登慈恩寺浮圖」；崔曙有「送薛據之宋州」；劉長卿有「送薛據宰涉縣」；韓愈「國子助教河東薛君墓誌銘」言：「據爲尚書水部郎中，贈給事中」等等，都作薛據，故唐詩紀事卷二十五云：「薛據與王摩詰、杜子美最善。」薛璩或應作薛據。

今依唐才子傳及唐書薛播傳，試加敍述於下：薛據，河東寶鼎人，中書舍人文思曾孫。父元暉，仕加令。開元、天寶時代，薛據與弟薛播、薛揔相繼登科，傳爲美談。開元九年與王維同榜進士（唐才子傳作開元十九年，誤），據自恃才名，請受萬年錄事，流外官，訴宰執，以爲赤縣是某等清要，據無由得之，改永樂主簿，後擢涉縣丞。天寶六年中風雅古調科第一人，後仕歷司議郎，終水部郎中。據爲人骨鯁有氣魄，文章亦然。嘗自傷不得早達，選句往往追凌鮑謝，初好棲遁，居高山鍊藥，晚歲置別業，終南山下老焉，有集，今傳。

全唐詩卷二五三閻防小傳，閻防「嘗與薛據談書終南豐德寺」，可見薛據早年曾居終南山。全唐詩卷二百五十三有薛據「出青門往南山下別業」詩，云：

舊居在南山，夙駕自城闕。榛莽相蔽虧，去爾漸超忽。散漫餘雪晴，蒼茫季冬月。寒風吹長林，白日原上沒。懷抱曠莫伸，相知阻胡越。弱年好棲隱，鍊藥在巖窟。及此離垢氛，興來亦因物。末路期赤松，斯言庶不伐。

由薛據自己作品證實，他曾在終南山置有別業。而且早年已經棲山隱居，甚至鍊藥，可見薛據有道家思想。而王維早年也曾隱居終南山，此說係近人盧懷萱氏「王維隱居與出仕」所倡。兩人思想背景及地緣關係，理應有交往。且「全唐詩」及「唐才子傳」都明言「開元十九年，薛據和王維是同榜及第」，王維是開元九年中舉，但既言同榜及第，薛據當亦係開元九年之進士，兩人既是同年又是早年棲隱之道友，交誼當非淺。

王維共有三首詩提及薛據。「瓜園詩」並序，言「時太子司議郎薛據發此題」；「送張舍人佐江州同薛璩十韻」兩首詩意不能清楚分辨兩人之交情，另有一首「座上走筆贈薛璩慕容損」詩云：

希世無高節，絕跡有卑棲。君徒視人文，吾固和天倪。緬然萬物始，及與群物齊。分地依后稷，用天信重黎。春風何豫人，令我思東谿。草色有佳意，花枝稍含荑。更待風景好，與君藉萋萋。

由句中「絕跡有卑棲」、「令我思東谿」都可作王維想到早年兩人隱居終南的生活，只等風和日麗，再招薛據共賞美景，全唐詩卷薛據小傳談到「據與王維、杜甫最善」，由此可證。

前言杜甫和薛據友善，也可由杜甫詩「秦州見敕目薛三據授司議郎畢四曜除監察，與二子有故，遠喜遷官，兼述索居凡三十韻」證明，後來薛據昇水部郎中，杜甫也有「寄薛三郎中」長詩，可見兩人交情不差，也同是王維舊友。

14. 皇甫冉、皇甫曾兄弟

皇甫冉，字茂政，潤州人。玄晏先生謐之後，十歲能屬文，張九齡嘆而異之。天寶十五年，盧庾榜進士。授無錫尉，避難居陽羨山中。大曆初，王縉爲河南節度使，辟掌書記。後入爲左金吾衞兵曹參軍，終左補闕，有集三卷傳於世。

皇甫曾，字孝常，冉之弟也。天寶十二年（全唐詩卷小傳），楊儇榜進士。善詩，出王維之門，與兄名望相亞。仕歷侍御史，後坐事貶舒州司馬，量移陽翟令。有詩一卷傳於世。

依獨孤及「左補闕安定皇甫冉集序」言：「沈宋既沒，而崔司勳顥、王右丞維復崛起於開元天寶之間，得其門而入者，當代不過數人，補闕其一也。」由此推知皇甫冉係王維的門生，不過，兩人只有「左掖梨花」詩同詠，皇甫冉詩題作「和王給事禁省梨花詠」。王維官給事中在天寶末年，當時王維已五十六、七歲，兩人誠屬忘年交，後來王維過世，大曆初，其弟王縉節度河南，辟爲書記，可見王氏兄弟甚爲推重。

至於皇甫冉弟皇甫曾，依唐才子傳稱其善詩，出王維之門，可知也是王維門生。全唐詩卷二百十有皇甫曾「奉寄中書王舍人」詩，云：

> 腰金載筆謁承明，志道安禪得此生。西掖幾乎綸綍貴，東山遙夜薜蘿情。風傳刻漏星河曙，月上梧桐雨露清。聖主好文誰爲薦，閉門空賦子虛成。

由詩句「志道安禪得此生」知道皇甫曾也是佛家思想的追求者，和王維信佛一脉相承，誼有交往。另一句「聖主好文誰爲薦」，有企求王維援引之意，詩題王維任中書舍人，當在乾元元年，王維年紀已五十八歲，再三年過世，可見皇甫曾也王維晚年之忘年交。

二、官　員

1.張九齡

張九齡，字子壽，一名博物；韶州曲江人，世稱曲江公。唐高宗儀鳳三年（西元六七八）生。武后長安二年，九齡年二十五，進士及第。中宗景龍元年中材堪經邦科，授秘書省校書郎。玄宗先天元年三十五歲，登道侔伊呂科，遷左拾遺。上書宰相姚崇，勸其遠諂躁，任人才。開元六年春，遷左補闕。次年爲禮部員外郎。開元八年，遷司勳員外郎。開元十年，張說柄政，許爲後出詞人之冠；轉中書舍人，並入翰林供奉。開元十三年，諫張說推恩不及百官；轉太常少卿。開元十五年，授洪州刺史。開元十七年，轉授桂州刺史、桂管經略使、兼嶺南按察使、攝御史中丞。辟周子諒充嶺南按察判官。十九年，轉秘書少監，兼集賢院學士、副知院事。次年賜紫金魚袋，遷工部侍郎。二十一年秋，丁母憂。十二月，起復拜中書侍郎、同中書門下平章事，兼修國史。次年，守中書令，諫相李林甫，充河南開稻田使，引王維爲右拾遺。開元二十三年，諫相張守珪，加紫光祿大夫，封始興縣伯。次年，請誅安祿山，表上千秋金鏡錄。十一月，諫相牛仙客，充右丞相，罷知政事。二十五年，左遷荊州大都督府長史，辟孟浩然爲從事。開元二十八年卒，年六十三，贈荊州大都督，謚曰文獻。有唐丞相曲江張先生文集行世。（舊書九九、新書一二六張九齡傳，楊承祖先生「張九齡年譜附論五種」）

王維一生甚多波折，而終能再次側列朝班，實與張九齡拔擢有關。開元九年，王維狀元及第，調大樂丞，不久即坐累貶官濟州，到了開元二十二年，宦海浮沈及隱居約共十二年，王維三十四歲才幸有張九齡的援引，當上右拾遺，這眞是王維事業發展的轉捩點，值得深究。

王維和張九齡並沒有特殊關係，極可能是裴耀卿推介之故。裴任濟州刺史在開元十三年，王維是其手下，後來王維曾有「裴僕射濟州遺愛碑」稱頌其政績，可能見賞於裴，而推薦給張九齡。日人伊藤正文「王維」力主其說，云：

王維在濟州時代的長官裴耀卿和張九齡是好友，且和他同一時期擔任黃門侍郎，同中書門下平章事（翌年遷侍中）。王維過去和張九齡並無特別關係，這次得以被提拔爲右拾遺，必定是裴耀卿向張九齡推薦的。同時，房琯也在開元二十二年，從地方官（盧氏令？）被召回中央，擔任監察御史（「舊唐書」本傳）。從這些人事調動措施看來，張九齡是有意用文人鞏固政權。

（註一九）

所言裴和張是好友，張九齡有詩「當塗界寄裴宣州」言及「故人宣城守，亦在江南偏」可證。個人以爲尚不止此，還有其他原因，試加說明如下：

張九齡篤於孝道，敦於友誼，史有定評（註二〇）。依劉昫唐書本傳，王維「事母崔氏以孝聞」，宋祁唐書本傳，王維「資孝友」，都可說明兩人性情風操相近，所以張九齡新書本傳談到：

及（張九齡）爲相，謇謇有大臣節。當是時，帝在位久，稍怠於政。故九齡議論必極言得失，所推引皆正人。

同是「正人」，當然惺惺相惜。再加上同是文士，必定聲氣相求，唐音癸籤、劉熙載「藝概」以及翁方綱「石洲詩話」所論多矣，近人楊承祖先生曾詳加論列，云：

而九齡居相位之隆，執文運之柄，風動運從，遂移風氣，誠子昂之後繼、而復古之渠帥也。九齡又頗獎掖文士，一時俊秀如韋陟、孫逖、包融、王維、孟浩然、皇甫冉、李泌、盧象等，並蒙賞拔，其直接影響於當代文風者固可知矣。（註二一）

張九齡以一代辭宗，推轂拔擢王維、孟浩然、韋陟、盧象等輩，實也理所當然。王維當上了右拾遺，有「上張令公」詩，云：

珥筆趨丹陛，垂璫上玉除。步簷青瑣闥，方幰畫輪車。市閱千金字，朝開五色書。致君光帝典，薦士滿公車。伏奏回金駕，橫經重石渠。從茲罷角抵，希復幸儲胥。天統知堯後，王章笑魯初。匈奴遙俯伏，漢相儼簪裾。賈生非不遇，汲黯自堪疏。學易思求我，言詩或起予。嘗從大夫後，何惜隸人餘。

表面上贊頌九齡的政績及獎掖後進，其實是表白追隨的殷切。近人陳貽焮先生認為「王維的干謁張九齡，不能單純地了解為個人的投靠，實際上他是作為張九齡政治主張的擁護者和支持者而要求參加工作的」（註二二），次年張九齡追封始興縣伯，王維有「献始興縣公」詩乙首，所論頗相吻合，詩云：

寧棲野樹林，寧飲澗水流。不用食粱肉，崎嶇見王侯。鄙哉匹夫節，布褐將白頭。任智誠則短，守仁固其優。側聞大君子，安問黨與讎。所不賣公器，動與蒼生謀。賤子跪自陳，可為帳下不。感激有公議，曲私非所求。

王維特別提出「所不賣公器，動與蒼生謀」的觀點和張九齡的政治理念是相合的。張九齡諫相張守珪、牛仙客，甚至李林甫都認為「名器不可以假人」（註二三），這種政治理念的結合，讓王維認為他的干謁並非「曲私」而是得到「公議」贊許的。說到這裏，王維變成張九齡文人集團的支柱，亟欲有所作爲，可惜的是，開元二十五年四月，張九齡爲了周子諒，貶爲荊州大都督府長史，王維的靠山被排擠外放，心情是苦悶而沮喪，有詩「寄荊州張丞相」以寄意，並表白他的態度，詩云：

所思竟何在，悵望深荊門。舉世無相識，終身思舊恩。方將與農圃，藝植老邱園。目盡南飛鳥，何由寄一言。

王維竟然有「方將與農圃，藝植老邱園」歸隱的想法，可見張九齡佔王維政治生涯的重要性，不言可喻，由此反證，兩人之間的交誼是夠得上深厚了，沒有張九齡，就沒有王維後期仕宦生活，值得再三致意。

2.裴耀卿

裴耀卿，字煥之（註二四），河東聞喜人（註二五）。唐高宗開耀元年生，少聰敏，數歲能屬文，擢童子舉，弱冠拜秘書正字、相王（後之睿宗）府典籤。睿宗登極，授國子主簿。開元初，累遷長安令。十三年，爲濟州刺史，接待玄宗巡幸，甚得體。十四年七月，黃河堤壞，乃躬護作役，濟人爲立碑。後移宣州，曾上疏言漕運。又歷冀州，皆有善政。十七年秋，拜戶部侍郎（註二六）。二十年，信安郡王禕受詔討契丹，以耀卿爲副，冬遷京兆尹。二十一年秋，以京師霖雨害稼飢，玄宗召對，請廣漕運，以實關輔，沿河置倉納粟，又開山陸運以避三門之險，玄宗悅而納之。尋拜黃門侍郎、同中書門下平章事，兼江淮都轉運使，以鄭州刺史崔希逸爲副。明年遷侍中，二十四年，以尚書左丞相罷，累封趙城侯。天寶元年，進尚書左僕射，俄改右僕射。二年七月丙辰卒，年六十三，贈太子太傅，謚曰文獻。有詩二首。（新舊唐書本傳，食貨志、全唐詩卷）

王維和裴耀卿的關係發生於開元十三年，王維已貶官濟州司倉參軍兩三年，裴耀卿接濟州刺史，正是王維的頂頭上司。裴耀卿在濟州任內，依王維「裴僕射濟州遺愛碑」言，乃「行之一年，郡乃大理」，頗有政績。再加上治理黃河水患，很得好評，濟人爲立碑頌德，碑記由王維屬文，充滿欽敬贊頌之情，碑文曾言及「維也不才，嘗備官屬。公之行事，豈不然乎？維實知之，維能言之」。正因爲王維了解裴耀卿的爲人行事，而冀求裴氏援引，後來裴氏與張九齡同時拜相，才推薦王維任右拾遺，可能是這段淵源之故。

日人伊滕正文另外提出兩點證明其間關係，姑置之，以供參攷（註二七）。一、以裴氏爲河東聞喜人，和王氏猗氏同屬河東，誼屬同鄉。二、以王維好友裴廸和裴耀卿可能有關係。依新書宰相世系表，裴廸屬洗馬裴氏，而裴耀卿屬南來吳裴氏，乃屬同族。

3.崔希逸

崔希逸，兩唐書皆無傳，資料零星，謹取唐書玄宗紀、食貨志、吐蕃傳，稍作排比如下：希逸早年事蹟不詳，玄宗開元二十二年八月前，任鄭州刺史，是年八月，當時裴耀卿充江淮、河南轉運使，以崔希逸爲副使（註二八）。及耀卿罷相（時在二十四年），崔希逸爲河南、陝運使（註二九）。後遷河西節度使，加散騎常侍，鎭守涼州（註三〇）。二十五年三月，入吐蕃界二千餘里，斬首二千餘級（註三一）。次年吐蕃又入寇，希逸拒破之，五月遷河南尹，不久卒。

崔希逸鎭守涼州時，王維由右拾遺調爲監察御史，任涼州河西節度判官。有「爲崔常侍祭牙門姜將軍文」、「爲崔常侍謝賜物表」、「讚佛文」、「西方變畫讚」等文。前兩篇乃節度判官份內事。後兩篇禮佛之文，可能與崔希逸失信吐蕃有關。據舊唐書吐蕃傳所言，崔希逸請求吐蕃守將乞力徐撤除守備，殺白狗爲盟。但部下孫誨邀功，力奏掩襲吐蕃必捷，玄宗命宦官趙惠琮前往，矯詔掩殺吐蕃，「希逸以失信怏怏，在軍不得志，俄遷爲河南尹，行至京師，與趙惠琮俱見白狗爲祟，相次而死」。舊書吐蕃傳言之鑿鑿，崔希逸失信被祟，要愛女出家捨身保命，王維本信佛爲作讚佛文，亦人之常情。至於「西方變畫讚」乃受託於崔希逸夫人李氏爲其亡父之作，由此可見王維與崔希逸之交情。

有人以王維母崔氏可能與希逸同族（註三二）。另外，崔希逸曾當過裴耀卿的副手，也可能經由裴氏的推薦而用王維，再加上崔希逸也可能信佛；「讚佛文」中曾說崔希逸是「常侍公出爲法將，入拜台臣，身在百官之中，身在百官之中，心超十地之上」，王維和崔希逸有相同的信仰，故代崔家作讚佛文，也可見兩人親密之關係。

4.韋陟、韋斌兄弟

韋陟，京兆萬年人，字殷卿。宰相韋安石長子。唐武后神功元年生。少聰敏，自幼風標整峻，有文彩，善隸書。開元初，丁父憂，杜門八年不出，與弟斌探討典墳，俱有盛名，名士王維、崔顥、盧象等，常與陟唱會遊處。歷洛陽令，轉吏部郎中。張九齡爲中書令，引爲中書舍人。後爲禮部侍郎，好接後輩，尤鑒於文，遷吏部侍郎。李林甫忌之，出爲襄陽太守。天寶中，襲封郇國公，以親累貶鍾離太守，重貶義陽太守，尋移河東太守。十二年，入攷華淸宮，楊國忠忌才誘其姪謀陷，貶桂嶺尉，再貶平樂尉。會祿山陷洛陽，弟斌陷賊，國忠欲構陟與賊通，陟不爲所動。歲餘，肅宗即位，起爲吳郡太守，兼江南東道採訪使。會江東永王璘擅起兵，令陟招諭，除御史大夫，兼江東節度使，並與淮南、淮西節度使高適、來瑱約誓三軍。後謁見肅宗，深受器重。其時拾遺杜甫上表房琯有大臣度，被黜，代爲辯解被疏，出爲絳州刺史。乾元二年，入爲太常卿，呂諲再入相，薦爲禮部尚書，東京留守。史思明逼伊洛，李光弼議守河陽，陟率東京官屬入關避之，詔授吏部尚書，令保永樂，不許至京，鬱鬱不得志，因遘疾，上元元年八月卒，時年六十五，贈荊州大都督。

韋斌，韋安石次子，早修整，尙文藝，容止嚴厲，有大臣體，與兄陟齊名。開元十七年，司徒薛王業爲女平恩縣主求婚，斌才堪匹配。遷秘書丞。天寶初，轉國子司業。徐安貞、王維、崔顥特爲推挹。後拜中書舍人，兼集賢院學士。以兄陟在南省，斌又掌文誥，改太常少卿。天寶五年，李林甫構陷刑部尙書韋堅，斌以親累，貶巴陵太守，移臨安太守，加銀靑光祿大夫。十四年，安祿山陷洛陽，斌爲賊所得，僞授黃門侍郎，憂憤而卒。乾元元年贈秘書監。兩唐書有傳。

王維有「奉寄韋太守陟」，句中「故人不可見，寂寞平林東」，可證唐書本傳言「於時才名之士王維、崔顥、盧象等，常與陟唱和遊處」王、韋論交甚早。王維又有「送韋大夫東京留守」一首，時當乾元二年韋陟充東京留守，其中「曾是巢許淺，始知堯舜深」、「功名與身退，老病隨年侵。君子從相訪，重玄其可尋」，有老友情篤互相勸勉之意，看來，王維是韋陟多年老友。

至於韋斌，王維有一篇「大唐故臨汝郡太守贈秘書監京兆韋公神道碑銘」，爲斌申訴被安祿山迫害的經過，並代爲表白自己的清白：「公哀予微節，私予以誠」。可見兩人患難之情。

5. 韋恆、韋濟兄弟

韋恆，其先出雍州杜陵，後客襄陽，更徙爲鄭州陽武人。父嗣立，武后長安時宰相。開元初爲碭山令，政寬惠，吏民愛之。姑子御史中丞宇文融薦恆有經濟才，讓以其位，擢殿中侍御史。累轉給事中，爲隴右、河西黜陟使。劾河西節度使恃左右援，出爲陳留太守，卒。

韋濟，韋恆弟。開元初調鄄城令。或言吏部選縣令非其人，對凡二百人，惟濟居第一。於是擢濟醴泉令。濟四遷戶部侍郎，爲太原尹。著先德詩四章，天寶中，授尙書左丞。濟文雅，頗能修飾政事，所至有治稱。終馮翊太守。

王維詩「同盧拾遺韋給事東山別業二十韻」歌詠韋氏逍遙谷景緻，並有同游惠顧之意，韋給事應是韋恆。王維尙有一首「韋給事山居」，云：

幽尋得此地，詎有一人曾。大壑隨階轉。群山入戶登。庖厨出深竹，印綬隔垂藤。即事辭軒冕，誰云病未能。

當係欽慕韋恆家山居，與世無爭，値得立刻辭官歸隱，義無反顧。另外王維也給韋濟寫過一首「韋侍郎山居」，也有出塵歸隱之意，當係朋友之間互相期勉之言。

6. 苑咸

苑咸，依唐書志藝文四，作京兆人，開元末上書，拜司經校書，中書舍人，貶漢東郡司戶參軍，復起爲舍人，終永陽太守。如依全唐詩卷小傳言，苑咸是成都人，擧進士登第，爲李林甫書記。嘗爲孫逖草除庶子詔，議者以爲知言。王維謂舍人能書梵字，兼達梵音，曲盡其妙，詩二首。

王維有「苑舍人能書梵字，兼達梵音，曲盡其妙戲爲之贈」詩，苑咸有「答詩并序」，云：

> 王員外兄以予嘗學天竺書，有戲題見贈。然王兄當代詩匠，又精禪理，枉採知音，形於雅作，輒走筆以酬焉。且久未遷，因而嘲及。
>
> 蓮花梵字本從天，華省仙郎早悟禪。三點成伊猶有想，一觀如幻自忘筌。爲文已變當時體，入用還推間氣賢。應同羅漢無名欲，故作馮唐老歲年。

苑咸以王維久未昇官相嘲，是有背景的。依新唐書李林甫傳云：「林甫無學術，發言陋鄙，聞者竊笑。善苑咸、郭慎微，使主書記，然練文法」。可見苑咸是李林甫的親信，兩人親近應是學佛的關係。接著王維即有「重酬苑郎中」詩并序，云：

> 頃輒奉贈，忽枉見詶。敍末云，且久不遷，因而嘲及，詩落句云：應同羅漢無名欲，故作馮唐老歲年。亦解嘲之類也。
>
> 何幸含香奉至尊，多慚未報主人恩。草木豈能酬雨露，榮枯安敢問乾坤。仙郎有意憐同舍，丞相無私斷掃門。揚子解嘲徒自遣，馮唐已老復何論。

王維時任庫部員外，年約四十三，竟已有「馮唐已老」的慨嘆，苑咸雖有意從旁拉拔，王維是張九齡派，面對敵手李林甫的手下，也只有「揚子解嘲徒自遣」了。

7.房琯（附：李揖）

房琯，兩唐書有傳。字次律，唐武后神功元年（六九七）生。河南人。父融，武后時平章事。琯少好學，以蔭補弘文生。性好隱遁，學呂向隱陸渾山十餘年。開元十二年，作封禪書，宰相張說奏爲校書郎。應堪任縣令舉，授虢州盧氏令。二十二年拜監察御史，坐訊獄非是，貶睦州司戶。復爲縣令，所在爲政，頗著能名。天寶初，遷主客員外，累遷憲部侍郎。明皇幸蜀，琯獨馳赴行在，上大悅，即日拜文部尚書，同平章事。與左相韋見素等奉册靈武，因陳時事，言詞慷慨，肅宗爲之改容，詔持節充招討節度等使。以戶部侍郎李揖爲行軍司馬，給事中劉秩爲參謀。將兵三路討賊，皆敗，肅宗諒之。時與庶子劉秩、諫議李揖等高談虛論，說釋氏因果、老子虛無而已。後以琴工董庭蘭納賄被罷，出爲外州刺史。代宗廣德元年八月四日，卒於閬州僧舍，時年六十七，贈太尉。

房琯任盧氏令在開元十二年以後，王維時任濟州司倉參軍，有詩「贈房盧氏琯」極可能在此時或稍後所作，詩云：

達人無不可，忘己愛蒼生。豈復小千室，絃歌在兩楹。浮人日已歸，但坐事農耕。桑榆鬱相望，邑里多雞鳴。秋山一何淨，蒼翠臨寒城。視事兼偃臥，對書不簪纓。蕭條人吏疏，鳥雀下空庭。鄙夫心所尚，晚節異平生。將從海嶽居，守靜解天刑。或可累安邑，茅茨君試營。

這首詩除了贊頌房琯外，也對房琯豁達的生活作了描繪，最後六句似有隱居依附之意。王維從濟州辭官隱居嵩山也在這段時期，極可能有來往。另外據新書房傳云：「琯有遠器，好談老子浮屠法。喜賓客，高談有餘而不切事。」王維詩「送衡嶽瑗公南歸詩序」言及房琯爲道友。兩人思想頗爲接近，極可能結爲朋友，且房琯所信任的私黨—劉秩、李揖（註三三），其中李揖可能也是王維的朋友。

李揖其人，兩唐書無傳，在舊書房傳言及李揖曾任戶部侍郎及諫議，房琯討安祿山時，任行軍司馬。新書房傳更言及房琯戎務全委於李揖，是房琯的私黨。王維有「雪中憶李揖」、「過李揖宅」兩首詩。前一首其中一句「故人不可期」，可證明王維和李揖是老友。另一首「過李揖宅」更言及兩人是志同道合的道友，詩云：

閒門秋草色，終日無車馬。客來深巷中，犬吠寒林下。散髮時未簪，道書行尚把。與我同心人，樂道安貧者。一罷宜城酌，還歸洛陽社。

其中「道書行尚把，與我同心人，樂道安貧者」足以說明李揖和王維的交誼，所以房琯、李揖和王維也可能是同一伙修道的道友。

8. 裴旻

裴旻，依新唐書卷七十一宰相世系表，係洗馬裴氏之後，曾祖裴談，相中宗，祖父元明，曾任睦州刺史，父親名叫光裔，沒有名位，裴旻後官左金吾大將軍。新書文藝傳有以下的記錄：

旻嘗與幽州都督孫佺北伐，爲奚所圍，旻舞刀立馬上，矢四集，皆迎刀而斷，奚大驚引去。後

以龍華軍使守北平。北平多虎，旻善射，一日得虎三十一。（文長以下略）

可見裴旻非常神勇，新書吐蕃傳也談到信安王禕拔石堡城，玄宗帝以書賜裴旻將軍。裴旻向以劍舞有名，新書文藝傳曾指出：「玄宗時，詔以白（指李白）歌詩、裴旻劍舞、張旭草書爲『三絕』。」朱景玄「唐朝名畫錄」、郭若虛「圖畫見聞錄」以及「宣和畫譜」都談到裴旻下面這一則事蹟，今據「圖畫見聞錄」吳道子條錄出：

> 開元中，將軍裴旻居喪，詣吳道子，請於東都天宮寺畫神鬼數壁，以資冥助。道子答曰：「吾畫筆久廢，若將軍有意，爲吾纏結舞劍一曲，庶因猛勵以通幽冥。」旻於是脫去縗服，若常時裝束，走馬如飛，左旋右轉，擲劍入雲，高數十丈，若電光下射，旻引手執鞘承之，劍透室而入。觀者數千人，無不驚慄。

歷代名畫錄卷九也記載有「開元中，將軍裴旻善舞劍」，裴旻當時既以舞劍出名，且和當時大畫家吳道子及張旭有往來，王維向以詩、畫知名，不可能不來往。再加上裴旻係洗馬裴氏之後，和王維密友裴廸同族，宜有交往。王維有詩一首，「贈裴旻將軍」云：

> 腰間寶劍七星文，臂上琱弓百戰勳。見說雲中擒黠虜，始知天上有將軍。

三、畫友

對裴旻的戰功特別揄揚，也可見交情了。

1.張諲

張諲，依唐才子傳言，永嘉人。初隱少室山下，閉門修肄，志甚勤苦，不及聲利。後應舉，官至刑部員外郎。明易象，善草隸，兼畫山水。詩格高古，與李頎友善，事王維爲兄，皆爲詩酒丹青之契。……天寶中，謝官歸故山偃仰，不復來人間矣。有詩傳世。

由前言知張諲、李頎和王維不單是詩友，也是畫友，王維「故人張諲工詩善易卜兼能丹青草隸頃以詩見贈聊獲酬之」詩題可知，李頎也有「詠張諲山水」詩云：

小山破體閑支策，落日梨花照空壁。
詩堪記室妬風流，畫與將軍作勁敵。

李頎把張諲的畫與當時大畫家李思訓、李昭道父子作比，張諲的畫在當代應有很高的評價。那麼張諲是怎樣的一個人，王維有三首詩描繪他，「戲贈張五弟諲三首」云：

吾弟東山時，心尚一何遠。日高猶自臥，鐘動始能飯。領上髮未梳，牀頭書不卷。（下略）
張弟五車書，讀書仍隱居。染翰過草聖，賦詩輕子虛。閉門二室下，隱居十年餘。宛是野人也，時從漁父魚。（下略）

這是前兩首，把張諲隱居林下十餘年的生活寫得歷歷在目，後來張諲出去作官，王維戲贈下面這首詩：

設置守毚兔，垂釣伺游鱗。此是安口腹，非關慕隱淪。吾生好清靜，蔬食去情塵。今子方豪蕩，思爲鼎食人。我家南山下，動息自遺身。入鳥不相亂，見獸皆相親。雲霞成伴侶，虛白侍衣巾。

何事須夫子，邀予谷口眞。

王維既稱「我家南山下」，當係隱居終南山時期，時間是開元十五年至二十二年之際。這段期間，王維和張諲仍有往來，王維詩「答張五弟」云：

終南有茅屋，前對終南山。終年無客長閉關，終日無心長自閒。不妨飲酒後垂釣，君但能來相往還。

寫出王維隱居山中情形，並期待張諲的到訪。後來王維也經張九齡拔擢，和張諲同朝爲官，到了天寶中，張諲雖官刑部員外郞，却有歸山之想，李頎有「同張員外諲酬答」詩稱他「洛中高士日沈冥」，王維有「送張五歸山」詩，云：

送君盡惆悵，復送何人歸。幾日同攜手，一朝先拂衣。東山有茅屋，幸爲掃荊扉。當亦謝官去，豈令心事違。

王維雖有同時棄官的想法，但迫於當時李林甫勢力大，想不應付也不行，只有違背心願，在宦海中浮沉。

到了晚年，張諲歸隱宣城，在今之安徽省宣城縣，王維有「送張五諲歸宣城」詩，云：

五湖千萬里，況復五湖西。漁浦南陵郭，人家春穀溪。欲歸江淼淼，未到草淒淒。憶想蘭陵鎭，可宜猿更啼。

王維忘年交皇甫冉有多首詩提到張諲，其中一首「夜集張諲所居」（全唐詩卷二百五十），云：

江南成久客，門館日蕭條。惟有圖書在，多傷鬢髮凋。諸生陪講誦，稚子給漁樵。虛室寒燈靜，空階落葉飄。滄洲自有趣，誰道隱須招。

詩中提到張諲晚年生活可能不富裕，必須課館維生。他也曾入蜀作官，但史料云闕，只有好友李頎「臨別送張諲入蜀」詩一首記實，但也可見他們三人之間交情頗深。

2. 李頎

李頎，依唐才子傳言，東州人，家於穎陽。開元二十三年，賈季隣榜進士及第，調新鄉縣尉。性疏簡，厭薄世務，慕神仙，服餌丹砂，期輕擧之道，結好塵喧之外，一時名輩，莫不重之。工詩，發調旣清，修辭亦秀，雜歌咸善，玄理最長，多為放浪之語，足可震蕩心神。惜其偉才只到黃綬，故其論道家，往往高於衆作。有集，今傳。

張諲和王維是畫友，李頎也和他們兩人是畫友兼詩友。張彥遠「名畫記」稱：「張諲與王維、李頎為詩酒丹青之友」可證。另外李頎和草聖張旭素有交往，有「贈張旭」詩。王李兩人除了是丹青之契，極可能也是道友，王維有「贈李頎」詩，云：

聞君餌丹砂，甚有好顏色。不知從今去，幾時生羽翼。王母翳華芝，望爾崑崙側。文螭從赤豹，萬里方一息。悲哉世上人，甘此羶腥食。

由頭兩句知王維對李頎服食丹藥，甚為欽慕，原來王維也有鍊丹的經驗，他那首「秋夜獨坐」談到「白髮終難變，黃金不可成」，雖是鍊丹失敗的說辭，却也證實了王維服食外丹的經歷，難怪他要羨慕李頎呢。另外他們都認識焦鍊師，王維有「贈東嶽焦鍊師」及「贈焦道士」詩兩首，李頎也有一首「寄焦鍊師」詩，云：

得道凡百歲，燒丹惟一身。悠悠孤峯頂，日見三花春。白鶴翠微裏，黃精幽澗濱。始知世上客，不及山中人。仙境若在夢，朝雲如可親。何由覩顏色，揮手謝風塵。

詩中有出世之想，句中也談到「燒丹」，可知和焦道士時有往來，傾心鍊丹的法術。王維朋友王昌齡也崇信道教，極可能因共同信仰而認識，李頎有「送王昌齡」詩。王維詩友除王昌齡外，尚有房琯、崔顥、綦毋潛和李頎有來往，李頎詩多首，談到綦毋潛，「送綦毋三謁房給事」、「欲之新鄉答崔顥、綦毋潛」、「送綦毋三」、「送五叔入京兼及綦毋三」、「題綦毋校書別業」，顯然和綦毋潛交情深厚。另外李頎尚有一首「留別王盧二拾遺」詩，云：

此別不可道，此心當報誰。春風灞水上，飲馬桃花時。
誤作好文士，只令遊宦遲。留書下朝客，我有故山期。

開元二十二年，張九齡秉政，同擢王維、盧象爲拾遺，則由此詩題可知連盧象也是李頎友。李頎雖官卑職小，却交遊廣濶，極可能崇道又擅丹青，博得王維的傾慕以及王維朋友圈子的爭相結納。

3. 鄭虔

鄭虔，依唐才子傳言，鄭州人，高士也。蘇許公爲宰相，申以忘年之契，薦爲著作郎。嘗以當世事著書八十餘篇。有告虔私撰國史者，虔倉惶焚之，坐謫十年。玄宗愛其才，開元二十五年，爲更置廣文館，虔爲博士，廣文博士自虔始。杜甫爲交，有贈詩曰：才名四十年，坐客寒無氈。惟有蘇司業，時時與酒錢，其窮飢轗軻淡如也。好琴酒篇詠，善圖山水，能書，苦無紙，於慈恩寺貯柿葉數屋，逐日就書殆遍。嘗自寫其詩幷畫，表献之，玄宗大署其尾曰：鄭虔三絕。與李杜爲密友，多稱鄭廣文。祿山反，僞授水部員外郎，託以疾不奪。賊平，張通、王維並囚繫，三人皆善畫，崔圓使繪齋壁，因爲析解，得貶台州司戶，卒，有集行世。

王維詩集雖無詩言及鄭虔，兩人交情，唐才子傳却言之鑿鑿，故繫之畫友，以待後攷。

四、宗　戚

1. 寧王李憲

寧王李憲，兩唐書有傳。本名成器，睿宗長子，文明元年立爲皇太子。以弟隆基平韋氏有功而讓帝位於玄宗。開元四年，避昭成皇后尊號，改名憲，封爲寧王。玄宗兄弟友愛，曾賜第「五王宅」，環列宮側，玄宗時登樓，聞諸王音樂之聲，即召登樓同榻宴謔，或便幸其第，賜金分帛，厚其觀賞。諸王日俱樂縱飲，擊毬、鬥鷄、馳鷹犬爲樂。憲尤謹畏，未嘗干政而與人交。憲嘗與聞涼州所献新曲，曾有諫諍，曰：「曲雖佳，然宮離而不屬，商亂而暴，君卑逼下，臣僭犯上。發於忽微，形於音聲，播之詠歌，見於人事，臣恐一日有播遷之禍。」後有安史之亂，世乃知憲有先見之明，審音之才。開元二十九年十一月薨。諡讓皇帝。

依劉昫唐書王維傳言，「維以詩名盛于開元、天寶間。昆仲宦遊兩都，凡諸王駙馬豪右貴勢之門，無不拂席迎之，寧王、薛王待之如師友」。王維詩有名，音樂也有造詣，寧王既有審音之能，當由此見知寧王。再依唐詩紀事卷十六言：「寧王貴盛，寵妓數十人。有賣餅之妻，纖白明媚，王一見屬意，因厚遺其夫。求之，寵愛逾等。歲餘，因問曰，汝復憶餅師否，使見之，其妻注視，雙淚垂頰，若不勝情。時王座客十餘人，皆當時文士，無不悽異。王命賦詩，維先成云：莫以今時寵，難忘異日恩，看花滿眼淚，不共楚王言。座客無敢繼者。王乃歸餅師，以終其志。」此事如屬實，王維與寧王交誼當非泛泛，極受禮遇。

2. 岐王李範

岐王李範，兩唐書有傳，睿宗第四子。本名隆範，後避玄宗連名，改單稱範。睿宗踐祚，進封岐王。開元初，拜太子少師，歷絳、鄭、岐三州刺史。八年，遷太子太傅。範好學工書，雅愛文章之士，士無貴賤，皆盡禮接待，與閻朝隱、劉庭琦、張諤、鄭繇篇題唱和，又多聚書畫古跡，當時所稱。時上禁約王公，不令與外人交結。駙馬都尉裴虛己坐與範遊讌，兼私挾讖緯之書，配徙嶺外。萬年尉劉庭琦、太祝張諤皆坐與範飲酒賦詩，黜庭琦爲雅州司戶，諤爲山荏丞。然上未嘗問範，恩情如初。開元十四年，病薨，上哭之甚慟，輟朝三日，爲之追福，手寫老子經，撤膳累旬，百僚上表勸喻，然後復常。册贈惠文太子。

依王維本傳言及諸王眷重。岐王也雅愛文章之士，兩人當有接觸。王維本集有「敕借岐王九成宮避暑應教」、「從岐王過楊氏別業應教」，甚至夜間過訪飲讌的「從岐王夜讌衞家山池應教」，即可證明王維頗受岐王禮遇。岐王病卒開元十四年，王維時貶官濟州，兩人交誼當在王維年未弱冠或中學前後，集異記言及「王維右丞，年未弱冠，文章得名，性閑音律，妙能琵琶，遊歷諸貴之間，尤爲岐王之所眷重」。言之鑿鑿，當非虛言，王維際遇之奇，誠云極矣。

3.李峘、李峴兄弟

李峘，太宗第三子吳王、恪之孫。恪第三子琨生信安王、禕，禕生三子，峘、嶧、峴。峘性質厚，歷宦有美名，以王孫封趙國公。楊國忠亂政，悉斥不附己者，峘由攷功郎中出爲睢陽太守。天寶十四年，入計京師。而玄宗入蜀，即走行在。除武部侍郎，兼御史大夫。俄拜蜀郡太守，劍南節度採訪使。郭千仭反，與陳玄禮共討平之。從上皇返京，遷戶部尙書。乾元元年，持節都統江淮節度宣慰觀察使。二年以宋州刺史劉展有異志，峘與戰壽春，敗績走丹陽，詔貶袁州司馬。寶應二年，病卒。追贈揚州大都督。

李峴，李峘弟也。唐中宗景龍三年生。折節下士，長吏節。天寶時，累遷京兆尹，峴爲政得人心，楊國忠惡其不附己，以雨災歸咎京兆尹，出爲魏郡太守。至德初，拜扶風太守，兼御史大夫。明年，擢京兆尹，封梁國公。乾元二年，以中書侍郎同中書門下平章事。後以御史斷案希旨用刑亂國法，忤帝怒，出爲蜀州刺史。代宗立，改荆南節度，知江淮選補使，入爲禮部尙書，兼宗正卿。還京，拜門下侍郎，同中書門下平章事。不踰月，罷爲太子詹事。遷吏部尙書，復知江淮選。改檢校兵部尙書兼衢州刺史。卒年五十八。

王維有「送李睢陽」詩，云：

> 將置酒，思悲翁。使君去，出城東。麥漸漸，雉子斑。槐陰陰，到潼關。騎連連，車遲遲。心中悲，宋又遠。周問之，南淮夷。東齊兒，碎碎織練與素絲。游人賈客信難持，五穀前熟方可爲。下車閉閤君當思，天子當殿儼衣裳。太官尙食陳羽觴，彤庭散綬垂鳴璫。黃紙詔書出東廂，輕紈疊綺爛生光。宗室子弟君最賢，分憂當爲百辟先。布衣一言相爲死，何況聖主恩如天。鸞聲噦噦魯侯旗，明年上計朝京師。須憶今日斗酒別，愼勿富貴忘我爲。

王維稱李峘爲李睢陽，當在楊國忠秉政之後。時當天寶十一載，峘由攷功郎中出爲睢陽太守。由詩中句看出王維與李峘交誼深厚，對李峘頗爲推崇。

至於王維與李峴交往有「送魏郡李太守赴任」，趙殿成攷以「國忠秉政，在天寶時。是時相州已更鄴名，不得乃稱魏號，蓋別是一人，非李峴也」。試從詩句探討以明兩人是否有關，詩云：

> 與君伯氏別，又欲與君離。君行無幾日，當復隔山陂。蒼茫秦川盡，日落桃林塞。獨樹臨關門，黃河向天外。前經洛陽陌，宛路故人稀。故人離別盡，淇上轉驂騑。企予悲送遠，惆悵睢陽路。古木官渡平，秋城鄴宮故。想君行縣日，其出從如雲。遙思魏公子，復憶李將軍。

由詩句「與君伯氏別，又欲與君離」，當指李峘李峴兄弟，句中「惆悵睢陽路」也可證天寶十一年楊國忠亂政，李峴出爲魏郡太守，李峘爲睢陽太守，兄弟同爲太守所指之謂。且言「淇上轉驂騑」也說明了王維於天寶三年以後隱於淇上，也才有「故人離別盡」的慨歎，由此可知兩人交誼應非尋常。後來王維遭安祿山逼受僞命也靠李峴活命。唐書李峴本傳言及「初收東京，受僞官陳希烈以下數百人，崔器希旨深刻，奏皆處死，時峴爲三司使，力主從輕發落，全活甚重。」冥冥中這種安排，也是朋友之情的表現吧。

五、日本友人

1. 阿倍仲麻呂（朝衡）

阿倍仲麻呂，字巨卿，日人中務大輔船守之子。生於唐中宗嗣聖十五年（日本文武帝二年，西元六九八），華名朝衡，或作晁衡。玄宗開元四年（元正女帝靈龜二年）選爲遣唐留學生，時年十九，次年三月隨第九次遣唐使平安莅唐。開元五年衡隨大使入京長安，奉特許入太學，卒業爲司經局校書，與兗州儲光義交。後授左拾遺。十九年，京兆尹崔日知薦之，下詔褒賞，超拜左補闕。開元二十二年冬，日本遣唐使多治比廣成將歸，衡留唐已十七年，亦以親老請歸。當時名士趙驊有「送晁補闕歸日本國」詩，然玄宗重衡，強留之。尋爲儀王友，進衞尉少卿。天寶十二年，擢秘書監，兼衞尉卿，親寵任事。是年日本遣唐使藤原清河等復至長安，衡請隨使返國，玄宗因命爲使，時衡已留唐三十六年，年五十六。王維、包佶皆贈以詩。衡等發長安，南過揚州，天寶十二年十一月十五日由蘇州啓舟返日，途次琉球，逆風驟作，漂至安南，僅十餘人存，衡乃其中之一。唐人皆以爲衡遇難死矣，李白作詩哭之。天寶十四年六月，衡與藤原清河輾轉跋涉，復至長安朝見。會祿山反，衡亦西走避難。上元中，肅宗任爲左散騎常侍。尋擢鎭南都護，治交州。代宗永泰二年，兼鎭南節度使。大曆初歸長安，五年正月卒，年七十三，贈潞州大都督。全唐詩存詩一首。（註三四）

朝衡開元五年到長安入太學，畢業後任司經局校書，與王維友儲光羲交往，儲有詩「洛中貽朝校書衡，即日本人也」記實，但很難考出正確交往時間。到了開元十九年，朝衡任左補闕，開元二十二年冬，朝衡以親老請歸不許，當年王維也擢右拾遺，同任諫官，兩人認識或在此時。到了天寶十二年，朝衡請歸日本，王維有「送秘書晁監還日本國幷序」詩乙首（序長不錄），詩云：

積水不可極，安知滄海東。九州何處遠，萬里若乘空。向國惟看日，歸帆但信風。鰲身映天黑，魚眼射波紅。鄉樹扶桑外，主人孤島中。別離方異域，音信若爲通。

雖有異域隔離之憾，却期能常通音問，且長序諄諄訴說晁衡在華偉績，可見兩人交情不惡。後來朝衡一行遇風無法回歸日本，仍長住中國，他們的友誼可能繼續下去，直到上元二年王維卒爲止。

六、其　他

以上所列舉五項交游，乃王維重要友人，且有資料可尋的。至於同朝和詩的賈至、岑參，以及高適、崔顥等人，野史雖有記載，彼此詩集都無交往資料，只好付諸闕如。另外親族及方外之交，分別劃歸家族（本章第二節）、王維詩的儒道佛三家思想（第四章第三節）兩節再加敍述。其他友人擬以條舉方式，列表如下：

(1)相國：王璵。

(2)徐國公：蕭嵩。

(3)侍郎：達奚珣、李遵。

(4)都督：趙、邢濟。

(5)將軍：曹。

(6)太守：崔季重、康、宇文、苗、鄭、封、杜、李。

(7)中書：徐。

(8)中丞：宋。

(9)舍人：張、徐。

(10)郎中：徐。

(11)大理寺卿：徐。

(12)員外郎：張、楊、崔、蘇、李。

(13)給事中：郭、竇紹。

(14)拾遺：黎昕、沈。

(15)補闕：李。

⒃校書：寇。
⒄司馬：宇文三、褚。
⒅判官：平淡然、李、張、高。
⒆主簿：韋。
⒇長史：源、楊、任。
(21)參軍：杜。
(22)明府：韋。
(23)評事：韋。
(24)少尹：嚴。
(25)少府：張、楊、馮。
(26)使君：李、薛。
(27)司直：劉。
(28)駙馬：楊六郎、崔。
(29)一般人：甘二、元二、孫二、崔三、賀四、鄭五、熊九、段十六、丁寓、史寶、沈福、韋穆、吳官、劉藍田、慕容損（一作慕容上，岑仲勉「唐人行第錄」指當係慕容損）。
(30)隱者：崔錄事、成文學、鄭、霍二山人、趙叟。

【附　註】

註　一　由於王維在開元十四年辭官隱居到二十二年擢右拾遺這段時間行蹤難攷，唐書孟浩然傳也闕略，攷據爲難，近人有莊申先生主開元十六年訂交（莊申王維研究，頁二）；胡傳安先生「王維交遊攷」主「約在開元十六年至廿五年間」（人文學報第三期，頁一九〇）；劉維崇先生「王維評傳」主「開元二十二年至二十四年」（頁一一一）。

註　二　莊申先生「王維研究」頁五，直認「王孟之間的友情根本不深」。劉維崇先生「王維評傳」頁一一五，却認爲他們交誼深厚。至於史家筆記則衆說不一，見「中國文學史論集㈠」彭國棟先生所撰「孟浩然」篇之列舉，頁二四六—二四七。

註三三　近人陳貽焮氏以爲是作官的張子容。文見「孟浩然事迹攷辨」，唐詩論叢，頁四三。

註　四　見王士源序：浩然文不爲仕，佇興而作，故或遲；行不爲飾，動以求眞，故似誕；游不爲利，期以放性，故常貧；名不繼於選部，聚不盈於擔石，雖屢空不給，而自若也。

註　五　中國文學史論集㈠，頁二四八。

註　六　見韓氏「王維現存詩歌質疑」，唐詩研究論文集第二集上册，頁八二。蓋以全唐詩張子容有「送孟六歸襄陽」兩首，其中一首誤爲王維詩。

註　七　此首詩題有作「京還贈嚴維」，嚴維另有其人，後來攷據家大都傾向應作「王維」才是。

註　八　朱鶴齡註見杜詩詳註卷九，「和裴迪登新津寺寄王侍郎」註云：「裴迪，出洗馬房裴天恩之後。」岑仲勉「唐人行第錄」（十四畫）裴十迪條云：迪出洗馬房後。高步瀛也主之，在「唐宋詩舉要」頁五六三，學海出版社版。

註　九　近人胡傳安先生「王維交遊攷㈡」裴迪條，人文學報三期，和莊申先生意見一致，原文云：「又據唐詩品彙載，迪生於開元四年，比王維小十五歲。」不知據何種版本？

註一〇　陳貽焮「唐詩論叢」，頁四五，「孟浩然事蹟攷辨」。原文：「據此知裴迪這時亦在張九齡幕」，陳氏此說當依孟浩然集中一首「從張丞相游南紀城獵贈裴迪張參軍」所出，但依蕭繼宗先生「孟浩然詩說」攷證，認爲這首詩恐非孟浩然所作，語見該書，頁六八，台灣商務印書館版。

註一一　審美詩人王維，頁八〇，譚繼山編譯，萬盛出版公司版。

註一二　見「杜詩詳註」卷三九，里仁書局版，頁七六三。

註一三　全唐詩卷二百三十九，錢起四。

註一四　同註一一。

註一五　據舊唐書陸據傳云：「京兆王昌齡，…皆名位不振」；另據新唐書文藝傳云：「江寧人」；又據「河嶽英靈集」云：「頃有太原王昌齡…」。

註一六　思與言二十五卷一期，一九八七年五月。

註一七　王維研究上集，頁九。

註一八　同前註，頁二十八；胡傳安先生「王維交遊攷」，人文學報第三期。

註一九　同註一一，頁九四。

註二〇　引自楊承祖先生「張九齡年譜附論五種」，頁一二二，該書舉證精詳，本文參攷引用頗多，謹此致謝。

註二一　同前註，頁一四七。

註二二　引自「王維的政治生活和他的思想」，文刊「王維詩研究專集」，頁十三。

註二二三　見資治通鑑，卷二一四。

註二二四　此依舊唐書本傳。而王維「裴僕射濟州遺愛碑」，「煥」作「渙」。

註二二五　同前註，而王維遺愛碑作河東聞喜人。一作稷山。

註二二六　此依據嚴耕望先生「唐僕尙丞相表」卷十二，裴耀卿開元十七年秋由冀州刺史入遷戶侍。

註二二七　同註一，頁七九。

註二二八　新唐書食貨志。

註二二九　同前註。

註二三〇　依舊書吐蕃傳，定其年爲開元二十四年。

註二三一　依舊書玄宗紀，繫其年於開元二十五年。

註二三二　同註一，頁一二〇。

註二三三　新唐書房琯傳，房琯戎務一委李揖。…樹私黨劉秩、李揖。又舊唐書房傳言，其佐李揖皆儒生。

註二三四　參攷羅香林先生「唐詩與中日文化交流之關係」、梁容若「唐秘書監晁衡事輯」，刊中日文化論集。又林文月先生「阿陪仲麻呂（朝衡）事蹟攷略」，「思與言」第八卷第六期。

第四節　王維年譜新編

唐武后大足元年、長安元年，辛丑。（西元七〇一年）一歲

【時事】春，正月，以成州言佛迹見，改元大足。九月，以邵王重潤與妹永泰郡主，婿魏王武延基竊議張易之兄弟恣入宮中，太后皆逼令自盡。十月，改元。十一月，以主客郎中郭元振爲涼州都督，破突厥吐蕃，拓境千五百里。

【生活】維生於是年。

〔案〕依新舊唐書本傳，王維生年沒有明確的記載，卒年則各持一說，但一致認爲享年六十一歲。舊唐書主「乾元二年七月卒」，往前推算，當爲武后聖曆二年（西元六九九年），顧起經唐王右丞年譜採之，但定於聖曆元年，顯然有誤。日人入谷仙介王維年譜也採之，並定爲武后聖曆二年。新唐書則記載「上元初卒，年六十一」，肅宗上元只有兩年，照趙殿成「右丞年譜」：「集中有謝弟縉新授左散騎常侍狀，其繫尾年月，乃上元二年五月四日。又集中有送邢桂州詩，而邢濟爲桂州都督，亦上元二年中事，則新史之說爲優也。」那麼王維的出生年是武后的長安元年（西元七〇一年），這個推算雖然不夠周延，但普遍受到一般人的採信。莊申王維年表、陳貽焮王維簡要年表、日人伊藤正文王維年譜等採之。

但依據新舊書王縉傳「建中二年（西元七八一年）十二月卒，年八十二」來推算，王縉生年竟是武后久視元年（西元七〇〇年），比哥哥王維還大一歲，這個矛盾肇因於新舊書對王維和王縉年齡和卒年記載錯誤所致。由於王縉位登宰輔，史書記載必定較精確，再加上新舊唐書對王縉年齡、卒年的記載一致，可靠性高，只有認定王維傳的記載有漏洞，個人同意日人伊藤正文說法，因當時改元頻繁，「乾元二年七月」的「乾」，很可能是「上」字的誤寫。

【備攷】李白生。

唐武后長安二年，壬寅。（西元七〇二年）二歲

【時事】春，正月，設武舉。冬十月，日本國遣使貢方物。十一月，相王旦爲司徒。命蘇頲按雪冤獄。戊子，親祀南郊，大赦天下。

【備攷】陳子昂卒，年四十二。張九齡進士及第。高適生。維弟王縉生。

唐武后長安三年，癸卯。（西元七〇三年）三歲

【時事】六月，寧州雨，漂流二千餘家。八月，京師大雨雹。九月庚寅朔，日蝕。張昌宗譖害魏元忠，流張說。十二月，天下置關三十。

【備攷】張諲生。

唐武后長安四年，甲辰。（西元七〇四年）四歲

【時事】正月，作興泰宮。韋嗣立爲鳳閣侍郎、同鳳閣鸞臺三品。五月，大風拔木。六月，姚元之罷。八月，韋安石檢校揚州大都督府長史。十月，以張柬之爲相。十一月，韋承慶入相，李嶠罷。十二月，韋嗣立罷。自九月至於是，日夜陰晦，大雨雪，都中人有飢凍死者，令官開倉賑給。張昌宗下獄既而赦之。

【備攷】崔顥生。

唐中宗神龍元年，乙巳。（西元七〇五年）五歲

【時事】春正月，張柬之等舉兵討亂誅張易之、張昌宗，帝復位。二月，復國號曰唐，復立韋氏爲皇后。五月，賜張柬之等五人王爵罷其政事。皇后用事。韋安石檢校中書令。七月，出張柬之爲刺史，十一月，武后崩。

【備攷】李思訓年五十四，任宗正卿。

唐中宗神龍二年，丙午。（西元七〇六年）六歲

【時事】春正月，制太平安樂公主各開府置官屬。二月，置十道巡察使。三月，大置員外官。五月，葬則天大聖皇后。六月，貶張柬之、崔玄暐、敬暉、桓彥範、袁恕己爲遠州司馬。七月，武三

思簒詔殺之，立衞王重俊爲太子。十二月，以突厥寇邊、京師旱、河北水，減膳，罷土木。是冬，牛大疫。

【備攷】神秀卒。

唐中宗景龍元年，丁未。（西元七〇七年）七歲

【時事】正月，以旱慮囚。二月，復武氏廟、陵。四月，以嗣雍王守禮女爲金城公主，出降吐蕃贊普。六月，破姚州叛蠻，勒石記功。是夏，山東、河北二十餘州旱，疾疫死者數千。七月庚子，皇太子重俊與羽林將軍李多祚等，率羽林千騎兵，誅殺武三思、武崇訓，後兵潰被殺。九月庚子，大赦，改元。賜文武官階、勳、爵。十月壬午，有彗星。十二月乙丑朔，日蝕。

【備攷】儲光羲生。張九齡中材堪經邦科。

唐中宗景龍二年，戊申。（西元七〇八年）八歲

【時事】三月，朔方總管張仁亶築三受降城。四月，置修文館學士。七月，始用斜封墨敕除官。以安樂公主適武延秀。十一月，西突厥寇邊，御史中丞馮嘉賓死之。

【備攷】杜審言死，常建生。

唐中宗景龍三年，己酉。（西元七〇九年）九歲

【時事】正月，帝幸元武門觀宮女拔河。三月，韋嗣立守兵部尚書，同中書門下三品。六月，以旱避正殿，減膳，撤樂。詔括天下圖籍。七月，許婦人非緣夫，子封者蔭其子孫。八月，特進韋安石爲侍中。十二月庚子，幸兵部尙書韋嗣立莊，封嗣立爲逍遙公，上親制序賦詩。

【生活】新唐書傳云，九歲知屬辭。

【備攷】殷遙生。劉長卿生。顏眞卿生。李峴生。

唐中宗景龍四年，庚戌。睿宗景雲元年。（西元七一〇年）十歲

【時事】正月，丙寅上元夜，帝與皇后微行觀燈，幸中書令蕭至忠第。是夜，放宮女數千人看燈，因此多有亡逸者。送金城公主歸吐蕃。二月，及后、妃、公主觀三品以上拔河。五月，以許州司兵參軍燕欽融上書言皇后干預國政，安樂公主、武延秀等同危宗社，杖殺之。六月，皇后韋氏弑帝立溫王重茂。臨淄王隆基討誅韋氏及其黨。奉相王旦復位，廢重茂復爲溫王。以隆基爲平王立爲太子。七月，宋璟、姚元之並爲相。八月罷斜封官。十月，以薛訥爲幽州節度經略大使。

唐睿宗景雲二年，辛亥。（西元七一一年）十一歲

【時事】正月，封郭元振、張說爲相。二月，命太子監國。安置太平公主於蒲州旋還京師。出宋璟、姚元之於外。六月，置十道按察使。十月，以劉幽求、魏知古、崔湜、陸象先爲相。十二月，作潑寒胡戲。

【備攷】王翰中進士。韓朝宗舉文以經國科。

唐睿宗太極元年，壬子。玄宗先天元年。（西元七一二年）十二歲

【時事】正月，幷、汾、絳三州地震，壞人廬舍。二月，皇太子釋奠於國學。追贈顏回爲太子太師，曾參爲太子太保。八月，帝傳位太子，太子即位尊帝爲太上皇。流劉幽求。十月，沙陀金山朱耶氏入貢。

【備攷】宋之問死。杜甫生。王灣中進士。張九齡舉道侔伊呂科。

唐玄宗開元元年，癸丑。（西元七一三年）十三歲

【時事】正月，皇后親蠶。七月，太平公主及岑羲、蕭至忠、竇懷貞謀反，伏誅。流崔湜竇州。以高力士爲右監門將軍知內侍省事。十月，以姚元之同中書門下三品。十二月，大赦，改元，賜內外官勳。改中書省爲紫微省，門下省爲黃門省，侍中爲監。禁潑寒胡戲。

【備攷】六祖慧能死，維後作能禪師碑。

唐玄宗開元二年，甲寅。（西元七一四年）十四歲

【時事】正月，定內外宮出入恒式。置左右教坊、梨園弟子。禁創建佛寺。禁人鑄佛寫經。復置十道按察使。三月，貶韋安石、韋嗣立爲諸州別駕。五月，罷員外檢校官。七月，禁珠玉錦繡。作興慶宮。八月，出宮人。吐蕃入寇命薛訥擊之，冬大破之。敕諸州修常平倉法。

【備攷】沈佺期卒，韋安石卒。皇甫冉生。

唐玄宗開元三年，乙卯。（西元七一五年）十五歲

【時事】正月，以盧懷愼爲黃門監，時人謂之伴食宰相。貶御史大夫宋璟爲睦州刺史。九月，置侍讀官，以馬懷素、褚無量爲之，待以師傅禮。張孝嵩定西域大食等八國請降。

【生活】父喪，從蒲州前往長安。

【作品】題友人雲母障子，過秦王墓。

【備攷】岑參生。李思訓年六十一，封左武衞大將軍。

唐玄宗開元四年，丙辰。（西元七一六年）十六歲

【時事】六月，太上皇崩。拔曳固斬突厥默啜以降。冬閏十二月，姚崇罷，宋璟、蘇頲爲相。罷十道按察使。上面試縣令。

【作品】洛陽女兒行。

【備攷】玄宗詔徵盧鴻。裴廸生。李思訓卒。

唐玄宗開元五年，丁巳。（西元七一七年）十七歲

【時事】正月，行幸東都。七月，以明堂爲乾元殿。命馬懷素、褚無量整比群書。九月，復舊官名，命史官隨宰相入侍，群臣對仗奏事。十二月，詔訪逸書。

【作品】九月九日憶山東兄弟。

【備攷】盧鴻應詔至洛陽，同年辭官返嵩山。吳道子年廿六，玄宗幸洛陽時被詔入宮。蕭穎士生。

唐玄宗開元六年，戊午。（西元七一八年）十八歲

【時事】正月，禁惡錢。四月，鄭銑等獻詩，崇道法度爲道士。八月，令州縣歲十二月行鄉飲酒禮。始加賦以給官俸。冬十一月，還西京。宋璟不立遺愛頌。吐蕃請和以舅甥署誓文。十二月，以宋王憲爲涇州刺史，岐王範爲岐州刺史，薛王業爲虢州刺史。

【作品】哭祖六自虛。

【備攷】賈至生。

唐玄宗開元七年，己未。（西元七一九年）十九歲

【時事】正月，吐蕃遣使朝貢。七月，上親錄囚徒，多所原免。八月，敕五服並從禮傳。九月，改昭文館依舊爲弘文館。十月，於東都置義宗廟。十二月，置弘文、崇文兩館讎校書郎官員。

【生活】京兆府試，舉解頭。

【作品】桃源行、李陵詠、賦得清如玉壺冰。

【備攷】宋王李憲封寧王。韋嗣立卒。李嘉祐生。王縉中文詞雅麗科。

唐玄宗開元八年，庚申。（西元七二〇年）二十歲

【時事】正月，皇太子謁太廟。宋璟、蘇頲以遣使禁惡錢煩擾罷相。以源乾曜、張嘉貞同平章事。五月，復置十道按察使。六月，東都暴雨，穀水泛漲，溺死千人。十月，流裴虛己於新州（一作十年）。

【生活】在長安，出入王府宅邸。交接岐王範、寧王憲。

【作品】息夫人。

【備攷】張九齡轉司勳員外郎。

唐玄宗開元九年，辛酉。（西元七二一年）二十一歲

【時事】正月，改蒲州爲河中府，置中都。二月，以宇文融爲勸農使。四月，上親策試應試舉人於含元殿。六月，罷中都。九月，姚崇卒。張說相。十一月，左散騎常侍元行冲上群書目錄二百卷，藏之內府。劉子玄卒。

【生活】進士及第，此年或次年授太樂丞。

【作品】燕支行、白鸚鵡賦。

【備攷】薛據進士及第，同年或次年授永樂主簿。

唐玄宗開元十年，壬戌。（西元七二二年）二十二歲

【時事】正月，幸東都。停天下公廨錢。五月，東都大雨，溺死甚衆。以張說領朔方節度使。始募兵充宿衛。六月，上訓註孝經，頒行天下。八月，安南亂，遣內侍楊思勗討之。九月，杖秘書監姜皎，配流欽州。乙亥制出曰：自今以後，諸王、公主、駙馬、外戚家，除非至親以外，不得出入門庭，妄說言語。又下制，約百官不得與卜祝之人交遊來往。十月，改乾元殿爲明堂。十二月，停按察使。

【生活】秋，坐累貶濟州司曹參軍。

〔案〕坐累被貶有兩種說法：一、依集異記、太平廣記稱：「及爲大樂丞，爲伶人舞黃師子坐出官。黃師子者，非一人不舞也」。據舊唐書音樂志載：「太平樂亦謂之五方獅子舞」，知獅

子舞爲皇帝享宴之樂。故唐語林卷五特記此則，勉後輩愼之。二、依舊唐書卷九十五載：「時上禁約王公，不令與外人交結。駙馬都尉裴虛己坐與範遊讌，兼私挾讖緯之書，配徙嶺外。萬年尉劉庭琦、太祝張諤皆坐與範飲酒賦詩，黜庭琦爲雅州司戶，諤爲山茌丞。」禁止諸王與群臣交往而坐累貶官這個理由，日人小林太市郎「王維生平與藝術」、入谷仙介「王維研究」、伊藤正文「王維」等書皆主之。兩說各有所據，姑並存記。

【作品】送綦毋潛落第還鄉、送丘爲落第歸江東、被出濟州、早入滎陽界、宿鄭州、至滑州隔河望黎陽憶丁三寓、丁寓田家有贈。

【備攷】錢起生。

唐玄宗開元十一年，癸亥。（西元七二三年）二十三歲

【時事】正月，帝北巡。以并州爲太原府置北都。二月，張嘉貞罷，以張說兼中書令。三月，至西京。五月，置麗正書院，養文學之士。陸堅以爲無益徒費，張說謂天子好文儒，所益者大。冬始置長從侍衞。十二月，改政事堂爲中書門下。

【生活】在濟州，與崔錄事等四人結交。

【作品】千塔主人、崇梵僧、濟上四賢詠。

【備攷】元結生，崔顥進士及第。

唐玄宗開元十二年，甲子。（西元七二四年）二十四歲

【時事】三月，以杜暹爲安西副大都護。五月，停按察使。復以宇文融爲勸農使。六月，制選台閣名臣爲諸州刺史。七月，以楊思勗爲輔國大將軍。八月，以宇文融爲御史中丞。十一月，如東都群臣請封禪。

【生活】在濟州司倉參軍任內。

【作品】濟州過趙叟家宴、魚山神女歌二首。

【備攷】張九齡封曲江縣開國男，守中書舍人。李頎進士及第、祖詠進士及第。

唐玄宗開元十三年，乙丑。（西元七二五年）二十五歲

【時事】二月，以宇文融兼戶部侍郎。更名長從宿衞爲彍騎。選諸司長官爲諸州刺史，上自書十韻詩賜之。四月，改集仙殿爲集賢殿，置學士。十一月，封泰山，幸孔子宅致祭。十二月，分吏部爲十銓，親決試判。

【生活】在濟州司倉參軍任內。

【作品】喜祖三至留宿、濟州官舍送祖三。

【備攷】上司濟州刺史裴耀卿到任。十一月，張九齡轉太常少卿。冬，祖詠赴汝州依王澣，曾訪維於濟州。孤獨及生。

唐玄宗開元十四年，丙寅。（西元七二六年）二十六歲

【時事】正月，命張說等修五禮。四月，張說罷，以李元紘同平章事。七月，濟州地區發生大水災。九年，杜暹同平章事。十月，黑水靺鞨遣使來京師。

【生活】上半年在濟州，秋末辭官，後隱於嵩山。

【作品】送鄭五赴任新都序、淮陰夜宿、夜到潤州。

【備攷】儲光羲、綦毋潛、崔國輔進士及第。四月，岐王範死。嚴武生。秋，裴耀卿調任宣州刺史，後王維爲作裴僕射濟州遺愛碑。

唐玄宗開元十五年，丁卯。（西元七二七年）二十七歲

【時事】五月，作十王宅百孫院。十月，還西京。以蕭嵩爲河西節度副大使。是歲，蘇頲卒。

【生活】隱於嵩山。離山後經汜上至孟津。

【作品】過乘如禪師、蕭居士嵩邱蘭若、歸嵩山作、寒食汜上作、雜詩。

【備攷】畫友張諲時隱嵩山。王昌齡、皇甫冉、常建進士及第。顧況、郎士元生。王縉舉高才沉淪草澤自舉科。

唐玄宗開元十六年，戊辰。（西元七二八年）二十八歲

【時事】正月，以宇文融充九河使。二月，以張說兼集賢院學士。初令戶籍三歲一定，分九等。八月，行開元大衍曆。改彍騎為羽林飛騎。十二月，立長征兵分番酬勳法。

【生活】經黃河轉渭水，返長安。後隱於終南。

【作品】登河北城樓作。

【備攷】孟浩然年四十，至京師與王維定交。此年或次年作孟浩然像。識殷遙。

唐玄宗開元十七年，己巳。（西元七二九年）二十九歲

【時事】正月，朔方節度使信安王褘攻拔吐蕃石堡城，賜名振武軍。限明經進士及第每歲無過百人。禁銅器及私賣銅鉛錫。五月，復置按察使。以宇文融裴光庭同平章事。蕭嵩兼中書令。八月，以帝生日為千秋節。貶宇文融為汝州刺史，尋流巖州，道卒。

【生活】隱居終南。

【作品】答張五弟。

【備攷】孟浩然於此年返襄陽，隱於鹿門山。沈佺期卒。

唐玄宗開元十八年，庚午。（西元七三〇年）三十歲

【時事】正月，以裴光庭為侍中。二月，初令百官休日選勝行樂。四月，裴光庭兼吏部尚書。始奏

用循資格。

【生活】此年或次年妻亡。屏居藍田，薄地躬耕。

【作品】酬諸公見過。

【備攷】張說卒。張九齡都督桂州諸軍事，守桂州刺史，兼嶺南道按察使，攝御史中丞。

唐玄宗開元十九年，辛未。（西元七三一年）三十一歲

【時事】正月，以詩書賜吐蕃。三月，置太公廟。十二月，殺雋州都督張審素。幸東都。

【生活】此年或去年，始從大德道光禪師習禪。

【備攷】三月，張九齡守秘書少監，兼集賢院士，副知院事。杜甫年二十，游吳越。王昌齡年三十八，中博學宏詞科，遷校書郎。

唐玄宗開元二十年，壬申。（西元七三二年）三十二歲

【時事】正月，遣信安王禕討契丹，以裴耀卿爲副使，大破之。勒裴光庭、蕭嵩分押左右廂兵。九月，開元禮成。十二月，裴耀卿遷京兆尹。還西京。

【生活】卜居藍田。

【備攷】二月，張九齡賜紫金魚袋，尋拜工部侍郎。八月，知制詔。載叔倫生。

唐玄宗開元二十一年，癸酉。（西元七三三年）三十三歲

【時事】二月，裴光庭卒，以韓休同平章事。六月，制選人有才行者，委吏部臨時擢用。秋，關中久雨稼，京師饑。十月，左丞相宋璟致仕，歸東都。蕭嵩、韓休罷。裴耀卿同平章事，起復張九齡同平章事。以楊愼矜知太府出納。分天下爲十五道，置採訪使。

【生活】居藍田。此頃爲崔興宗畫像。

【作品】上張令公詩。

【備攷】五月，張九齡檢校中書侍郎，尋丁母喪，歸鄉里。李白年三十三，至襄陽與孟浩然訂交。同年秋，李白遊長安。劉長卿、元德秀進士及第。

唐玄宗開元二十二年，甲戌。（西元七三四年）三十四歲

【時事】正月，幸東都。五月，以裴耀卿爲侍中、張九齡爲中書令，李林甫同三品。上芟麥於苑中。以方士張果爲銀青光祿大夫，號通玄先生，厚賜遣歸。以裴耀卿爲江淮河南轉運使，以宣州刺史崔希逸副之，置河口輸場。十二月，張九齡諫相張守珪。

【生活】得宰相張九齡引擢爲右拾遺。

【作品】京兆尹張公德政碑。又，青龍寺曇壁上人兄院集、夏日過青龍寺謁操禪師、別弟縉後登青龍寺望藍田山、藍田山石門精舍、愚公谷等作也可能完成於此時。

【備攷】張九齡自詔詣行在，求終喪，不許，守中書令，擢王維右拾遺。王昌齡年四十一，始在長安與王維定交。維與其弟縉，裴廸及昌齡同遊長安青龍寺。張諲、崔興宗半隱於終南。顏眞卿進士及第。房琯官監察御史。薛王業卒。

唐玄宗開元二十三年，乙亥。（西元七三五年）三十五歲

【時事】正月，耕籍田，御樓酺宴。三月，張瑝、張琇兄弟殺殿中侍御史楊汪以報父仇，敕杖殺之。上罪懷州，盛飾音樂。裴耀卿遷侍中。十二月，册壽王妃楊氏元環。

【生活】任右拾遺。

【作品】獻始興公詩。

【備攷】張九齡，三月加金紫光祿大夫，封始興縣伯，諫相李林甫。李頎進士及第。

唐玄宗開元二十四年，丙子。（西元七三六年）三十六歲

【時事】二月，上作新戒，賜縣令。三月，初令禮部侍郎掌貢舉。上欲廢張太子瑛，張九齡諫曰，臣必不奉詔。初分月給俸錢。四月，張守珪使安祿山討奚契丹，兵敗送京師赦之，張九齡諫不聽。八月，張九齡上千秋金鑑錄。河西節度使崔希逸上表牛仙客治蹟。十月，張九齡諫封牛仙客。十一月，裴耀卿、張九齡罷爲左右丞相。以李林甫兼中書令，牛仙客同三品。

【生活】任右拾遺。

【作品】同盧拾遺韋給事東山別業二十韻，韋給事山居、韋侍郎山居。

【備攷】十一月，裴耀卿、張九齡罷知政事。是年以韋濟爲尚書戶部侍郎。韋應物生。僧義福卒。

唐玄宗開元二十五年，丁丑。（西元七三七年）三十七歲

【時事】正月，置玄學博士，以道士尹愔爲諫議大夫集賢院學士兼知史館事。新律令格式成。二月，立明經問義進士試經法。選宗子才者授臺省官。三月，河西節度使崔希逸大破吐蕃。四月，殺太子瑛、鄂王瑤、光王琚。杖殺監察御史周子諒，貶張九齡爲荊州長史。徐嶠奏斷死刑五十八。鵲巢大理樹，百官表賀，賜李林甫爵晉國公。十一月，宋璟卒。十二月，武惠妃卒。

【生活】三月，蕭嵩、張九齡、裴耀卿等宴集韋氏山莊，王維並作序文。秋天，由右拾遺調爲監察御史，任涼州河西節度判官，入河西節度副大使崔希逸幕下。

【作品】暮春太師左右丞相諸公于韋氏逍遙谷讌集序、和尹諫議史館山池詩、寄荊州張丞相詩、至黃牛嶺見黃花川、青溪、隴頭吟、爲崔常侍祭牙門姜將軍文、送懷州杜參軍赴京選集序、使至塞上、出塞作、涼州賽神、涼州郊外游望、靈雲池送從弟、雙黃鵠歌送別。

【備攷】四月，張九齡左遷荊州長史，辟孟浩然爲從事。

唐玄宗開元二十六年，戊寅。（西元七三八年）三十八歲

【時事】正月，令天下州縣皆立學。以王璵爲祠祭使。三月，吐蕃又入寇，河西節度使崔希逸拒破之，五月，遷河南尹。六月，立忠王璵爲太子，改名亨。任蕭炅爲河西留後。九月，封南詔皮邏閣爲雲南王。十月，御注道德經。

【生活】五月，崔希逸爲河南尹。維繞道甘州至居延，旋返涼州。不久北上河套繼經榆林而返長安。

【作品】爲崔常侍謝賜物表、讚佛文、西方變畫讚、新秦郡松樹歌。爲王常侍祭沙陀鄯國夫人文。

【備攷】崔希逸卒。

唐玄宗開元二十七年，己卯。（西元七三九年）三十九歲

【時事】四月，牛仙客任兵部尚書兼侍中。李林甫任吏部尚書兼中書令。六月，貶張守珪爲括州刺史。八月，追謚孔子爲文宣王，七十子皆追贈公侯伯。非婚喪卜擇，禁諸術數。徐國公蕭嵩，左授青州刺史。

【生活】任監察御史，在長安。

【作品】大薦福寺大德道光禪師塔銘、送岐州源長史歸。

【備攷】道光禪師普寂卒。

唐玄宗開元二十八年，庚辰。（西元七四〇年）四十歲

【時事】三月，立阿史那昕爲西突厥十姓可汗。六月，以蓋嘉運爲河西隴右節度使。九月，魏州刺史盧暉開通濟渠。是歲，金城公主薨，吐蕃遣使告喪。歲豐稔。

【生活】任殿中侍御史知南選，赴襄陽。又自襄陽至武漢，順長江入蜀而至巴州，復北上經褒斜道而返長安。

【作品】哭孟浩然、漢江臨汎、渡河到清河作、曉行巴峽、送康太守、送李員外賢郎。

【備攷】春，張九齡展墓南歸，卒於韶州之私第，年六十三。孟浩然卒於襄陽，年五十二。鄭虔任廣文館學士。

唐玄宗開元二十九年，辛巳。（西元七四一年）四十一歲

【時事】正月，立賑饑法。得玄元皇帝像于盩厔縣樓觀山間。四月，迎置興慶宮。八月，以安祿山爲營州都督。十二月，吐蕃陷石堡城。

【生活】與盧象、韋孚同遊韋嗣立東山別墅。

【作品】同盧拾遺、韋給事東山別業二十韻、奉和聖制慶玄元皇帝玉像之作。

【備攷】去年或此年頃鄭虔獻畫玄宗，上題鄭虔三絕。十一月，寧王李憲薨。

唐玄宗天寶元年，壬午。（西元七四二年）四十二歲

【時事】正月改元，以安祿山爲平盧節度使。二月，改官名，侍中爲左相，中書令爲右相，左右丞相依舊爲僕射。州刺史改郡太守。三月，以韋堅爲江淮租庸轉運使。七月，牛仙客卒，以李適之爲左相。八月，加李林甫尚書左僕射、裴耀卿尚書右僕射。

【生活】時爲左補闕、庫部員外郎，遷庫部郎中。

【作品】三月三日曲江侍宴應制、和僕射晉公扈從溫湯、春日値門下省早朝。

【備攷】王昌齡年四十九，貶江寧丞。此頃祖詠退隱汝墳。王之渙卒。

唐玄宗天寶二年，癸未。（西元七四三年）四十三歲

【時事】正月，安祿山入朝。兩京崇玄學改爲崇玄館，博士爲學士。三月，韋堅開廣運潭成，加左散騎常侍。十月，信安王禕卒。十二月，太子賓客賀知章請度爲道士還鄉。

【生活】二月，綦毋潛棄官還江東，王維、李頎、王昌齡相送白馬寺。

【作品】送綦毋潛棄官歸江東、苑舍人能書梵字兼達梵音皆曲盡其妙戲爲之贈、重酬苑郎中、任城縣尉裴府君墓誌銘。

【備攷】裴廸父逝，代撰任城縣尉裴府君墓誌銘。王昌齡出爲江寧丞，岑參作送王赴江寧詩。裴耀卿七月卒。邱爲中進士。

唐玄宗天寶三年，甲申。（西元七四四年）四十四歲

【時事】正月，改元爲載。二月，以苗晉卿爲魏郡太守，充河北採訪處置使，以安祿山兼范陽節度使。九月，以楊愼矜爲御史中丞。秋冊回紇骨力裴羅爲懷仁可汗。玄宗選壽王妃楊氏進宮，號楊太眞。

【生活】隱於淇上。

【作品】淇上即事田園。

【備攷】杜甫年三十三，李白年四十四，二人訂交於洛陽。賀知章卒。芮廷章編國秀集。岑參中進士。

唐玄宗天寶四年，乙酉。（西元七四五年）四十五歲

【時事】二月，以王忠嗣兼河東節度使。七月，冊壽王妃韋氏。八月，以楊太眞爲貴妃。九月，以韋堅爲刑部尚書，楊愼矜爲租庸轉運使。冬，安祿山奏立李靖李勣廟。

【生活】隱於淇上。

【備攷】夏，杜甫從李邕遊齊州。秋，李白與杜甫袞州相逢。

唐玄宗天寶五年，丙戌。（西元七四六年）四十六歲

【時事】正月，貶韋堅爲縉雲太守，皇甫惟明爲播州太守。以王忠嗣爲河西隴右朔方河東節度使。四月，李適之罷，以陳希烈同平章事。七月，韋堅爲李林甫所構，配流賜死。十二月，贊善大夫杜有隣、著作郎王曾、左驍衛兵柳勣等爲李林甫所構，並下獄死。

【生活】隱於淇上。

【備攷】杜甫至長安。房琯任給事中，綦毋潛自洛陽至長安謁房琯。祖詠卒。

唐玄宗天寶六年，丁亥。（西元七四七年）四十七歲

【時事】正月，以北海太守李邕事連王曾、柳勣，遣使就殺之。令士通一藝以上，皆詣京師。以安祿山兼御史大夫，祿山得出入宮中。十月，帝如驪山溫泉，名其宮曰華清宮。十一月，以哥舒翰充隴右節度使，貶王忠嗣爲漢陽太守。殺戶部侍郎楊愼矜。十二月，以天下歲貢賜李林甫。以高仙芝爲安西四鎭節度使。

【生活】復出仕，任官不詳。

【作品】魏郡太守河北採訪處置使苗公德政碑、送高判官從軍赴河西序、兵部起請露布文。

【備攷】薛據中風雅古調科。杜甫應詔退，留長安。

唐玄宗天寶七年，戊子。（西元七四八年）四十八歲

【時事】三月，大同殿柱產玉芝。有神光照殿，群臣上尊號曰開元天寶聖文神武應道皇帝。四月，以高力士爲驃騎大將軍。五月，賜安祿山鐵劵。以楊釗判度支事。八月，詔改千秋節爲天長節。十一月，封貴妃姊二人爲韓國、虢國夫人。十二月，或言玄元皇帝降于朝元閣，改爲降聖閣。

【生活】仍任職朝中。（營藍田輞川別墅當在此年以前）

【作品】大同殿生玉芝龍池上有慶雲百官共覩聖恩便賜宴樂敢書即事、奉和聖制天長節賜宰臣歌應制詩、賀古樂器表。奉和聖制登降聖觀與宰臣同望應制。哭殷遙。

【備攷】殷遙或卒於此年。李益生。李嘉祐進士及第。

唐玄宗天寶八年，己丑。（西元七四九年）四十九歲

【時事】四月，殺咸寧太守趙奉璋、貶著作郎韋子春，皆李林甫所構。六月，大同殿又產玉芝一莖。哥舒翰攻拔吐蕃石堡城。閏六月，群臣上尊號爲開元天地大寶聖文神武應道皇帝。太子太師徐國公蕭嵩薨。賜楊釗金紫。

【生活】仍仕朝中。

【作品】賀玄元皇帝見眞容表、賀神兵助取石堡城表、故太子太師徐公輓歌、送秘書晁監還日本國序並詩。

【備攷】綦毋潛或卒於此年？杜甫遊洛陽。高適中有道科。岑參任安西四鎭節度使高仙芝幕中書記。

阿倍仲麻呂返日。

唐玄宗天寶九年，庚寅。（西元七五〇年）五十歲

【時事】五月，安祿山進封東平郡王，節度使封王，自此始。七月，國子監置廣文館，領生徒為進士業者。八月，以安祿山兼河北道採訪處置使。制追復張易之兄弟官爵。賜楊釗名國忠。南詔反。

【生活】母崔氏卒，維於此春丁憂。（唐制守喪二十五個月）

【備攷】鄭虔任廣文館博士。

唐玄宗天寶十年，辛卯。（西元七五一年）五十一歲

【時事】正月，為安祿山起第於親仁坊。賜貴妃洗兒金銀錢。以安祿山兼河東節度使。高仙芝入朝，加開府，儀同三司。四月，鮮于仲通討南詔敗績，制復募兵擊之。十一月，以楊國忠領劍南節度使。

【生活】守喪。

【備攷】李頎年六十二，卒。錢起進士及第。孟郊生。杜甫年四十，進大禮賦，待制集書院。岑參隨高仙芝至長安。韋應物年十五，任侍衛於宮中。

唐玄宗天寶十一年，壬辰。（西元七五二年）五十二歲

【時事】改吏兵刑部爲文武憲部。三月，安祿山擊契丹後誘降阿布思部落，兵精甲於天下。夏，戶部侍郎京兆尹王鉷伏誅。以安思順爲朔方節度使。五月，以楊國忠爲御史大夫京畿採訪使。十一月，李林甫卒，以楊國忠爲右相，兼文部尚書。

【生活】春，除服，任文部郎中。

【作品】敕賜百官櫻桃。

【備攷】秋，杜甫、儲光羲、岑參、高適、薛據同登長安慈恩寺塔，各詠以詩。

唐玄宗天寶十二年，癸巳。（西元七五三年）五十三歲

【時事】正月，楊國忠注選人於都堂。二月，追削李林甫官爵，剖其棺。八月，以哥舒翰兼河西節度使。十月，帝如華清宮。以中書舍人宋昱知選事。陳元禮諫夜游。

【生活】仍任文部郎中。

【作品】崔濮陽兄季重前山興詩。

【備攷】瑗上人自湖南長沙衡山至長安。崔季重爲濮陽太守。殷璠編河嶽英靈集。阿倍仲麻呂自蘇州啓航返日，途中船爲風吹漂至安南，仲麻呂再入唐。張繼、皇甫曾中進士科。

唐玄宗天寶十三年，甲午。（西元七五四年）五十四歲

【時事】正月，安祿山入朝。加安祿山左僕射。置翰林院待詔。以安祿山爲閑廐群牧使。二月，以楊國忠爲司空。三月，安祿山歸范陽。六月，李宓擊南詔敗沒。八月，陳希烈罷，以韋見素同平章事。是秋，霖雨積六十餘日，京城垣屋頹壞殆盡，物價暴貴，人多乞食。上御勤政樓試四科制舉人，策外加詩賦各一首。制舉加試賦，自此始。十月，貶河東太守韋陟爲桂嶺尉。

【生活】仍任文部郎中。

【作品】同崔興宗送瑗公、送衡岳瑗公南歸詩。

【備攷】此頌瑗上人返衡山。崔顥卒。皇甫冉、韓翃進士及第。

唐玄宗天寶十四年，乙未。（西元七五五年）五十五歲

【時事】二月，安祿山請以蕃將代漢將，從之。七月，安祿山表請獻馬，遣中使諭止之。十一月，安祿山反，遣封常清如東京募兵禦之。以郭子儀爲朔方節度使。十二月，以高仙芝爲副元帥統兵屯峽。封常清敗。東京陷。制太子監國。高仙芝保潼關。斬仙芝、常清，起哥舒翰守潼關。

【生活】任給事中。

【備攷】杜甫授河西尉，不拜。改右衞率府官曹參軍，十一月，往奉先。王昌齡可能卒於此年。

唐玄宗天寶十五年，丙申。唐肅宗至德元年（西元七五六年）五十六歲

【時事】正月，安祿山僭號，稱大燕皇帝。史思明陷常山，顏杲卿死之。五月，郭子儀、李光弼復河北十餘郡。六月，哥舒翰戰敗，賊遂入關。帝奔蜀，次於馬嵬，楊國忠及楊貴妃伏誅。留太子東討賊。帝至河池，以崔圓同平章事。至普安，以房琯同平章事。七月，太子亨即位靈武，改元至德，尊帝爲上皇。以裴冕同平章事。八月，上皇遣房琯奉册寶，如靈武。祿山取長安樂工犀象詣洛陽。李泌爲侍謀軍國元帥長史。十月，房琯陳濤斜兵敗。十一月，永王璘舉兵江南。

【生活】是時爲給事中，扈從不及，爲賊所獲，服藥稱瘖，拘于菩提寺。後送至洛陽。

【作品】菩提寺禁裴廸來相看說逆賊等凝碧池上作音樂供奉，等舉聲便一時淚下私成口號誦示裴廸、口號示裴廸。

【備攷】裴廸探禁菩提寺。鄭虔亦爲安祿山所俘。郎士元進士及第。

唐肅宗至德二年，丁酉。（西元七五七年）五十七歲

【時事】正月，安祿山爲子慶緒所殺。王縉、李光弼堅守太原。二月，郭子儀平河東。三月，上皇遣中使祭始興文獻公張九齡。房琯罷，以張鎬平章事。九月，廣平王俶、郭子儀收復西京。十月，睢陽陷，許遠張巡死之。收復東京。帝還京。李泌歸衡山，誦黃臺瓜辭。十二月，上皇至

自蜀。大封蜀郡靈武扈從功臣，宗正卿兼工部侍郎李遵加特進鄭國公。陷賊官以六等定罪。復郡名官名。

【生活】賊平下獄，與鄭虔、張通等俱囚宣楊里楊國忠舊宅。

【備攷】杜甫脫賊至鳳翔，拜左拾遺，隨肅宗還長安。崔興宗隱於藍田。賈至任中書舍人。岑參任右補闕。

唐肅宗乾元元年，戊戌。（西元七五八年）五十八歲

【時事】二月，改元乾元，復以載爲年。以李輔國兼太僕卿。五月，改黜陟使爲觀察使。停採訪使。張鎬罷。崔圓李璘罷。以王璵同平章事。立成王俶爲皇太子，更名豫。貶房琯爲豳州刺史。七月，鑄乾元重寶錢。八月，命郭子儀等九節度討安慶緒，以宦官魚朝恩爲觀軍容使。

【生活】時其弟縉位已顯，請削官贖維罪；且維凝碧詩曾聞于行在，肅宗亦自憐之，乃免罪復官，責授太子中允。遷太子中庶子、中書舍人。復給事中。維施莊爲寺當在此年，也於此時始長居輞川莊。

【作品】旣蒙宥罪旋復拜官伏感聖恩竊書鄙意兼奉簡新除使君等諸公、左掖梨花、和賈舍人早朝大明宮作、謝除太子中允表、謝集賢學士表、書爲舜闍黎謝御題大通大照和尙塔額表、與工部李侍郎書。輞川閒居贈裴秀才廸、歸輞川作、輞川閒居、積雨輞川莊作、輞川別業。

【備攷】李白被放夜郎。杜甫出爲華州司功。鄭虔貶台州。韋應物或在此頃入太學。盧象訪王維於藍田輞川莊。裴廸客輞川莊。

唐肅宗乾元二年，己亥。（西元七五九年）五十九歲

【時事】正月，史思明自稱燕王。苗晉卿王璵罷。以李峴、李揆、呂諲、第五琦同平章事。三月，九節度兵潰於相州。史思明殺安慶緒。夏，史思明僭號。七月，召郭子儀還京師。以李光弼爲朔方節度使兵馬元帥。以禮部尚書韋陟充東京留守。十月，李光弼大敗史思明於范陽。

【生活】七月，轉尚書右丞。

【作品】別輞川別業、輞川集、送韋大夫東京留守、相國王公紫芝木瓜讚、請廻前任司職田粟施貧人粥狀、爲幹和尚進註仁王經表。

【備攷】儲光義卒。杜甫七月客秦州，十二月入蜀。

唐肅宗上元元年，庚子。（西元七六〇年）六十歲

【時事】正月，以李光弼爲太尉，兼中書令。二月，第五琦除名流夷州。三月，降死罪，流以下原之。五月，以苗晉卿行侍中，呂諲罷。以劉晏爲戶部侍郎充度支鑄錢鹽鐵等使。六月，輿王佋薨，贈諡恭懿太子。七月，李輔國遷太上皇於西內。制郭子儀統諸道兵定河北爲魚朝恩所沮。

十一月，江淮劉展反。

【生活】任尚書右丞。

【作品】門下起赦書表。恭懿太子輓歌。

【備攷】高適任蜀州刺史，杜甫往依之。此頃裴廸也在蜀與杜甫聯遊。崔興宗離長安赴蜀。盧象可能卒於此年。

唐肅宗上元二年，辛丑。（西元七六一年）六十一歲

【時事】二月，李光弼敗於邙山。河陽懷州皆陷。貶李揆爲袁州長史，以蕭華同平章事。三月，史思明爲其子朝義所殺。八月，加李輔國兵部尙書。九月，令以建子月爲歲首。貶劉晏爲通州刺史，以元載爲度支鹽鐵轉運等使。始朝太上皇於西內。

【生活】五月四日，維上表謝弟縉新授左散騎常侍，責躬薦弟，當在此年。七月卒，葬于輞川，年六十一。

【作品】送邢桂州、謝弟縉新授左散騎常侍狀。

【備攷】邢濟，兼桂州都督侍御使充桂管防禦都使。夏，杜甫離蜀返成都。韋陟卒。

第三章　王維人格辨誣

一、前　言

王維，號稱「詩佛」，唐代宗稱他「一代文宗」，由於詩畫雙絕，也被封爲南畫之祖。但以安祿山之亂，身陷賊中，被迫任僞職，是白圭之玷。當時身歷其境的杜甫對他的處境，頗能了解，曾以詩「奉贈王中允維」爲王維辯白，在「解悶」一詩也爲王維冠上「高人」的名譽，可見杜甫對王維的人格是給予肯定的，對他的不幸也有一份同情。後人當然也有全力爲他辯護的，如：明之胡應麟、文震孟；清之杭世駿、全祖望、厲鶚、李紱等人，皆以同情之心表明王維陷賊之不得已。而宋朝理學家朱熹則以「陷賊中不能死。……其人既不足言」（註一）相責。明末遺臣顧炎武逕以文辭欺人攻擊他：「如杜甫謂之高人王右丞，天下那有高人而仕賊者乎？」（註二）到了近代，洪爲法氏所著「談文人」提到「王維之好勝」（註三）；乃鼎「試刀集」竟批評他「自私妒才」（註四）。讚譽或詆毀，不一而足。其實，文學史上的辨誣與同情，都是朝向相同的心結，企圖塑造完美的金身，要自己崇拜的先賢當古之完人，葉嘉瑩先生說得好：

這種反面的辯解與正面的譴責實在乃是同出於一源，都是受了中國傳統之把文學價值與道德價值混爲一談的影響。好像如果讚美了一個在人品上有污點的作者，就會使批評者的人格也蒙受上污點一樣。因此在中國文學批評史上雖然頗有一些爲作者之人格作反面辯解的文章（如李白之依附永王璘的事件，李義山之與令狐綯之間恩怨的事件）。而却很少有人能像西方文學批評一樣，敢於正面承認作者人格上的污點，而從心理的矛盾或病態以及人性之軟弱的方面着手分析，而肯定其文學價值的批評。（註五）

王維的陷賊不死，是否卽是他人格的污點？是否有證據來表明他人性軟弱的一面？或許都可以從他的人格討論來了解，除了正史記載，部分野史傳聞都值得條列加以解析，或許能凸顯出王維的眞正面貌。

二、王維人格的討論

1.王維人格分析

歷來研究王維的內心世界，談到他的人格，約有五種，表列如下，並稍作說明：

(1)詩人本質淸淡的人格—何寄澎先生在「試探王維的內心世界」一文認爲：「詩人對意象的選擇，

或爲自覺，或爲不自覺，但終必與其人格有關。事實上，王維以儘量輕描淡寫的手法處理他大部分的詩篇，證明他喜愛清淡的風格，而這也正表徵出他人格本質的清淡」。不過，何先生也承認「一個人的人格並非永不改變」；「後人據此（按：指鬱輪袍）而說王維少年熱衷功名，實在勉强，因爲小說之言未可盡信。但王維某些詩篇確也曾表現了這種意識。」（註六）說法近乎矛盾，難怪葉慶炳先生以爲「晚年不干榮進，安能保證其少年時不躁於進取？」（註七）其實何先生也談到：「像『鹿柴』、『山居秋暝』、『終南別業』、『歸嵩山作』等，都極清淡而富禪趣。不過，這類詩篇大抵皆晚年隱輞川後所作，用來代表那時的心境是可以的，卻不足據以說明王維一生的人格。」（註八）顯然此說尚有商榷的餘地。

⑵王維的多重性格—徐賢德先生的「王維詩研究」特設一專節討論王維思想性格之矛盾，認爲「王維之思想每每自相抵觸，遂造成其多重性格（註九）。」所提「多重性格」是種精神病，「都認爲是身體爲外在神靈或惡魔所附身的緣故（註一〇）。」年代久遠，且文獻不足，此說頗有唐突前賢之嫌，或許徐賢德先生只是意指王維有矛盾性格，而錯用「多重性格」的說法，依他自己的話「又摩詰至晚年奉佛尤篤，而竟亦冀求服丹飛昇，可謂矛盾已極（註一一）」可證。

⑶王維人格的二重性—此說係莊申先生在「王維研究」上集所提出，共有兩處提到先道後佛批評王維思想矛盾：「王維的先道後佛，似乎與他的思想上乃至人格上的二重性，似乎也不無關係，關於這一點，王維的畫風轉變，似乎可以作爲旁證（註一二）。」他又談到下列的疑問：『看來佛家清心

寡慾的學說，似乎比道家「都絕陰陽則多病而不壽」的學說，更能影響王維。所不可解的是，除了寶精之外，對於葛洪所提出的行炁與服藥等二「至要」求神法，王維又都終身履行不捨。這豈不有一種道與佛的哲學上的兩重性矛盾，存在於王維的思想之中嗎（註一三）？』此說正面肯定前一說法。

(4)王維熱中功名與怯懦的人性—此說係歸納葉慶炳先生和柯慶明先生兩人意見所得。葉先生以為「王維少時為人，熱中功名，至不惜側身優伶干進（註一四）」；而柯先生認為王維在「息夫人」一詩裡，表現了一份人性的軟弱；一份無法與命運抗衡的凡人的軟弱，更由「李陵詠」一詩說明「世人的根本不理會李陵一類人在內心裏為了那一時軟弱所償付的長期折磨」，而王維在這一首詩中却顯示了和司馬遷一樣的對人性的理解，結果「命運弄人，三十七年後（指安祿山之亂被俘一事）王維自身卻也遭逢了這種考驗，結果也表現了同樣的軟弱。」（註一五）

(5)後期圓通哲學—應稱作「消極妥協」的個性。此說由陳貽焮在「王維的政治生活和他的思想」一文所提出，他說：「我們不以為他甘願叛國，去做安祿山的官，但他也不敢明顯地表現出自己的反抗。他不願巧諂以自進，但又不甘脆離去。他不甘同流合污，但又極力避免政治上的實際衝突，把自己裝點成不官不隱，亦官亦隱的『高人』，保持與統治者不即不離的關係，始終為統治者所不忍棄（註一六）。」可見後期的王維人格是消極的，妥協的。王維六十歲左右有一篇「與魏居士書」談到陶淵明「嘗一見督郵，安食公田數頃，一慚之不忍，而終身慚乎？」是此說的理論根據。

2.王維人格定位

前舉五種人格，「人格」一辭有不同說法，應先試加統一，以免混淆。人格（Personality）定義，可說林林總總，言人人殊，各家說法混雜，今依心理學家楊國樞敎授的分析界定，其意義如下：

人格是個體與其環境交互作用的過程中所形成的一種獨特的身心組織，而此一變動緩慢的組織使個體於適應環境時，在需要、動機、興趣、態度、價值觀念、氣質、性向、外形及生理等方面各有不同於其他個體之處。（註一七）

他也注意到了直接界定人格時應注意兼顧到下列五種特性：⑴個體與環境的關係，⑵人格的組織性，⑶人格的獨特性，⑷人格的可變性，⑸人格的多面性。大致討論到人格的定義範疇，也說出了人格的不定性質，但對「品格」（Character 有作「性格」解）、「個性」（individuality）的混用未進一步說明，再依另一心理學家張春興敎授的界定說明如下：

人格一詞，最普通的解釋有二：其一是把人格解釋爲品格，表示對人有道德評價的意味。其二是把人格解釋爲個性，不包括道德評價的意義在內。心理學上採取第二種看法。（註一八）

可見「人格」的涵義容易與「品性」（性格）、「個性」相混或等同，界限只在有無道德評價意味。還是無法完全判明前舉五種說法何者爲是，只有從寬解釋人格的定義，剛好前師大校長郭爲藩先生在「自我心理學」一書，談到廣義的人格：

每一個人的人格特質有一部分跟社會團體或同一文化背景的其他人頗爲一致，另有一部分則與別人殊別，以見其獨特性。克羅孔（Clyde Kluckhohn）與墨銳（Henry A. Murray）認爲

「每一個人在某些方面與所有其他的人相同；在另外一些方面與一部分其他的人相同，再有一些方面不跟任何人相同」。先天的本性是個人與所有其他的人相同的部分，廣義的人格則包括另兩方面，姑且分別稱其爲「人性」與「個性」。（註一九）

廣義的人格既然包括了「人性」與「個性」，那麼可以分開兩部分來解析前擧五種說法。首先假設肯定王維的個性是清心淡泊的，但在人性上，王維是熱衷功名以及具有某種人性的弱點，比如怯懦等類，當然，我們要證明，只能從王維的詩文、史實或部分傳聞去求證，預備在下一章加以條擧解說證實。至於另外一說王維多重性格或王維人格的二重性，都可視之爲思想性格的矛盾，以致於尋「道」問「佛」，想找一條出路，也反證了王維個性與人性糾纏的面目。至於後期圓通哲學，亦卽消極、妥協的作法，可視爲人性軟弱的結果，一種反悔及自愧（註二〇）。

總之，王維是有清心淡泊的個性，但難免有某種人性的弱點，葉慶炳先生以爲他熱中功名，柯慶明先生也由詩文導出他有人性軟弱的一面。近讀陳寅恪先生「柳如是別傳」談到錢牧齋的作爲，說：

世情人事，如鐵鎖連環，密相銜接，惟有恬淡勇敢之人，始能衝破解脫，未可以希望於熱中怯懦之牧齋也。（註二一）

可見雖具恬淡的個性，如果不夠勇敢（註二二），乃然無法衝破世情人事的枷鎖。錢牧齋熱中怯懦的例子剛好可拿來借作王維行事的說明。哲學家李震教授在「人的探討」這本書也談到人存在的有限性，他說：

人會分辨善惡，也明白行善避惡的責任，然而要達到止於至善的境界是多麼困難！我們的意志也是時時掙扎於堅强和軟弱之間。（註二三）

原來人性的枷鎖是深深附著在人類的身上，王維同一般人一樣，是一個有人性的個體，也極力爲自己存在的困境找到合理的解釋，尋求協調和自我實現，問題是「人不能一眼看到事物的眞理與意義，也無法一勞永逸地抓到它們的價値（註二四）。」故難免在外在行爲上留下玷辱的痕跡，這或許就是造成王維人格汚點的理由。

三、詩文、正史以及傳聞之例證

1.鬱輪袍

唐薛用弱撰有集異記，集中卷二記載王維年少度曲鬱輪袍爭解頭事，太平廣記卷一七九曾加引用，原文如下：

王維右丞年未弱冠，文章得名，性閑音律，妙能琵琶，遊歷諸貴之間，尤爲歧王所眷重。時進士張九皐聲稱籍甚。客有出入公主之門者，爲其地，公主以詞牒京兆試官，令以九皐爲解頭。維方將應擧，言於歧王，仍求庇借。歧王曰：「貴主之强，不可力爭。吾爲子畫焉。子之舊詩清越者可錄十篇，琵琶新聲之怨切者可度一曲，後五日至吾。」維卽依命，如期而至。歧王謂曰：「子以文詞請謁貴主，何門可見哉！子能如吾之敎乎？」維曰：「謹奉命。」歧王乃出錦繡衣服，鮮華奇異，遣維衣之，仍令齎琵琶，同至公主之第。岐王入曰：「承貴主出內，故攜酒樂奉醼。」卽令張筵，諸伶旅進。維妙年潔白，風姿都美，立於行。公主顧之，謂岐王曰：「斯何人哉？」答曰：「知音者也。」卽令獨奉新曲，聲調哀切，滿坐動容。公主自詢曰：「此曲何名？」維起曰：「號『鬱輪袍』。」公主大奇之。岐王因曰：「此生非止音律，至於詞學，無出其右。」公主尤異之，則曰：「子有所爲文乎？」維則出獻懷中詩卷呈公主。公主旣讀，驚駭曰：「此皆兒所誦習，常謂古人佳作，乃子之爲乎？」因令更衣，昇之客右。維風流蘊藉，語言諧戲，大爲諸貴之欽矚。岐王因曰：「若令京兆府今年得此生爲解頭，誠爲國華矣。」公主乃曰：「何不遣其應舉？」岐王曰：「此生不得首薦，義不就試。然已承貴主論託張九皐矣。」公主答曰：「何預兒事？本爲他人所託。」顧謂維曰：「子誠取，當爲子力致焉。」維起謙謝。公主則召試官至第，遣宮婢傳敎。維遂作解頭，而一舉登第矣。

看似王維不走正道，以優伶身份，走婦女內線，近小說家之言，其實本意應在彰顯王維性嫻音律，又能詩文，頗得諸王、公主愛重，但在後人眼中變成王維人格的污點。

葉慶炳先生曾加推論，他說：

王維的一曲鬱輪袍，固然別出心裁，花樣翻新，但在唐人眼裡，是不會當作什麼了不起的大罪名的。所以在唐人載籍中，旣不見有人責斥或嘲諷王維，也不見有人替王維洗雪。宋明清的士大夫比較講究出處，行爲拘謹，於是認爲鬱輪袍故事有辱王維淸譽，要紛起爲他辨誣了。（註

二五）

明朝胡應麟所著「少室山房筆叢」已爲王維辨解，到了清朝杭世駿更是大力廻護，以爲王維晚年「別墅流連，焚香禪誦，蕭疏高遠，不干榮進；而謂早歲躁于進取，肯自廁于優伶之伍乎？右丞一代雅人，受誣者幾千載！」所擧理由已被葉慶炳先生所著「文學史上的辨誣與同情」一文所駁斥，尤以葉先生提出「晚年清高並不能保證早歲不干榮進」直指問題核心。近人劉中和先生所著「詩佛」王維評傳，曾提出以下觀點：「以藝術眼光來看，樂工根本不該被看做賤民；再以當時的風尚習俗，和王維的心理、人品而論，認爲王維並沒有錯誤（註二六）。」不錯，樂工不該被看做賤民，但王維是有名詩人，假扮優伶，行不由徑，集異記卷二曾載有「爭解元」的例子，都是以詩爭勝，其中一則提到徐凝在白居易的典試下，以詩取勝張祜的例子，絕沒有像王維這種走婦女內線的行徑，有人以爲是小說家者言，不可盡信，甚至許以儒家社會責任的踐履相標榜（註二七），問題是當時確有這種干謁的風氣，由羅龍治先生所著「進士科與唐代的文學社會」中，擧出開元天寶以後擧人干謁的盛況，雖所講的是進士科，而非京兆府試，但進士科的干謁仍然「類多以詩文投獻權貴」（註二八），京兆府試的解元是否有需要像集異記所述那樣，爲爭資格第一名而必須走婦女內線？這不是熱衷功名是什麼？爲達目的不擇手段，難怪葉慶炳先生要說：

唐世士人干進之風特熾，而於出處操守，恆不甚愛重。集異記所載王維事，非不能也。（註二九）

我們惋惜王維年少躁進，不是沒有理由的，眞是「白璧微瑕，惟在鬱輪袍一曲。」（註三〇）

2.息夫人詩與李陵詠

王維有「息夫人」詩一首，依唐孟棨「本事詩」談到其事跡如下：

寧王憲貴盛，寵妓數十人，皆絕藝上色。宅左有賣餅者妻，纖白明媚，王一見屬目，厚遺其夫取之。寵惜逾等，環歲因問之：「汝復憶餅師否？」默然不對。王召餅師使見之，其妻注視雙淚垂頰，若不勝情。時王座客十餘人，皆當時文士，無不悽異。王命賦詩，王右丞維詩先成云云。坐客莫敢繼者，王乃歸餅師以終其志。

看起來，王維是一個感情滿豐富的人，敢以詩諷諫寧王，確實十分勇猛，藝評家虞君質先生在「論王維」專章裡說他：

凡是眞正的藝術家，都是情感極其豐富的人，因爲情感豐富，所以很容易同情別人的苦樂，從而引發出一種超然的救人救世的精神，這在王維自亦不能例外。（註三一）

但從王維這首「息夫人」詩意來看，並非如此：「莫以今時寵，能忘舊日恩。看花滿眼淚，不共楚王言。」詩中所引係以楚文王取息夫人事取譬，息夫人是以「吾以一婦人，而事二夫，縱弗能死，其又奚言」的遺憾，表示一種無法與命運抗爭的凡人的軟弱，所以只能說王維行爲雖勇猛，內心却是怯懦的。柯慶明先生在「試論王維詩中的世界」一文的意見可供參考：

對於息夫人的既未能拒絕「今時寵」於前，又不能忘却「舊日恩」於後的矛盾，有一份深切的

同情，……對於這一種在富貴的獲有與死亡的虛無之間抉擇，所表現出來的屬於人性的一時的軟弱。（註三二）

接著再來看看王維十九歲寫成的「李陵詠」：

> 漢家李將軍，三代將門子。結髮有奇策，少年成壯士。長驅塞上兒，深入單于壘。旌旗列相向，簫鼓悲何已。日暮沙漠陲，戰聲烟塵裏。將令驕虜滅，豈獨名王侍。既失大軍援，遂嬰穹廬恥。少小蒙漢恩，何堪坐思此。深衷欲有報，投軀未能死。引領望子卿，非君誰相理。

由「深衷欲有報，投軀未能死」兩句，王維頗能了解李陵的立場及其處境的。李陵雖有心「奮大辱之積志，庶幾乎曹柯之盟」（註三三），但由於漢武帝收族李陵家，爲世大戮，而有「老母已死，雖欲報恩將安歸」的悵恨。王維是能體會那種名已隤路絕途窮苟活下去的心情，跟司馬遷「報任安書」所言「且勇者不必死命，怯夫慕義，何處不勉焉」一樣，雖怯懦乃欲苟活的心情，司馬遷對「夫人情莫不貪生惡死」這種人性的軟弱，是有相當的體會的。因此，王維詩末兩句「引領望子卿，非卿誰相理」寫出了英雄末日乃欲人相知同情的人性訴求，王維是能深入明白像李陵這一類人在內心裏爲了一時軟弱所償付的長期折磨，所以柯慶明先生認爲「時年十九」的王維竟然在這一首詩中顯示了和司馬遷一樣的對人性的理解，深感驚異（註三四）。由此可證年少的王維已對人性的軟弱有足夠的了解，以致碰到了安祿山之亂被迫僞署的關頭，也一樣臨危苟全了。

3. 孟浩然受黜怪罪王維

唐王定保摭言卷十一，有「無官受黜」條云：

襄陽詩人孟浩然，開元中頗爲王右丞所知。句有「微雲淡河漢，疏雨滴梧桐」者，右丞吟詠之，常虆節不已。維待詔金鑾殿，一旦，召之商較風雅，忽遇上幸維所，浩然錯愕伏床下，維不敢隱，因之奏聞。上欣然曰：「朕素聞其人。」因得召見。上曰：「卿將得詩來耶？」浩然奏曰：「臣偶不齎所業。」上卽命吟。浩然奉詔，拜舞念詩曰：「北闕休上書，南山歸臥廬；不才明主棄，多病故人疏。」上聞之憮然曰：「朕未曾棄人，自是卿不求進，奈何反有此作！」因命放歸南山，終身不仕。

由於當場王維沒有代爲辯解，宋人葛立方爲之責備王維妒賢，他說：

開元天寶之際，孟浩然詩名籍甚，一遊長安，王維傾蓋延譽，然官卒不顯何哉？或謂維見其勝己，不肯薦於天子，故浩然別維詩云：「當路誰相假，知音世所希。」史載維私邀浩然於苑，而遇明皇，遂伏於床下。明皇見之，使誦其所爲詩，至有「不才明主棄」之句，明皇云：「卿不求仕，朕未嘗棄卿。」因放還。使維誠有薦賢之心，當於此時力薦其美，以解明皇之慍，迺爾嘿嘿，或者之論，蓋有所自也。（註三五）

葛立方的理由是王維沒有薦賢之心，以爲孟浩然勝過自己，洪爲法氏在「談文人」一文也認爲王維「只是不肯爲浩然出力，使浩然走上仕途，當是王維的好勝心在作祟，葛立方的批評極有見地。」問題是憑孟浩然的條件能勝過王維嗎？自來王孟齊名，都有孟不及王的說法，明王世貞「藝苑卮言」卷四談到：

摩詰才勝襄陽，由工入微，不犯痕跡，所以爲佳。

清朝王漁洋最推崇王維，也認爲「孟詩有寒儉之態，不及王詩天然而工。」近人夏敬觀所著「唐詩說」，也談到：「襄陽詩遜摩詰一籌，卽在其才之不及，僅能短歌微吟。」近人簡恩定先生著「王、孟齊名，何以孟不及王」一文，總結前說，條析四點，認孟詩確遜於王詩，已成定論（註三六）。葛立方的推論直是想當然耳，他僅就個人感覺，認爲王孟旣是朋友，理應利用機會力薦美言幾句，以解玄宗的慍意，問題是孟浩然所碰的是玄宗，而不是唐太宗。洪爲法氏自己在另一篇談文人「碰的幸運」乙節中，自己打自己嘴巴，他說：

全唐詩話上說：『李義府初遇，以李大亮、劉洎之荐，太宗召令詠烏。義府曰：「日裏颺朝彩，琴中聞夜啼；上林如許樹，不借一枝棲！」帝曰：「與卿全樹，何止一枝。」』（卷一）李義府的「不借一枝棲」，和孟浩然的「不才明主棄」，如說是怨懟，都有怨懟的成分，如從另一方面看，又未嘗不可說都是搖尾乞憐的哀音。所不同的祇是一個遇見太宗，一個遇見玄宗，偏是玄宗的看法異於太宗，於是孟浩然便只有自認晦氣，「放歸南山，終身不仕」了。因人貴賤，本要隨人的喜怒，此無以名之，名之曰：「文人的命運」，乃宋人葛立方不解此中的因果關係。（註三七）

所以孟浩然只能怪自己雖有碰的運氣，但却沒有「碰的幸運」。洪爲法氏認爲「責人無用，責己最要。『一爲文人，便無足觀！』孟浩然對自己應該有此憤慨。」怪罪王維是不合理的。但依常情論，王維在玄宗面前似也應有所表示才對，可能是孟浩然那句「不才明主棄」有怨懟的成分，王維本身既熱中功名，又有人性怯懦的毛病，只好裝聾作啞，葛立方說他妒賢也未免言之太過了。

4.上李林甫詩與苑咸解嘲

談到王維上李林甫詩（即：和僕射晉公扈從溫湯）前，要先談談王維與張九齡的關係。王維貶官濟州後，重返長安作京官，主要靠張九齡的提拔。開元二十二年，王維有「上張令公」詩，新唐書本傳言及「張九齡執政，擢（維）右拾遺。」這可能是王維干謁張九齡的結果。次年又有「獻始興公」詩（開元二十三年張九齡封始興縣伯），其詩云：

寧棲野樹林，寧飲澗水流。不用食粱肉，崎嶇見王侯。鄙哉匹夫節，布褐將白頭。任智誠則短，守仁固其優。側聞大君子，安問黨與讎。所不賣公器，動爲蒼生謀。賤子跪自陳，可爲帳下不。感激有公議，曲私非所求。

除了感激張九齡的援引，其中兩句「所不賣公器，動爲蒼生謀」可說是用來贊同張九齡的政治主張。因爲玄宗以張守圭破契丹有功，要以他爲相，張九齡反對，認爲「名與器不可以假人。」正是王維主張的源頭，也可見王維和張九齡的關係。後來也以同樣的理由反對牛仙客，以致玄宗愈不喜歡張九齡。到了開元二十五年張九齡被李林甫排擠，貶荆州長史，王維也有詩「寄荆州張丞相」云：

所思竟何在，悵望深荆門。舉世無相識，終身思舊恩。方將與農圃，藝植老邱園。日盡南飛鳥，何由寄一言。

詩中也可看出王維惆悵的心情，靠山見逐，竟也動念歸泉林下，問題是並沒有付諸行動，也只有在那種朋黨傾軋的政治環境中繼續宦海浮沈。

到了開元二十八年五月張九齡死了，李林甫專權，處境更加艱難，據司馬光所說李林甫是個狡猾奸人：

李林甫城府深密，人莫窺其際。好以甘言啗人，而陰中傷之，不露辭色。凡爲上所厚者，始則親結之，及位勢稍逼，輒以計去之。（註三八）

尤忌文學之士，或陽與之善，啗以甘言而陰陷之。（註三九）

像王維這種能文之士必在被迫之列，而這時王維所任職務都是諫官，剛好李林甫利用張九齡罷知政事後，拿言事的補闕開刀，依司馬光說法是：

九齡既得罪，自是朝廷之士，皆容身保位，不復直言。李林甫欲蔽塞人主視聽，自專大權，明召諸諫官謂曰：「今明主在上，群臣將順之不暇，烏用多言！諸君不見立仗馬乎？食三品料，一鳴輒斥去，悔之何及！」補闕杜璡嘗上書言事，明日，黜爲下邽令，自是諫爭路絕矣。（註四〇）

王維在李林甫當權前後，先後任職右拾遺、監察御史、殿中侍御史及右補闕，都是諫官，處在李林甫這種強壓勢力下，已有「既寡遂性歡，恐招負時累」的隱憂（見「贈從弟司庫員外絿」詩）。到了天寶元年八月，被封晉國公的李林甫，加尚書左僕射，王維集中有和詩「和僕射晉公扈從溫湯」一首，詩云：

天子幸新豐，旌旗渭水東。寒山天仗裡，溫谷幔城中。奠玉群仙座，焚香太乙宮。出游逢牧馬，罷獵有非熊。上宰無爲化，明時太古同。靈芝三秀紫，陳粟萬箱紅。王禮尊儒教，天兵小戰功。謀猷歸哲匠，詞賦屬文宗。司諫方無闕，陳詩且未工。長吟吉甫頌，朝夕仰清風。

原詩註「時爲右補闕」，可見王維不得不應酬李林甫，甚至歌功頌德了，所謂「上宰無爲化，明時太古同」、「長吟吉甫頌，朝夕仰清風」都是阿諛之詞，雖沒有像揚雄劇秦美新那麼嚴重，但王維也不得不扈從敷衍一下，甚至學他的老長官張九齡貽詩李林甫以求解釋，依宋尤袤全唐詩話云：

九齡在相位，有謇諤匪躬之誠。明皇既在位久，稍怠庶政，每見帝，極言得失。林甫時方同列，陰欲中之。將加朔方節度使牛仙客實封，九齡稱其不可，甚不叶帝旨。他日，林甫請見，屢陳九齡頗懷誹謗。于時方秋，帝命高力士持白羽扇以賜，將寄意焉。九齡惶恐，因作賦以獻。又爲燕詩以貽林甫，曰：「……無心與物競，鷹隼莫相猜。」林甫覽之，知其必退，恚怒稍解。

（註四一）

身當同列宰相的張九齡都有哀音求饒，王維五品官算什麼？又李林甫有親信苑咸這個人（註四二），王維曾有「贈苑舍人」詩，苑咸答詩並序甚至嘲及王維久未昇官，王維只有「重酬苑郎中」，詩並序云：

頃輒奉贈，忽枉見詶。敍末云：「且久不遷，因而嘲及。」詩落句云：「應同羅漢無名欲，故作馮唐老歲年。」亦解嘲之類也。

何幸含香奉至尊，多慚未報主人恩。草木豈能酬雨露，榮枯安敢問乾坤。仙郎有意憐同舍，丞相無私斷掃門。揚子解嘲徒自遣，馮唐已老復何論。

王維時當四十三歲，竟已有「馮唐已老復何論」的慨嘆，只因草木（指王維）的榮枯要靠雨露（指苑咸）左右乾坤，面對隼鷹李林甫的手下，也只有學「揚子解嘲徒自遣」了。這種種表現，陳貽焮氏說王維消極、妥協，是有根據的，依個人推論以為，仍然是王維人性的軟弱有以致之。

5.不解作詩王右丞

據唐語林卷五，其中一則云：

或有人報王維云：「公除右丞。」王曰：「吾畏此官；屢被人呼，不解作詩王右丞。」

依王維年譜記載，肅宗乾元二年七月，王維由給事中轉尚書右丞，是在安祿山亂後四年，王維雖得肅宗諒宥，心中必然自愧，既不能死節，反而官位步步高昇，由太子中允到尚書右丞，連昇四級，又不便拒絕。只好强調自己「畏懼昇官」，以不解作詩王右丞來掩飾自己的心虛，轉移別人的注意力。其實王維以詩起家，早有定評，連他的敵手苑咸都說他：「吾兄當代詩匠，又精禪理。」（註四三）說自己不解作詩，未免虛偽，洪為法氏說他好勝，倒不如說他在掩飾，只有歸結說是人性的弱點所致。

6.大作家在那邊

又唐語林卷五，另一則云（又見盧氏雜記）：

> 王縉多與人作碑誌，有送潤筆者，誤致王右丞院，右丞曰：「大作家在那邊！」

這件事有兩項可說者：㈠王縉多與人作碑誌，與其新唐書本傳所言「性貪冒，縱親戚尼姑招納財賄猥屑相稽，若市賈然！」行徑很接近。這種諛墓所得，並不光彩。像韓愈的門人劉叉是個狂人，韓愈替人作碑誌有名，賺了不少錢，劉叉「因持愈金數斤去，曰：『此諛墓中人得耳，不若與劉君爲壽。』（全唐詩話卷二）」有鄙夷之意。㈡「大作家在那邊」有兩種解釋，一種語涉諷刺；一作故作幽默。依近人劉中和先生言認爲「末句很妙，描寫出來王維立在門口，伸手指著，面上透著幽默神色。」（註四四）另一說依洪爲法氏說法，是：

> 王維在危難之中，他的老弟能以自己的榮華富貴來代他贖罪，這總算極知友悌之道，可是王維卻用「大作家」來譏刺他的老弟，彷彿他的老弟奪去他大作家的頭銜一樣，好勝如此，氣量窄狹如此，豈非失却高人的架子？（註四五）

個人以爲洪氏所言差矣，王維或許有好勝心，但王維向稱孝友，史有定評，他的詩文也稱譽當世，犯不著疾視救過自己的弟弟，見其「責躬薦弟表」可知。王縉雖有文名，究不如其兄，試舉詩一首比較，全唐詩載有王縉詩八首，其中剛好有一首「九月九日作」詩：

> 莫將邊地比京都，八月嚴霜草已枯。今日登高樽酒裡，不知能有菊花無。

僅扣住重九登高題意，而王維那一首流傳千古的「九月九日憶山東兄弟」：

獨在異鄉為異客，每逢佳節倍思親。遙知兄弟登高處，徧插茱萸少一人。

有懷鄉念遠之思，更寄託有兄弟淳厚的感情，非王縉之作可比，王維眞的不必妒忌自己的親弟弟。個人倒以為王維早知王縉有貪財惡習，舊唐書也說王縉「縱弟妹女尼等廣納財賄，貪猥之跡如市賈焉」，王縉的貪污納賄，王維雖不値其所為，但自己弟弟曾救過自己性命，也不好拉破臉，向來王維又極照顧弟妹，雖明知王縉這種不光彩的諛墓所得也賺，或許語帶諷刺，但絕不會是好勝。個人倒認為是他生性怯懦，不好直說責備自己弟弟，而故作幽默狀，其實諷諫之意盡在其中，可見王維的苦心，這都是王維人性的弱點所致，要怪誰呢？

7.被迫偽署

這件事新舊唐書記載漏洞很多，正確時間地點無法合理推知，以致衆說紛紜，我們先把兩唐書本傳列出：

舊書：「天寶末為給事中，祿山陷兩都，元宗出幸，維扈從不及，為賊所得，維服藥取痢，偽稱瘖疾，祿山素憐之，遣人迎置洛陽，拘于普施寺，迫以偽署。祿山宴其徒于凝碧宮，其工皆梨園弟子，教坊工人，維聞之悲惻，潛為詩曰：『萬戶傷心生野煙，百官何日再朝天。秋槐葉落空宮裡，凝碧池頭奏管絃。』陷賊官三等定罪，維以凝碧詩聞於行在，肅宗嘉之，會縉請削己刑部侍郎，以贖兄罪，特宥之，責授太子中允。」

新書：「服除，累遷給事中。安祿山反，元宗西狩，維為賊得，以藥下痢陽瘖，祿山素知其才，迎置洛陽，迫爲給事中，祿山大宴凝碧池，悉召梨園諸工合樂，諸工皆泣。維聞悲甚，賦詩悼痛。賊平，皆下獄，或以詩聞行在，時縉位已顯，請削官贖罪，肅宗亦自憐之，下遷太子中允。」

其中有三個問題要提出來：㈠普施寺是否卽菩提寺？位置在長安或洛陽？㈡凝碧池在長安或洛陽？㈢安祿山反後是否到過長安？以下依次稍作說明：舊書謂普施寺，證以王維「凝碧池詩」詩題，當爲菩提寺之誤，據長安志及唐昭陵圖載所記，長安有兩座菩提寺，但洛陽伽藍記也載有一座菩提寺，在洛陽慕義里。又依唐禁苑圖，凝碧池應在長安，但胡三省通鑑音註引唐六典云：「洛陽禁苑中，有芳樹金谷二亭，凝碧之池」。仍不能決定大宴凝碧池位置。同卷胡三省又註：「徧檢諸書，祿山自反後，未嘗至長安。」則大會凝碧池者當係祿山的黨羽徒衆，三個問題都有疑點，所以近人樸人先生在「詩人生活」一書，斷以菩提寺、凝碧池都在長安，又由於安祿山未到長安，在「人性弱點造成挫跌玷辱」一文提出下列看法：

這不僅指出舊唐書「祿山宴其徒於凝碧宮」一語有誤，並且提供一個事實，說明王維之凝碧池詩作於西京，被押解到雒陽之前。而被迫受僞官，則在被祿山迎置雒陽之後。此一時間因素，對於後世考量王維的忠貞問題，應當是個重要關鍵。或許他被拘在長安的時候，氣概凜然，秋槐落葉之吟，有惓惓不忘君父之思，但到了雒陽就改節而受僞命了。這是很可能的。雖由逼迫和威脅，但臨危苟全，大節有虧，所以昔人說他，「致身之義，尚少一死。」（註四六）

王維這樁事確實不名譽，朱熹和顧炎武都曾著文攻擊，不過，個人倒以爲應從當事人當時及事後的反應與心理去探討，較能得持平之論。

奇怪的是，當時漁陽鞞鼓動地來，王維只有寫出兩首詩，其一是號稱凝碧池詩（詩見前），題目很長：「菩提寺禁，裴迪來相看，說逆賊等凝碧池上作音樂，供奉人等擧聲，便一時淚下，私成口號，誦示裴迪。」樸人先生以爲既可「誦示裴迪」，則「新唐書所說佯爲瘖疾，似乎也有可資懷疑的餘地。」（註四七）另一首是「口號又示裴迪」，詩如下：

安得捨塵網，拂衣辭世喧。悠然策藜杖，歸向桃花源。

也沒有就當時天驚地動的環境去抒寫，反而要歸向桃花源，未免近於消極。連葉慶炳先生也懷疑：「王維身經安、史之亂，而其詩歌中不見此動亂時代之影子（註四八）。」柯慶明先生在「試論王維詩中的世界」一文曾給以解釋：

從他的這些可以確定或者可能是作於安史亂後的詩文看來，陷賊受僞署這件事對王維所發生的影響，倒未必使他「領略到富貴功名的無味」（……）但是使他內愧卻是眞的。這種內愧使他在仕途上採取一種退縮的態度（註四九）。

王維得到肅宗諒宥，上有「謝除太子中允表」確有內疚神明，採取逃避退縮的態度，其文云：

當逆胡干紀，上皇出宮，臣進不得從行，退不能自殺，情雖可察，罪不容誅。……伏謁明主，豈不自愧于心，仰側群臣，亦復何施其面，跼天內省，無地自容。

依心理學家說：「倘若刺激來自外界，則顯然『逃避』是適當的辦法。」（註五〇）王維既「內省」又「自愧」，顯然安祿山之亂給他很大的刺激，「京兆韋公神道碑銘」一文，王維代同陷洛陽憂憤而死的韋斌說出一段感同身受的經歷：

君子爲投檻之猿，小臣若喪家之狗，僞疾將遁，以猜見囚。勺飲不入者一旬，穢溺不離者十月。白刃臨者四至，赤棒守者五人。刀環築口，戟枝叉頸，縛送賊庭。……自憂爲厲，公哀予微節，私予以誠，……見子而死，知予此心。

雖是王維事後記實，也可看做他的親身經歷，除了說出被迫害的情形，也代自己稍作開脫，他說「自憂爲厲，公哀予微節，私予以誠」表示同陷賊中的韋斌也以王維的行爲是迫不得已，而互引爲同調。王維另有一篇「爲薛使君謝婺州刺史表」寫出個人內心的驚慌與軟弱：

戟枝叉頭，刀環築口，身關木索，縛就虎狼。君實驚狂，自恨駑怯！脫身雖則無計，白刃有何不可？而折節凶頑，偷生廁溷。

簡直是自我怯懦的供狀！所以王維在面對護駕有功的李遵侍郎（註五一），也會說出下面一段自我開脫的話來，「與工部李侍郎書」云：

夫仁弱自愛者，且奔竄伏匿，偷延晷刻，窮蹙既至，卽匹夫匹婦自經于溝瀆，安能決命爭首，慷慨大節，死生以之乎？

這種自我辯白，想想也是理所當然，王維臨危苟全，尚少一死，總要替自己找些藉口，實在令人哀矜，但何以致此？仍然要從人性的軟弱說起，人性的弱點令人萬刼不復！

四、結語

前七項例證，都證明了王維確實有人性的弱點，有中國讀書人普遍熱中功名的缺點，也由於人性的軟弱，被迫僞署時，延遲怯懦而不能引決，可說是他人格的污點。從中國人性格的恥感取向來看（註五二），比之宋朝文天祥恥事異姓而被殺，其間自有等差，這種認知差距也會因時代環境的改變而有所不同。正如「我國先哲謂個人應殺身而成仁，捨身以取義，所謂仁義，是社會加諸個人的行爲規範，而趨生怕死，乃人之常情，於是社會與個人之間有其衝突存在。」（註五三）這種衝突即是個人與社會規範之間的認知差距，也會影響人格評價的高低，所以，理學家的朱熹則取深刻嚴酷的批評，明末顧炎武以遺臣之身當然會指桑罵槐（註五四），其意在譏諷錢牧齋、吳梅村諸人，當然再加上個人的性向也會影響其看法，劉攽在「顧先生傳」曾談到「顧先生性質直，負氣節，嫉惡太嚴，譏訶古今人，必刺切。」（註五五）另外再回頭看看時代環境變遷，形格勢禁，看法自然有所不同。近讀余英時先生所著「陳寅恪晚年詩文釋證」，其中有一段話剛好可拿來作爲此段的註腳：

陳先生評論人物十分平恕，並不取理學家的深刻嚴酷。他寫「柳如是別傳」，一大部分也是爲錢牧齋洗寃的。他一方面指出牧齋具有「熱中怯懦」的個性（見下册，頁八三五），但另一方面則運用大量的史料來證明錢牧齋在入清以後基本上是「復明運動」的主要人物。又如侯朝宗等人之應擧，後世論者曾予以嚴厲的斥責。陳先生則指出其中實有不得已的苦衷：「蓋建州入

> 關之初，凡世家子弟著聲庠序之人，若不應鄉擧，卽爲反淸之一種表示，累及家族，或致身命之危險。……後世未解當日情勢，往往作過酷之批評，殊非公允之論也。」（「柳如是別傳」下册，頁一一一八—九）可見陳先生「尊崇氣節」（見「贈蔣秉南序」）絕非强人之所難，他不過是希望讀書人能保住起碼的道德標準而已。（註五六）

陳寅恪先生認爲「後世未解當日情勢，往往作過酷之批評，殊非公允之論也。」讓我們回頭想想，從宋朝朱熹以後，對王維的了解，不管褒貶都不如身處當日情勢的杜甫，杜甫當時也身陷賊中，後才脫身奔走靈武，故杜甫對當時情勢應很了解，唐鄭處誨的「明皇雜錄」一書，記當時情形如下：

> 天寶末，群賊陷兩京，大掠文武朝臣及黃門、宮嬪、樂工，騎士每獲數百人，以兵仗嚴衞，送于雒陽，至有逃於山谷者，而卒能羅捕迫脅，授以冠帶。祿山尤致意樂工，求訪頗切，于旬日獲梨園子弟數百人，群賊因相與大會于凝碧池，宴僞官數十人，大陳御庫珍寶，羅列于前，後樂既作，梨園舊人，不覺歔欷，相對泣下，群賊皆露刃脅之，而悲不能已。有樂工雷海青者，投樂器于地，西向慟哭，逆黨乃縛海青于戲馬殿，支解以示衆。聞之者莫不傷痛。王維時爲賊拘于菩提佛寺，聞之賦詩云云。

當時安祿山旣大掠文武朝臣，羅捕迫脅授以冠帶，可見處境惡劣，王維被捕還賦詩以明志，我們理應以杜甫的「奉贈王中允維」詩爲王維所作的辯白爲準，其詩云：

> 中允聲名久，如今契闊深。共傳收庾信，不比得陳琳。

一病緣明主，三年獨此心。窮愁應有作，試誦白頭吟。

有兩種解說法：一、是錢牧齋箋注杜詩言及「維一病三年，不當復責授中允，落句譏肅宗之失刑也。」錢牧齋這種幫王維解釋，歸罪肅宗的作法，楊倫杜詩鏡銓認為「恐無此懟上之理」。而錢牧齋會這麼作，極可能跟他投降滿清有關，近人彭毅先生「錢牧齋箋注杜詩補」曾談到：

錢氏心高志廣，對當時的朝廷就非常不滿，後來又失身異族，內心不無愧怍，而潛意識中，可能有掩飾自己過失的意圖。像洗兵馬、收京、建都……諸箋，回護房琯，歸罪肅宗和權臣，及謂杜詩「譏刺」等處，都能窺見這種痕跡。（註五七）

錢氏大節有虧，內心不無愧怍，看到王維的落難，也幫他罵起肅宗，這是一種心理投射作用，也可見失身異族的錢牧齋要向王維認同，問題是王維被迫，而錢氏却是自願降清的，錢氏極可能有罪惡感。論評家顧翊群先生曾舉韓愈做例子，韓愈向來行事委瑣矛盾，「到了晚年有良心不安的現象（guilt complex），故其詩多怪字險韻。」（註五八）錢牧齋由於熱中怯懦的人性弱點，使他失身異族，為人所詬病，而產生良心不安，也想找人代自己辯白，甚至自己為自己解釋。由此可以反證：縱然由於人性的弱點而偶有失足，仍然要找機會扳回名聲，可惜的是一失足則成千古恨。

另一種說法是認為杜甫替王維辯冤疏，浦起龍「讀杜心解」曾試加解析云：

言中允負才蒙難，今則人共傳之曰：幸邀收錄，不加責問矣。要其得此，豈倖致哉？惟其戀主寸心，足以一誠相感。試索誦其哀吟，可灼知其不二。中允洵完士哉。吁！公之樂成人美有如此。

由於杜甫樂於成人之美，在「解悶」一詩也給王維冠上「高人」的名譽，可見杜甫對王維的人格是給予肯定的，甚至也爲他的不幸加以辯解，我們理應以杜甫的見解來看待王維的人格才是。

最後要借葉嘉瑩先生的話結束本文：

一些雖然在心靈上具有高貴美好之本質的人物，然而却有時會因人性上某種軟弱的疵累，而使得他們在行爲上留下了挫跌玷辱的紀錄。……正因爲他們的挫跌玷辱顯示出了人性上最軟弱的最具代表性的兩種根性：其一是屬於一般人所共有的求生存安全的本能，其二是屬於一些才智之士所特有的不甘於寂寞而冀求表現的慾望。（註五九）

前人也有同意此說的，章學誠「王右丞集書後」一文曾談到：

歷觀前世清靜自好之士，能輕富貴，寡嗜欲，而往往顧惜身命，臨難不能引決，依違濡忍，卒遺後世譏議，若揚子雲之投閣餘生，王摩詰之輞川晚節，均可惜也。子雲心儀老氏，摩詰神契空王，聰明才學，使人可欲者多，則不免於婎羅之患。（註六〇）

據個人體會，王維之不免於玷辱，其原因大半由於顧惜身命，以人之有身而招累，看來是多麼不值得，王維只有慨歎「一生幾許傷心事，不向空門何處銷」（註六一），在信仰的救贖裡，找到一份心靈的安頓，後世的褒貶又算什麼？

【附　註】

註　一　楚辭集註辨證後語，卷四山中人。

註　二　日知錄，卷二十一，文辭欺人條。

註　三　民國六十八年華夏出版社翻印版，頁三十九。

註　四　台北聚珍書屋版，頁二十三。該書大部分取材洪為法氏「談文人」一書，把洪氏簡易文言改為白話，再加現代術語做標題，如「李賀之死」改稱「精神分裂李長吉」，內容幾乎一樣，抄襲痕跡明顯，舉用該書，聊供參考而已。

註　五　迦陵談詞，頁二二七，純文學出版社六十四年版。

註　六　原題：「大漠孤煙直，長河落日圓—試探王維的內心世界」，幼獅文藝二八七期，頁一六三，及頁一七一，附記。

註　七　葉著「中國文學史」上卷，頁一九四。

註　八　同註六，頁一七一。

註　九　文化大學六十二年中文研究所碩士論文，頁四十二。

註一〇　西爾格德著「心理學」，桂冠圖書公司，頁二二五。

註一一　同註九，頁四十三。

註一二　莊著「王維研究」，香港萬有圖書公司，頁一〇四。

註一三　同前註，頁九十六。

註一四　同註七，頁一九四。

註一五　柯著「文學美綜論」，頁三五八、三六〇。其中「試論王維詩中的世界」一文，本文深受啓發並多處參考採用，謹此致謝。

註一六　香港中國語文學社編「王維詩研究專集」，頁十九。

註一七　雲五社會科學大辭典第九冊「心理學」，頁二〇四。

註一八　張春興、林清山著「教育心理學」，頁二〇四。東華書局版。

註一九　郭爲藩著「自我心理學」，頁二四七。開山書店六十一年版。

註二〇　同註一五，頁四〇二，註五五。

註二一　陳寅恪先生文集第五冊，柳如是傳，頁八三五。里仁書局版。

註二二　依摯友台大心理系教授黃榮村意見。

註二三　李著「人的探討」，頁九十，六十年十月文壇社版。

註二四　同前註。

註二五　見葉著「文學史上的辨誣與同情」，刊幼獅書店「中國古典文學批評論集」，頁十九。該文考證精詳，本文參考引用多處，特此致謝。

註二六　見劉著「唐代文學全集」上冊，頁三二五。

註二七　見前註六，頁一七一。

註二八　羅著「進士科與唐代的文學社會」，頁三十九。台大五十九年歷史研究所碩士論文。

註二九　同前註七。又羅聯添先生「唐詩人軼事考辨」，以李頎有「送康洽入京進樂府歌」獻給公主，也如是主張。

註三〇　同前註二五，頁九。

註三一　虞著「藝術概論」，頁一四四。大中國圖書公司版。

註三二　同前註一五，頁三五九。

註三三　見漢書蘇武傳。

註三四　同前註一五，頁三六〇。

註三五　葛著「韻語陽秋」卷十八，本鐸出版社「歷代詩話」，頁六三一。

註三六　見中外文學，第十四卷第二期。

註三七　同前註三，頁七。

註三八　資治通鑑卷二一四，洪氏出版社版，頁六八二六。

註三九　同前註，頁六八五三。

註四〇　同前註，頁六八二五。

註四一　歷代詩話，頁七十八，本鐸出版社版。

註四二　依新唐書，李林甫傳云：林甫無學術，發言陋鄙，聞者竊笑。善苑咸　郭愼微，使主書記，然練文法。又唐書志藝文四：苑咸，京兆人。開元末上書，拜司經校書、中書舍人，貶漢東郡司戶參軍，復起爲舍人，終永陽太守。

註四三　見苑咸答詩並序。

註四四　同前註二六，頁三三二。

註四五　同前註三，頁四〇。

註四六　樸人著「詩人生活」，頁四〇，學生書局版。

註四七　同前註，頁四二。

註四八　同前註七，頁一九五。

註四九　同前註一五，頁三六七。

註五〇　約翰・李克曼編「佛洛伊德論文精選」，頁八十一，開山書店版。

註五一　依唐會要，至德二年十二月廿五敕，册勳共三十二人，內有宗正卿兼工部侍郎李遵，當依此人。再依劉昫唐書肅宗紀，彭原太守李遵護駕有功，考之，見趙殿成箋註。

註五二　見中研院民族學研所編「中國人的性格」，頁九十五。
註五三　同前註，頁九十四。
註五四　見王韻生「王維詩研究」。
註五五　引自何貽焜「亭林學術述評」，頁三〇〇，正中書局版。
註五六　余著「陳寅恪晚年詩文釋證」，頁六十六，時報出版公司。
註五七　台大中研所五十年碩士論文，頁七。
註五八　顧著「李商隱評論」，頁一七二。
註五九　同註五，頁二三九。
註六〇　新編本「文史通義」，頁六二六，華世出版社版。
註六一　王維詩「歎白髮」句。

第四章　王維的藝文觀念、背景

第一節　盛唐文學環境

唐詩分期以分爲「四唐」較普遍（註一），即初唐、盛唐、中唐、晚唐等四期。而「盛唐」是唐詩全盛期，通常指唐玄宗開元元年起，到唐代宗永泰元年止，歷時五十二年這段時期（註二）。後代史家推論盛唐詩之所以興盛的原因很多，近人邱燮友先生「中國文學史初稿」有較具體的說明：

攷盛唐詩所以興盛的原因：一爲樂府歌辭的流行；二爲開元天寶盛世，國力強大，胡漢文化的交流，詩人流露了盛唐的氣象；三爲儒道佛三教的融合，使唐人生活視野遼濶，而詩的境界也多樣性；四爲天寶末葉的離亂，社會的動蕩，民生的疾苦，使詩人面對現實的題材，加以描寫，擴大了詩歌的領域。（註三）

其一，樂府歌辭的流行，被胡適先生認爲是盛唐詩特別發展的關鍵，他說：

盛唐的詩的關鍵在樂府歌辭。第一步是詩人做作樂府。第二步是詩人沿用樂府古題而自作新辭，但不拘原意，也不拘原聲調。第三步是詩人用古樂府民歌的精神來創作新樂府。……遂使這個

時代的詩在文學史上放一大異彩。（註四）

再加胡漢文化的交流，胡樂的大量輸入，樂工所傳習的固多胡夷里巷之音。高才的文人運用他們的天才，作爲樂府歌詞，採用現成的聲調或通行的歌題，而加入他們個人的思想與境界，再加上佛道思想的流行，慢慢蔚成浪漫詩風，形成浪漫詩派，李白是代表。另外天寶末年安史之亂起，生靈塗炭，民生凋敝，於是有心的詩人憂國憂民，寫下了一些可泣的社會寫實詩篇，杜甫集大成，形成寫實詩派。

以上所言，大致點出了盛唐詩興盛的緣由，但歷來史家都歸納盛唐詩應分四派（註五），尚有邊塞詩派、自然詩派，其背景個人以爲有兩點可加說明：一爲唐玄宗喜好邊功，與吐蕃、突厥、契丹等國爭戰不休，當時詩人出入邊塞，或佐戎幕，或鎮邊邑，大漠風光，戰爭場景，大量入詩，形成所謂的邊塞詩派，代表是高適、岑參；二爲唐朝隱逸風氣極盛，固然是佛道思想的影響，但隱居山林接受朝廷徵辟，成爲仕宦獵職的捷徑，蔚爲風氣，產生了自然詩派。代表人應是王維和孟浩然。

依歷來史家言，盛唐大詩人應是王維、李白、杜甫三人。近人許文雨氏「唐詩集解」把唐代詩人分爲七大派，盛唐三大派即爲以上三人，其他文學史家也有附合的：

盛唐的詩人很多，但大致可分爲三系，這就是王維系、李白系和杜甫系。王維、李白、杜甫就是這三系的代表人物。依照他們所代表的時代論，王維在先，那是從王績發展來的歌詠自然一派；李白次之，這是從陳子昂發展來的以復古爲口號，事實上乃是創新的偏於發抒個人感慨（古人叫做「詠懷」）的一派；杜甫又次之，這是從杜審言發展來的，代表唐代的新體詩，而內容是着重反映現實的一派（註六）。

可見初唐是盛唐的預備期，由此可知王維歌詠自然這一派的先驅是王績。他是初唐反對六朝綺靡文風的代表，是陶淵明詩的追隨者，善寫自然景物，是唐代歌詠田園詩的先聲，由王維接續，使沉寂已久的山水田園詩，得以繼續發展。

王維既是山水自然詩大家，也是南宗山水畫的開創者，顯然是盛唐當代對詩歌影響最直接的。音樂、繪畫、書法、舞蹈等藝術發展已達高度成就有以致之，這些藝術類型的創作精神原則是相通的。胡適先生也認為王維「少年時多作樂府歌辭；晚年他的技術更進，見解漸深，故他的成就不限於樂府歌曲（註七）」，如「洛陽女兒行」、「桃源行」、「燕支行」、「老將行」、「隴頭吟」、「夷門歌」等，反映了社會問題或抒寫深刻的政治感慨，形成唐代樂府歌辭的新面貌。盛唐詩歌有一重要主題，即追求「濟蒼生」、「安社稷」的理想，連王維這種不以政治抱負見長的詩人都有這樣的詩句：「忘身辭鳳闕，報國取龍庭。豈學書生輩，窗間老一經」（送趙都督赴代州得青字），顯示了從軍報國的熱情，也回應了盛唐文治武功的要求。

又盛唐儒釋道三教盛行，都對王維或多或少有影響（文見下節），王維又被稱為「詩佛」，佛教的思想重，也可見其作品的歸趣。另外唐代隱逸風氣或許也影響到王維詩風，自然山水作品總會或多或少透露作者的生活情趣和審美要求。王維的山水田園之作，雖不是仕進的「終南捷徑」，却正是致仕告退優遊養性的歸宿。王維處於盛唐爭奇鬥妍的文學環境裡，除了較缺乏社會寫實之作，却是謳歌自然的大旗手，自成一家，與李白、杜甫鼎足而三，不遑多讓。

【附註】

註一　淵源宋嚴羽「滄浪詩話」，強調推崇盛唐，間及中、晚唐。元代楊士弘編有「唐音」，其中「正音」則分初唐、盛唐、中唐、晚唐。到了明代高棅編就「唐詩品彙」，分做九品四唐，「四唐」分期才確定，近代文學史家大致從之。

註二　據羅聯添先生「隋唐五代文學批評資料彙編」，頁一，有作「由開元季年至代宗大歷初爲盛唐」，近人謝佐禹氏「中唐詩人派別」主之。

註三　是書係多位學人編著，邱先生負責唐代部分，頁四八一。

註四　白話文學史，頁二二一。

註五　李曰剛先生「中國文學流變史初稿」、葉慶炳先生「中國文學史」等。

註六　正中書局版，頁一。分齊梁派（初唐）；李白派、王維派、杜甫派（盛唐）；韓愈派、白居易派（中唐）；詞華派（晚唐）等七派。劉中和先生「唐代文學全集」附之。

註七　同註四，頁二三六。

第二節　王維詩的創作背景

一、王維詩的出身背景

每個詩人都有其風格，而風格殊異在其天生個性差異，詩人的出身、學養，甚至個性，都對其塑造作品特色有所影響。因此，研究作家的出身背景，可以深入了解作家處理其作品本身的寓意和目的。而且詩歌往往也是社會現實的寫照，忠實地記錄了各時代的特色，描繪了社會世態。依黃師永武「用社會學欣賞詩」來看：

就以唐代的詩歌而言，對於唐代社會講究門第、婚姻、遊歷、考試四方面作爲士人出身的衡量標準，有著豐富的記載。（註一）

所擧門第、婚姻、遊歷、考試四方面作爲衡量唐代文人士子的出身背景是很適當的。同樣地，我們也可以拿這四種風尚來衡量王維的出身。不過，個人以爲應在遊歷項下加「隱居」，或獨立一項，對王維的出身背景會較有進一步的認識。

王維的婚姻，由於文獻不足，無從詳細討論。有人以王維妻姓崔，則崔氏是山東四大姓之一，嫡流爲「鄭州崔氏」，支流是博陵、清河崔氏，而王維母親係博陵崔氏，可能同支。由於「山東人尙婚婭」（新唐書柳冲傳），王維屬河東王氏，是太原王氏的旁支，雖同屬旁支，這種「山東郡姓」各族間通婚頻繁，無非以姻親關係，以鞏固山東貴族在政治、經濟上的地位。王維既屬河東王氏，而河東向來被視爲太原王氏的支流。而且同樣是河東王氏，在桑泉房是名士、高官輩出；而王維所屬的猗氏房，依宰相世系表看來，王維的父親處廉僅只當到汾州司馬，祖父王胄是協律郎，曾祖知節是揚州司馬，曾曾祖父儒賢是趙州司馬，都是地方上中級官吏，且儒賢以上的祖先都沒有名字記載，可見猗氏房家運不振，聲望低落。在唐朝重視門第的環境，難免給王維很大壓力（註二）。

王維十五歲即離家去長安謀求進取，或以父親早喪之故。而且王維兄弟五人，身為長子，負有教養弟妹和奉養母親的責任，由王維詩「世網嬰我故，小妹日成長。兄弟未有娶，家貧祿既薄，儲蓄非有素」（偶然作其三）的慨嘆可知。一方面必須維持家庭生活，一方面積極設法謀進取。他以十五歲小小年紀也順應當時以遊跡豐富閱歷的社會風氣（註三），甚至隱居過（註四）。十五歲即途經驪山，寫「過秦皇墓」，十六歲過洛陽，寫「洛陽女兒行」，十八歲寫有一首「九月九日憶山東兄弟」，流落外地的紀錄，後來到了長安，遊歷親貴之間。依唐辞用弱「集異記」說他：「年未弱冠，文章得名。性閑音律，妙能琵琶。遊歷諸貴之間，尤為岐王之眷重」。甚至為了爭解頭，化裝伶人，獨奏鬱輪袍新曲，以博公主之歡。葉慶炳先生以為他「少時為人，熱中功名，至不惜厠身優伶干進」（註五）。洪為法氏以為他好勝（註六），個人倒認為是他自己對於美好資質的自信（註七）及為家計早點混出個名堂的心理。當然，他的好勝心強，熱中功名，也像當時一般讀書人一樣，在追求學而優則仕，做官的坦途。

二十一歲就順利中了進士，官太樂丞，也可證明王維美好的資質及仕途光明的前景。不料不久即以黃獅子事被謫濟州做參軍，原因或許如洪為法氏所說：

他因好勝心過強，少年時自然是熱中功名，總想做點事體，也到處表現他的才能。唐語林卷五上又說：王維爲太樂丞，被人嗾令舞黃獅子，坐是出官。黃獅子者，非天子不舞也。他之所以能受人嗾使，也是因爲自家想表現才能（註八）。

這次打擊可說是王維厄運的開端。雖然有人只認爲王維一生有三厄：三十失偶，五十慈母見背及菩提寺禁被迫僞署（註九）。個人認爲這次被貶濟州及以後提拔他的張九齡被貶斥，都對王維是置命的打擊，總共這五厄，剛好是王維一生的寫照。王維詩「被出濟州」云：

微官易得罪，謫去濟州陰。執政方持法，明君無此心。

閭閻河潤上，井邑海雲深。縱有歸來日，多愁年鬢侵。

已知仕途坎坷，自比閭閻，雖離井邑（指君王）有海雲那麼深遠，仍不死心，頗有「戀闕心熱」之想（註一〇），表現了功名的熱中（註一一），期待總有歸來的一天。但等待時日難熬，三年後（開元十四年）即辭官歸隱嵩山，有「歸嵩山作」寫下「歸來自閉關」的隱居生活，前後約八年，對他作品歸屬自然詩派自有深遠影響。

開元十八年，年三十失偶，從此終身不娶，算是五厄的第二厄，而慢慢走向佛、道之路。有「酬諸公見過」一首談到喪妻之痛（註一二）及生活苦況：

嗟余未喪，哀此孤生。屏居藍田，薄地躬耕。歲晏輸稅，以奉粢盛。晨往東皋，草露未晞。暮看煙火，負擔來歸。……

由原詩題「時官出，在輞川莊」知其隱居藍田，沒有俸祿，必須過著「薄地躬耕，歲晏輸稅」的生活，這也是連「窮邊徇微祿」（「宿鄭州」）都拋棄不顧而求隱居的結果，所以近人鄧魁英氏談到：

他的生活并不像一般人想像的那麼恬淡、自在。他一生的遭遇在他思想情感上有極大的影響，因而在他的作品裡也有所反映。不了解這一點，讀王維詩就很難透過表面的悠閑、寧靜而看到內心的悲愁與憤慨（註一三）。

幸好到了開元二十二年，被張九齡擢為右拾遺，是他仕途的轉捩點，王維先後有兩首詩獻給張九齡：

……賈生非不遇，汲黯自堪疎。學易思求我，言詩或起予。嘗從大夫後，何惜隸人餘。（上張令公）

……所不賣公器，動為蒼生謀。賤子跪自陳，可為帳下否？感激有公議，曲私非所求。（獻始興公）

柯慶明先生認為「顯然頗有自認資質美好的一分自負」（註一四）。也可見以前的不得志，仕進之心仍然迫切。但好景不常，過了三年，張九齡被李林甫排擠，貶為荊州長史，王維頓失政治靠山，竟有「方將與農圃，藝植老丘園」（「寄荊州張丞相」）歸隱之意，而且要在那種朋黨傾軋的環境生存，也不得不應酬李林甫，留下「和僕射晉公（指李林甫）扈從溫湯」這一首歌功頌德的紀錄。甚至面對李林甫的親信苑咸，也只能以「揚子解嘲徒自遣，馮唐已老復何論」（「重酬苑郎中」）來自我排遣。

這次打擊不可謂不大，他內心是矛盾不安的，「旣寡遂性歡，恐遺負時累」而「發我遺世意」了（「贈從弟司庫員外絿」）。近人陳氏以王維和張九齡政治主張相同，而張的貶逐去世，更是盛唐開明政治的幻滅（註一五），也是王維仕途的再次挫折，而有學佛遺世之意。所以雖有「將因臥病解朝衣」之舉（「酬郭給事」），但以現實因素，也只有繼續宦海浮沉。

王維五十歲，慈母見背，依劉昫本傳言：「事母崔氏以孝聞，……居母喪，柴毀骨立，殆不勝喪」。誠然孝心感人，且爲祈母氏冥福，上表把藍田草堂精舍捨爲清源寺，有所謂「崇樹功德，宏濟幽冥」之釋教意義，其「請施莊爲寺表」談到：「亡母故博陵縣君崔氏，師事大照禪師三十餘歲，褐衣蔬食持戒安禪」，可能影響到王維信佛，葉慶炳先生認爲：「可見維之信佛，亦受有崔氏影響。維旣喪妻禮佛，雖盛名不減少時，而對功名之熱中程度無疑已大爲減退」（註一六）。

天寶十四年，安祿山反，王維時任給事中，不幸爲逆賊所虜，雖服藥取痢，僞稱瘖疾，却不能殉節而被迫僞署，是他一生最置命的打擊。由於一念之仁，餘生要受無盡的自責，「謝除太子中允表」言「跼天內省，無地自容」，可看作自愧的表示，已無早年自信、自許之情，柯慶明先生以爲「這種內愧使他在仕途上採取一種退縮的態度」（註一七），所謂「功名與身退，老病隨年侵」或「無才不敢累明時，思向東溪守故籬」的消極態度，希企隱逸的心理非常明顯。由於佛教有「崇樹功德，宏濟幽冥」的救贖信仰（註一八），難怪王維要在「歎白髮」中嘆：「一生幾許傷心事，不向空門何處銷」，奉佛修心祈求心靈的平靜，其弟王縉「進王右丞集表」所言：「至于晚年，彌加進道，端坐虛室，念茲無生」，追求無生涅槃，以期得到心靈的救贖。王維一生巧逢五厄，在五次困境中表現了少年的雄心，壯年的抑鬱憤慨，老年的閑散和尋求解脫的情感，一生連串的矛盾掙扎，只有無奈和辛酸，臨終之際，仍然敦厲朋友要奉佛修心，同登涅槃，盡到一位佛教徒的眞正責任。

二、王維詩的淵源

中國詩學有一正統，依元稹「唐故工部員外郎杜君墓係銘並序」云：

始堯舜時，君臣以賡歌相和。是後，詩人繼作，歷夏殷周千餘年，仲尼緝拾選練，取其干預教化之尤者三百篇，其餘無聞焉。騷人作而怨憤之態繁，然猶去風雅日近，尙相比擬。秦漢已還，採詩之官既廢，天下俗謠民謳、歌頌諷賦、曲度嬉戲之詞，亦隨時間作。逮及漢武賦柏梁詩而七言之體具，蘇子卿、李少卿之徒，尤工爲五言。雖句讀文律各異，雅鄭之音亦雜，而詞意簡遠，指事言情，自非有爲而爲，則文不妄作。建古之後，天下文士遭罹兵戰，曹氏父子鞍馬間爲文，往往橫槊賦詩，故其抑揚怨哀悲離之作，尤極於古。晉世風概稍存，宋齊之間，教失根本，士以簡慢、歙習、舒徐相尙，文章以風容、色澤、放曠、精清爲高，蓋吟寫性靈、流連光景之文也。意義格力，無取焉。陵遲至於梁陳，淫艷、刻飾、佻巧、小碎之詞劇，又宋齊之所不取也。唐興，官學大振，歷世之文，能者互出。（註一九）

元稹指出中國詩學的元始是詩經，繼而楚辭，到了西漢，有蘇武、李陵的五言詩，東漢末年曹操父子的古體詩，已大致勾描中國詩的淵源。而王維詩的淵源是否依此正統，由顧起經「題王右丞詩箋小引」可以證明：

其爲詩也，上薄騷、雅，下括漢、魏，博綜群籍，漁獵百氏。於史子蒼雅，韋候鈐決，內學外家之說，苞幷總統，無所不闕。鄆長於佛理，故其摛藻奇逸，措思冲曠，馳邁前榘，雄見名儁。

故歷來史家歸納王維詩的淵源，除了佛理禪言（文見下節）外，可以從詩經、楚辭，曹植、陶淵明、謝靈運以及鮑照、謝朓等人的詩，來分析王維詩的源流。

首先指出王維詩源出詩經的，是唐代宗。在「代宗皇帝批答手敕」談到王維「天下文宗，位歷先朝，名高希代，抗行周雅，長揖楚辭」。其實，王維詩作也談到「深明戴家禮，頗學毛公詩」（「送高道弟耽歸臨淮作」），學過大小戴禮記以及毛萇訓詁的詩經，甚至「長吟吉甫頌」（和僕射晉公扈從溫湯」），可見王維取資詩經的證據。王維有很多詩句是從詩經蛻變而來，如：

「草露未晞」（「酬諸公見過」），源於詩經「白露未晞」。

「持斧伐遠揚」（「春中田園作」），源於詩經「取其斧斨，以伐遠揚」。

「卒歲且無衣」（「田家」），源於詩經「無衣無褐，何以卒歲」。

「中路授寒衣」（「送崔九興宗游蜀」），源於詩經「九月授衣」。

「條桑臘月下」（「送六舅歸陸渾」），源於詩經「蠶月條桑」。

可引數目很多，爲節省篇幅，僅舉五條（以下同），也足資證明「上薄騷雅」（顧起經語）而當之無愧。

又代宗指王維「長揖楚辭」，從王維全篇皆作騷體的作品很多，也可證明體制近似，如：登樓歌、双黃鵠歌送別、贈徐中書望終南山歌、送友人歸山歌二首、魚山神女祠歌二首等。至於詩句引用楚辭的更多，如：

「嫋嫋秋風動」（「和陳監四郎秋雨中思從弟據」），源於楚辭「嫋嫋兮秋風」。

「忽乎吾將行」（「偶然作」），源於楚辭「忽乎吾將行兮」。

「文螭從赤豹」（「贈李頎」），源於楚辭「乘赤豹兮從文貍」。

「擊汰復揚船」（「送邢桂州」），源於楚辭「乘舲船余上沅兮，齊吳榜以擊汰」。

「獨坐幽篁裡」（「竹里館」），源於楚辭「余處幽篁兮」。

王維詩有取法陳思王曹植的，正如鍾嶸詩品所言：「陳思爲建安之傑。……其源出於國風，骨氣奇高，詞釆華茂，情兼雅怨，體被文質，粲溢古今，卓爾不群」。由於陳思繼承國風，也是詩的正統，王維也難免取法，如：

「黃龍戍上遊俠兒」（「榆林郡歌」），源於植詩「幽幷遊俠兒」。

「新過王母廬」（「贈東嶽焦鍊師」），源於植詩「東過王母廬」。

「珥筆趨丹陛」（「上張令公」），源於植詩「安宅京室，執鞭珥筆」。

「春上春鳩鳴」（「春中田園作」），源於植詩「春鳩鳴飛棟」。

「西園明月同」（「送熊九赴任安陽」），源於植詩「清夜遊西園，飛蓋相追隨。明月澄清景，列宿正參差」。

難怪王維在「別綦毋潛」曾談到「盛得江左風，彌工建安體」。曹植爲建安七子之魁，效法他當然在所不免。

其實，影響王維最大的當屬陶淵明。后山詩話指出：「右丞、蘇州皆學於陶，王得其自在」。王維學「陶」、效「陶」，早有成績，維詩「桃源行」係十九歲時作品，通篇是陶詩「桃花源記」的改寫，詩中的桃源變成仙境，也是王維的「理想國」，一個廣泛的象徵。甚至在身受安祿山迫害時，竟然還要「歸向桃花源」（「口號又示裴迪」）。尤其以陶淵明不爲五斗米折腰向鄉里小兒，棄官歸隱，構想五陵桃源以寄託，王維受到他這種率性任眞的思想影響，像「偶然作」六首之四，即係詠陶之作：

陶潛任天眞，其性頗耽酒。自從棄官去，家貧不能有。
九月九日時，菊花空滿手。中心竊自思，儻有人送否？
白衣攜壺觴，果來遺老叟。且喜得斟酌，安問升與斗。
奮衣野田中，今日嗟無負。兀傲迷東西，蓑笠不能守。
傾倒彊行行，酣歌歸五柳。生事不曾問，肯愧家中婦。

有用陶潛事的，所謂用典使事，淵明自稱五柳先生，王維也屢屢把自己宅第比作「五柳先生對門」（「田園樂」），所謂「五柳高且疏」、「門看五柳識」、「空山五柳春」，甚至「狂歌五柳前」，簡直是五柳先生再版。而且摩詰詩有與陶詩風格神似的「渭川田家」，詩云：

斜光照墟落，窮巷牛羊歸。野老念牧童，倚杖候荊扉。雉雊麥苗秀，蠶眠桑葉稀。田夫荷鋤立，相見語依依。即此羨閒逸，悵然歌式微。

風格平淡與陶詩相近，可說是陶詩翻版，難怪施補華「峴傭說詩」談到：「陶公詩，一往眞氣，自胸中流出，字字淡雅……後來王孟韋柳，皆得陶公之雅淡」。王維這種雅淡風格的作品很多，如「輞川閒居贈裴秀才迪」、「淇上即事田園」、「田家」、「酬諸公見過」、「濟州過趙叟家宴」等等，都可說是效陶的佳作。至於引用陶詩的更多，如：

「松菊荒三徑」（「晚春嚴少尹與諸公見過」），源於陶潛「三徑就荒，松菊猶存」。

「墟里上孤烟」（「輞川閒居贈裴秀才迪」），源於陶詩「依依墟里烟」。

「安得捨塵網」（「口號又示裴迪」），源於陶詩「誤落塵網中」。

「風景日夕佳」（「贈裴十迪」），源於陶詩「山氣日夕佳」。

「曖曖遠郊日」（「和使君五郎西樓望遠思歸」），源於陶詩「曖曖遠人村」。

從上例所引可見，陶詩在命意、句法和用語上都對王維有很深影響，難怪沈德潛下這個結論：「陶詩胸次浩然，而其中一段淵深樸茂，不可到處。唐人祖述者，王右丞有其清腴」。

說到王維詩學謝靈運的，前人有馬端臨曾說過：「維詩清逸，追逼陶謝」，可見摩詰擷取二家之長。謝靈運喜愛山水，工於書畫，一歸自然，逸韻高致，歷來陶謝並稱，王維取資謝作也多，如：

「久欲傍歸路」(丁寓田家有贈),源於謝詩「始得傍歸路」。
「痛哭返柴荊」(哭殷遙),源於謝詩「促裝返柴荊」。
「鳥雀下空庭」(贈房盧氏琯),源於謝詩「空庭來鳥雀」。
「若值白雲屯」(瓜園詩),源於謝詩「巖高白雲屯」。
「亭亭到曉光」(閨人贈遠),源於謝詩「亭亭曉月映」。

近人夏敬觀「唐詩說」特加論定「予謂摩詰善畫,詩中有畫,故其寫景詩最工,雖一句一字,不肯放過,而不見其著力,則從康樂入,復從康樂出」的爲確評。

陶謝之後,影響王維的,應是鮑照、謝朓。他在「上黨苗公(晉卿)德政碑」曾談到「時人以爲鮑參軍,謝吏部爲更生云」,唐人多推重鮑、謝,杜甫曾說「賦詩何必多,往往似鮑謝」,甚至譽之「俊逸鮑參軍」。王維詩也有受其影響的,如:

「垂璫上玉除」(上張令公),源於鮑詩「垂璫敬佩盈玉除」。
「五桃初作花」(雜詩),源於鮑詩「中庭五株桃,一株先作花」。
「昔時飛雀無全目」(老將行),源於鮑詩「驚雀無全目」。
「麒麟錦帶佩吳鈎」(燕支行),源於鮑詩「錦帶佩吳鈎」。
「酌酒與君君自寬」(酌酒與裴廸),源於鮑詩「酌酒以自寬」。

謝朓字玄暉,詩品曾評他「奇章秀句,往往警遒」。施補華「峴傭說詩」:「謝玄暉名句絡繹,清麗居宗……其秀氣成釆，江郎五色筆，尙不能逮。唐人往往效之，不獨太白也。玄暉詩變有唐風，眞確論矣」。李白說他「解道澄江靜如練，令人長憶謝玄暉」，杜甫更是譽之「謝朓每篇堪諷誦」、「詩接謝宣城」，王維也不例外。尤以玄暉多五言遊宴之作，自然多趣，王維也工五言，頗多取資，如：

「淺淺石溜瀉」（欒家瀨），源於朓詩「潺湲石溜瀉」。

「驅馬去悠悠」（送徐郎中），源於朓詩「驅馬復悠悠」。

「惆悵情何極」（華子岡），源於朓詩「惆悵余何極」。

「釆蕨輕軒冕」（春夜竹亭贈錢少府歸藍田），源於朓詩「志狹輕軒冕」。

「臨堂空復情」（待儲光義不至），源於朓詩「嬋娟空復情」。

總之，王維詩歌風格的形成，深受前行代優秀作家作品的影響，所謂「轉益多師」，然後有自己的特色、風格。

三、王維藝文創作觀點

王維並沒有專門討論創作理論的作品，但以他個人兼擅詩、書、琴、畫四藝，創作理念定有足多取資之處。而且他的畫論也有零星涉及，如「爲畫人謝賜表」就提出「傳神寫照」的觀點；「山水論」也談到「凡畫山水，意在筆先」，都是重要的美學觀點，足供參攷。況且他曾說過「當世謬詞客，前身應畫師」（偶然作），似乎頗滿意自己詩人兼畫家的身分，也可想見他的藝文創作觀點應是互相取資作用的，只要透過畫論的解析整合，或許可以找到王維創作的觀點。近人劉海粟氏也談到：

中國畫論在某一意義上，也可說是中國的藝術論。因爲他不僅僅是技術的傳授，經驗的判斷；他還蘊蓄著創作的態度，和批評的標準之故。（註二〇）

即透過畫論所提供的創作態度和批評標準，照樣可以作爲詩文創作和批評的依據。近人也有認同此說的：「他（指王維）自己所說的『凡畫山水，意在筆先』，『意在筆先』，是他繪畫的秘訣，也就是他作詩的秘訣」（註二一）。其實，遠在宋朝時的東坡居士就提過「詩畫本一律，天工與開新」的看法，可見藝術的形式容有不同，但其創作態度應都是一致的。以下擬就1.王維創作觀點之整合2.創作觀點之擧證，分別加以說明。

1. 王維創作觀點之整合

中國繪畫藝術，歷來講究要有「神韻」，忌「謹毛而失貌」，到了晉的顧愷之提出了「以形寫神」（「論畫」）的論點，建立了中國繪畫美學的基礎。王維在「爲畫人謝賜表」一文談到他「繼踵虎頭（指顧愷之），並提出下列的論點：「傳神寫照，雖非巧心。審象求形，或皆暗識。妍蚩無枉，敢顧黃金。取舍惟精，時憑白粉」，雖是繼踵顧愷之「以形寫神」的觀點，却進一步說明了形神兼備，畫家不僅應追求外在形象的逼眞（審象求形），還應追求內在精神的酷似（取舍惟精）。他在「山水論」也提到「要見山之秀麗，……須顯樹之精神」來說明肖形和傳神兩者之間的密切關係。即「形」的生命、關鍵，就是精神生氣，唐代著名畫論家張彥遠也認爲畫「人物，有生動之可狀，須神韻而後全。

若氣韻不周，空陳形似；筆力未遒，空善賦彩；謂非妙也。」（「歷代名畫記」），很明白地提出繪畫要着重「神韻」。「神韻」就是「氣韻」，謝赫「六法」首揭示的「氣韻生動」，當與形神結合起來理解，其實，就是顧愷之「以形寫神」的主張，故王維「傳神寫照」形神兼備的要求，就是講求「氣韻」。

而氣韻的內在本質，就是骨氣，骨氣的樹立，必須來自於畫家的立意和用筆。這是張彥遠把氣韻、立意和用筆聯繫起來，他說：「夫象物必在於形似，形似須全其骨氣，骨氣形似皆本於立意而歸乎用筆」。前兩句主張客體的形、神兼備，但這些客體眞實的再現，却操縱在主體的觀照與涵攝，所以總結說：「骨氣、形似皆本於立意而歸乎用筆」。這種主客合一，而以主體去觀照、涵攝客體，顏崑陽先生「莊子藝術精神析論」視之爲中國藝術精神理想境界。王維也有「凡畫山水，意在筆先」的主張，顏先生曾有詳細的解說：

所謂「意存筆先」之「意」，在莊子思想的系列中，當指合於自然之道的主觀心靈。王維「山水論」強調「凡畫山水，意在筆先」，但他同時又強調「畫道之中，水墨最爲上。肇自然之性，成造化之功」，則他所謂的「意」，必是合於自然之道的主觀心靈，而不是偏執之成見。張彥遠「歷代名畫記」很明白地詮釋「意存筆先」的「意」，即是「守其神，專其一，合造化之功」。王原祁「雨窗漫筆」強調「意在筆先，爲畫中要訣」，而他所提出達到「意在筆先」的方法，是「安閒恬適」、「掃盡俗腸」、「凝神靜氣」。因此，「意在筆先」之「意」，它的第一要

義必然通過主體「養性」、「凝神」而開顯。從藝術形上觀念來看，這「意」其實就是形上之道的內在化，是藝術的本體。（註二二）

所以王維「意在筆先」的看法，就是畫家主觀的情思和客觀現實形神的統一。這個「意」被提倡文人畫的蘇東坡加以引申發揮，他在「跋漢傑畫」中曾提到：「觀士人畫，如閱天下馬，取其意氣」。這種「意氣」應是畫家品德、學問、藝術修養等在繪畫創作中的表露，而獨得於象外。東坡在題「王維、吳道子畫」就稱贊「摩詰得之於象外」，可見這個「象外」之意，就是蘇軾對文人畫所要取的「意氣」，也就是作者「胸中原自有邱壑」中流露出來一種「象外」的感受，這是文人畫着重「寫意」，透過畫中的形象，使人一眼就能了解作者的思想與情感。而王維之所以會被推爲文人畫始祖，除了他個人的藝術自覺，首揭「意在筆先」的義諦外，也是因爲蘇軾已看出王維的畫，注重「意氣」的表現，而獨得於象外，由畫作反證其畫理的正確無誤，也可見王維的理論和創作結合，不僅在求畫面烘托意境，更是要表現作者的情感與人格。這種藉意境來傳達或抒發作者的文學修養及思想情感，是文人畫的主流，由王維啓之而淵遠流長，影響至今。

其實，唐人已經認識到繪畫作品只有既反映出了繪畫對象的形神，又表現出了畫家主觀的氣質、素養、品格、思想感情、藝術形象，才能算是美好的藝術作品，這一種綜合美，近代美學家郭因氏認爲王維的「肇自然之性，成造化之功」（山水訣）可以概括（註二三）。他以藝術家的心靈，表現主觀的生命情調和客觀的自然景象交融互滲，就構成藝術之所以爲藝術的「意境」。所以美學家宗白華氏擧出王維創造意境的手法是：「廣攝四旁，圜中自顯」、「使在遠者近，摶虛成實」（王船山「詩繹」），代表著中國人於空虛中創現生命底流行，絪縕的氣韻（註二四）。說來這種「唯道集虛」，「摶虛成實」的表現法，正是中國藝術意境的核心，近人邵洛羊氏加以歸納推論：

中國畫強調「外師造化，中得心源」（唐・張璪），要求「意存筆先，畫盡意在」，「以形寫神，形神兼備」，努力使「情與景會，意與象通」，達到「化景物爲情思」。「景物」——是實的客觀存在；「情思」——是虛的主觀創設。「以虛帶實，達意暢神」，是歷代中國畫家企圖突出自己締造的藝術意境，……中國畫美學思想的核心。（註二五）

宗白華氏也主張意境是「情」與「景」（意象）結晶品，注意到藝術境界的虛空——以虛帶實，盛唐王孟派空花水月的意境是最好例子。既能「以虛帶實」，藝術天地自然潤大精深，如孟郊詩所說：「天地入胸臆，吁嗟生風雷」。所以到了明清，有人把「清空」看作最高的意境，明朝胡應麟「詩藪」明確指出「詩貴清空」，清朝畫家王昱也提出「清空二字，畫家三昧盡矣」（「東莊論畫」），所謂清空，正如蘇東坡所說的「靜故了群動，空故納萬境」，韋應物詩「萬物自生聽，大空恒寂寥」的意境，而王維也有詩證明他對最高意境的追求，在「戲贈張五弟諲」詩句裡，有「徒然萬象多，澹爾太虛緬」兩句，正是意境清空最好證明。

總之，王維畫論談到「傳神寫照」，有形神兼備的要求，講求氣韻。接著提出「意在筆先」的主體觀照，引申有象外之意，追求的是意境，合起來就是所謂「以虛帶實，達意暢神」這一美學觀點，應可概括說明王維的藝文創作觀點。

2. 創作觀點之舉證

王維提出「傳神寫照」的美學觀點，雖是繼踵顧愷之的「以形寫神」，却是進一步的深化。好的作品，單是形似還不夠，尙須達到神似——形神兼備，而有氣韻的效果。玆舉王維「少年行」四首之三：

一身能擘兩雕弧，虜騎千重只似無。
偏坐金鞍調白羽，紛紛射殺五單于。

首句「能擘兩雕弧」，寫出少年遊俠的武技高強；第二句「虜騎千重只似無」，描繪少年氣豪胆壯，勇氣過人，第四句點出了殺敵效果。這三句大致把要表達的意思都表達了，給人的印象還只是形，沒有吟詠的餘地。只有等第三句出來作一轉折，創造一個「偏坐金鞍調白羽」的健兒形象，眞可謂畫「神」點睛。說「偏坐」正表明健兒藝高胆大，而「金鞍」、「白羽」的光和色，又加強了表現的氣氛，爲少年英雄生添豪氣，全句眞正刻劃出了人物的「神」，而達到形神兼備的效果。

中國古典詩歌藝術側重思想感情的表現，很早就要求詩人把形和神統一起來加以把握，而以傳神爲主，王維的許多山水詩也繼承和發揚了這個傳統。如「鳥鳴磵」：

人閒桂花落，夜靜春山空。
月出驚山鳥，時鳴春澗中。

前兩句指出人閒、花落、夜靜，春天的空山，讓人感到寂寥淒清。後兩句景色變異，月出、鳥鳴、春澗，潺湲的流水，帶動了自然界生命的脈動。前者靜，後者動，以動襯靜，更映顯出春山的幽靜。王維極擅於在靜態中寫出動態，又在動態中表現靜態。比如第一句「人閒桂花落」，靜中有動，而「花落」的動態又反襯出闃無人聲的寂靜。後兩句，明寫動態，實寫幽靜，在視覺與聽覺上造成動靜對比，在對比中突出了頭兩句的靜態抒說，從而生動地烘托出倍加幽靜的境界。王維有「傳神寫照」的美學要求，要求詩也要「傳神」，「鳥鳴磵」這一首詩，便儘量發揮了「傳神」的優點，具體的景物表現了生動的情態，達到「情景交融」、「意境兩渾」，眞正把握到「形與神」、「靜與動」對立中的統一，做到了「以虛帶實，達意暢神」的要求。

【附　註】

註一　詩與美，頁一九六，從科際整合看詩的欣賞。

註二　審美詩人王維，日人伊藤正文作，頁二十。

註三　王維一生最少遊歷八省：山西、陝西、河南、山東、湖北、甘肅、湖南、四川，據其詩統計所得。

註四　據庶懷萱氏「王維隱居與出仕」，依「哭祖六自虛」輓詩「念昔同携手，風期不暫捐。南山俱隱逸，東洛類神仙」推論「王維在少年時代似即有過隱逸生活」。據史書及詩題推測，王維隱居過嵩山、終南山、藍田、輞川莊、淇上等地。

註五 中國文學史，頁一九四。

註六 談文人，頁四一。

註七 張曼娟先生「王維學佛不得已」一文談到：「他的積極進取心並未受到阻礙，主要原因，是對於美的資質的自信」，中華文化復興月刊，十九卷二期。柯慶明先生「試論王維詩中的世界」所論較詳，可參看。

註八 同註六。

註九 文見風人先生「詩禪王摩詰」，暢流二十四卷十一期。

註一〇 同註一。黃師永武談到：「若是人倫的中心，有絕對的權威性，凡權利的分配、理想的實現，離開這人倫的中心，就無從獲得。所以在詩歌中總是表現出向帝京集中的心態，到外地就是貶謫，『戀闕心熱』是中國詩歌的基型之一」可以參攷。

註一一 柯慶明先生「文學美綜論」，頁三五三，「試論王維詩中的世界」。

註一二 同註四。盧懷萱氏主張此首詩係喪妻時生活的寫照。

註一三 鄧魁英氏「王維詩簡論」，唐詩研究論文集，頁三七。

註一四 同註一一。

註一五 陳貽焮氏「王維的政治生活和他的思想」，唐詩研究論文集，頁十三。

註一六 同註五，頁一九五。

註一七 同註一一，頁三六七。

註一八 王維「請施莊爲寺表」

註一九　元稹集卷第五十六，碑銘。漢京文化公司版。

註二〇　中國繪畫上的六法論，頁一，齊雲出版公司版。

註二一　校訂本中國文學發展史，頁四二六—四二七。華正書局版。

註二二　莊子精神析論，頁三一四，華正書局版。

註二三　中國古典繪畫美學，頁一〇二，丹青圖書有限公司版。

註二四　美學的散步，頁一八，洪範書店版。

註二五　中國畫的美學思想和技巧特點，刊「美學與藝術」，頁三一二，木鐸出版社版。

第三節　王維詩的儒、道、佛三家思想

一、前　言

人是社會的或政治的動物，思想難免受到時代、環境的影響。王維身處「開、天盛世」，正是民生樂利的時代，青年人對事業前途會有一番幻想與追求。玄宗又尚邊功，邊塞生活鷹揚的情調使知識份子充滿了積極、樂觀的精神。早期的王維也是一個熱中功名的人，雖以黃獅子事貶官濟州，稍有挫折。後以主張「所不賣公器，動爲蒼生謀」和張九齡意見相合，被拔擢爲右拾遺，充滿了從政的熱情。但玄宗後期政治惡濁，任用奸相李林甫，張九齡失勢下台，對王維是一個致命的打擊。再加上唐時隱

逸風氣很盛，佛教的猖獗，思想受到佛、道的影響，漸漸失去對仕途的熱情。又由於個性比較軟弱，「恐遭負時累」，而有退居田園，優遊林下的想法，這種情形正如劉翔飛先生「論唐代的隱逸風氣」所說的：

唐代儒、釋、道三家思想雜揉並行的情形，一般而言，文士在積極求用時，都以儒家襟抱自任，但有時仍然會流露出對出世的嚮往，其方式多在佛、道兩途。……傳統社會裏，讀書人的出路既只有仕隱兩途——所謂「窮則獨善其身，達則兼善天下」——他們徘徊於社會與個人之間，矛盾、掙扎、猶疑、懊惱，乃是勢所不能免的了。（註一）

積極入世和消極避世的衝突，甚至互相消長，這種兩難之局也是王維的問題。他的歸隱乃是對現實不滿，初期心境還常憤懣不平，但到了後來，隨著佛教思想的發展，只追求個人的閒適：「我心素已閒，清川淡如此。請留盤石上，垂釣將已矣」。甚至退朝以後，焚香獨坐，以禪誦爲事。以上簡略說明了王維一生思想轉折及其背景，增訂本「中國文學發展史」曾加以歸納，說：

王維具備著內佛外儒、官成身退、保養天年的這些特點。他對於現實也感到不滿，也有不願同流合汚的心情。但他沒有李白那種豁達的浪漫精神，更沒有杜甫那樣的愛國熱情和深厚的人道主義思想。最後只能皈依佛教的懷抱，退隱到田園的象牙之塔裏，避開人世的紛擾，用山水的美景來養育自己的靈魂。（註二）

劉氏所論大致持平，但只揭示王維內佛外儒，恐有所缺，近人莊申先生有「王維的道家思想與生活」

專文討論，可見唐代儒釋道三家思想雜揉，王維也不可免，爲研究王維全部內在世界也得從儒、釋、道三家入手。況且個人以爲人生有三大境界——人性的、自然的、宗教的，可拿來說明儒家（人性的）、道家（自然的）、佛家（宗教的）的內涵，而王維對「佛、儒、道」三家所作的取捨態度也値得探討，近人吳可道先生曾作歸納，可供參攷：

一、以佛家作爲宗教信仰，從心靈的、思想的去「追求」永生的「眞」。

二、以儒家作爲立身處世，由倫常的、道德的去「實踐」現世的「善」。

三、以道家作爲生活情趣，在文學上、藝術上去「欣賞」自然的「美」。（註三）

二、王維的儒家思想

比較上，王維詩中所流露的儒家思想，遠不及道家及佛家思想多，但王維一生仍服膺儒家，劉大杰氏認爲王維思想是內佛外儒（註四），說理雖不夠全面，却有其根據。近人劉翔飛先生以爲：「當時的人雖然好佛慕道成風，但一般並不菲薄儒教，這是因爲傳統儒家思想早已深入人心，構成國人的基本觀念與生活態度，這種勢力是潛在的，同時也是根深蒂固的」（註五）。王維是讀書人，當然和其他唐代文人一樣，熟讀聖賢書。甚至任職集賢院時，也主張「親重儒門，將爲教首」、「先聖微言，前王令典，所以興行禮義，訓正人倫」、「敦彼儒風，政化之源」（謝御書集賢院額表）。臨死前一年有「與魏居士書」，以儒家的人生觀，從君臣的倫常大義和仕人的出處之道奉勸魏居士出仕，所謂

「君子以布仁施義，活國濟人爲適意」相勸，可見王維一生服膺儒家。

不過，人生一世難免挫折或牢騷滿腹而有非儒之想，連最忠君愛國的杜甫都有「儒術于我何有哉？孔丘盜跖俱塵埃」（醉時歌）的話，王維也有一時牢騷或改信佛教而反儒：「被服聖人教，一生自窮苦」（偶然作）、「植福祠迦葉，求仁笑孔丘」（與胡居士皆病寄此詩兼示學人二首）。王維非儒也僅僅這兩首詩而已，況且王維也有景仰孔子而推崇堯舜之道的話：「曾是巢許淺，始知堯舜深」（送韋大夫東京留守），王維出身中等階級仕宦家庭，世代書香，應受到傳統儒家道德薰陶，或許只是一時激憤之言，不能算是王維眞正的本意。

儒家傳統思想應是忠孝仁愛及經世濟民。王維向重孝友，早年熱中功名，懷有經世治國、致君堯舜的思想。儒家素重孝悌，王維「事母崔氏以孝聞」、「居母喪，柴毀骨立，殆不勝喪」（舊唐書本傳），新唐書本傳也說到王維「母喪，毀幾不生」，可見事親至孝。崔氏篤信佛教，樂住山林、志求寂靜，維即卜居藍田輞谷作爲母親經行之所。崔氏去世後，即上表請施莊爲寺，爲母薦福。他又以孝思可通於神明，乾元二年，宰相王璵宅生紫芝，林見木瓜，碩大盈筐，爲作讚文云：「至孝所感，物爲人之祥。大賢佐時，人爲國之瑞」。並以「依仁據德，移孝爲忠」來稱美王璵，有此祥瑞，是盡孝思的結果。

王維也是個重感情的人，對兄弟朋友的友愛非常深摯。舊唐書本傳云：「閨門友悌，多士推之。」新唐書本傳也稱王維資孝友。王維兄弟五人，尤與二弟王縉最爲親近，不時有詩寄懷。安史之亂，維不幸被迫僞署，亂平後以六等定罪，賴其弟縉削官贖其罪。後縉遠調蜀州，維上表責躬薦弟，使其弟回任京都，兄弟得以長相左右（註六）。王維不單常相思念，還教導弟妹言行：「獨在異鄉爲異客，每逢佳節倍思親」（九月九日憶山東兄弟），「莫學嵇康懶，且安原憲貧」（山中示弟等）。甚至對其從弟——王紞、王據、王蕃等互通音問，流露不盡的懷念。

王維還有很多描寫友情的詩，依現存詩集稍作統計，「送」友人的詩有五十九首，「贈、答、酬」朋友的詩約有三十首，另有「哭」友人去世的詩四首，約佔詩集的四分之一，不可謂不多。他對親近友人更是情感眞摯、態度坦率。如「贈裴廸」：

不相見，不相見來久。日日泉水頭，常憶同攜手。攜手本同心，復歎忽分衿。想憶今如此，相思深不深。

另外在「哭殷遙」、「贈祖三詠」、「留別丘爲」及「待儲光羲不至」、「送崔興宗」等詩，都可感受到他對朋友眞正的友情。

除了孝友之外，王維也有仁民愛物之心。他有「觀別者」一首詩談到「陌上別離人，愛子游燕趙。高堂有老親，不行無可養，行去百憂新」，而看之淚滿巾。也曾見路有凍餒之人，朝尙呻吟，暮塡溝壑而不忍，上書皇帝「請廻前任司職田粟施貧人粥狀」，願把一司職田收入，廻與施粥所，全濟貧人，所謂「於國家不減數粒，在窮窘或得再生」。眞有所謂「濟人然後拂衣去，肯作徒爾一男兒」（不遇詠）或「達人無不可，忘己愛蒼生」（贈房盧氏琯）的精神。王維也主張仁政，在獻給張九齡詩有「

守仁固其優」（獻始興公）的主張，甚至在「門下起赦書表」談到儒家德政要行仁恕之道：「人謂無冤，何如捨而不問。殺而有禮，豈若至于無刑。……巨猾止于一惡，貧人免于十夫。思折券者，寬其暴征。嘗書勳者，貰其宿負。道德齊禮，或其有恥之心。悔吝思愆，開其自新之路」。

其實，王維從年青到老年都有忠君愛國思想，尤以年輕時仰慕少年英豪，有橫刀躍馬建功沙場的壯志，如「少年行」二首：

出身仕漢羽林郎，初隨驃騎戰漁陽。
孰知不向邊庭苦，縱死猶聞俠骨香。（之二）

一身能擘兩彫弧，虜騎千重只似無。
偏坐金鞍調白羽，紛紛射殺五單于。（之三）

設非豪情萬丈，實在寫不出這種氣概。其他如：

盡係名王頸，歸來獻天子。（從軍行）
單車曾出塞，報國敢邀勳。（送張判官赴河西）
忘身辭鳳闕，報國取龍庭。（送趙都督赴代州得青字）
平生多志氣，箭底覓封侯。（塞上曲）
寄言班定遠，正是立功年。（從軍行）
教戰須令赴湯火，終知上將先伐謀。（燕支行）

漢家天子圖麟閣，身是當今第一人。（平戎辭）

這種「赴湯火」、「立功勳」的犧牲精神，正是儒家執干戈以衛社稷的精神再現。到了晚年，雖被迫僞署，晚節有虧，但面對護駕有功的李遵工部侍郎，仍然說出：「維雖老賊，沈跡無狀，豈不知有忠義之士乎？亦常延頸企踵，嚮風慕義無窮也」（與工部李侍郎書），可見王維一生乃以儒家行世，他早年貶官濟州寫「濟上四賢詠」，所詠崔錄事一詩正可作王維的寫照：「少年曾任俠，晚節更爲儒」。劉大杰氏說他「內佛『外儒』、官成身退、保養天年」，儒家思想應是他一生的主調，王維過世前兩年，曾獻詩老友韋陟，期勉他「窮人業已寧，逆虜遺之擒。然後解金組，拂衣東山岑」（送韋大夫東京留守）這種功成身退的儒家思想就是證明。

三、王維的道家思想

王維信佛有名，向有「詩佛」之稱，因此前人很少提及他有道家思想。其實，王維對於道家夙有信仰，年才十八，即有「南山俱隱逸，東洛類神仙」（哭祖六自虛）的隱居紀錄，當然他不曾像李白那樣成爲眞正的「道士」，但有道家思想的詩文即近六十首，約佔全集七分之一，不可謂不多，清人張問陶特爲指出「右丞頗好道」（註七），足可證明。而王維學道的原因最少應有兩點：㈠受時代思潮的影響㈡個人人生理想的追求。

唐朝自高祖李淵起，即提倡道教，武德七年曾幸終南山謁老子廟。高宗在乾封元年也莅亳州，祠老子，追號太上玄元皇帝。到了玄宗朝，道教達於極盛，「歷代崇道紀」有詳細紀錄：

明皇開元中，勅諸道並令置開元觀，又置混元讚，帝親書勒之於石，帝又注道德經及製序引，詔天下士庶，並令家藏一本，兩街道衆，乃以幢旛伎樂，自禁中迎歸於太清宮，香花之盛，近古未有。又敕置道擧，一如禮部之制，帝親自策之，達者甚衆。

風氣既開，研習道家經典變成一時習尚，王維難免不受薰染，近人黃公偉先生曾談到：

以道教在朝政，如初唐（或應改爲盛唐）之王維、孟浩然即以道詩爲尚。（註八）

唐代文士如李白、杜甫、孟浩然等無不學道，王維自然也不例外。且早年即往來于入道的公主門下，近人孫克寬先生在「唐代道教與政治」特別提到：

唐代崇道，與歷代比較，另一突出的形態，就是皇帝的女兒——公主們，多賜名入道。……玉眞公主，在開天之間和文士們頗爲接近，王維唱鬱輪袍的軼事，雖出於小說的附會，可是在摩詰集中有「奉和聖製幸玉眞公主山莊」詩，所用典實，皆是道教，可想他是往來于公主門下的。

（註九）

王維另外還有多篇應制玄宗佞道的作品，如「奉和聖製慶玄元皇帝玉像之作應制」、「賀玄元皇帝見眞容表」、「賀古樂器表」及「賀神兵助取石堡城表」等等。近人范文瀾氏竟以王維「上唐玄宗『賀神兵助取石堡城表』，滿紙荒唐，居然是個道教徒」相責（註一〇），也可見王維有詠神仙附會君王的證據，理由即如近人郭鼎堂氏所言：「生在這樣時代的士大夫階層，無論是想做官或想出世，都不

能不受時代思潮的影響。不僅李白和杜甫而已，所有盛唐的詩人如王維、高適、岑參等等，都有同樣的傾向」。（註一一）

其次，談到王維人生理想的追求，要回溯到他早年是一個早熟詩人，對自己美好資質有一份自信，由於對於人性有深刻的觀察和體悟，當王維悟出生命的無常，往往會在精神上自求解脫而有奉佛悟道之舉，王夢鷗先生說得好：

與精神上自求解脫，亦即以「達觀」自解，造成一種對世俗的現實的生活之否定的態度。……往往身居魏闕而志在江湖，身在人間而心留人外。這種由追蹤仙佛而未到的境地，便是古詩人心裏共有的烏托邦。他們常依賴有這個歸宿或憑藉以肆應現實的繁劇與苦惱。（註一二）

專研道教的李豐楙先生也特別指出：「道教是中國人透過宗教形式解決生存危機的一種方式」（註一三）。王維由於仕途生活的坎坷不平，常有一些被壓制的憤懣與牢騷，再加李林甫一幫腐敗勢力的囂張，只能將情感寄託在山水白雲間，尋求道士的指引，維詩集中有多首與道士往來的紀錄，如：「贈東嶽焦鍊士」、「贈焦道士」的焦道士、「過太乙觀賈生房」的賈生、「春日與裴廸過新昌里訪呂逸人不遇」的呂逸人、「送方尊師嵩山」的方尊師、「送張道士歸山」的張道士及「送王尊師歸蜀中拜掃」的王尊師等等，道士來往多人，可見一斑。難怪王維會在「世上皆如夢，狂來或自歌」（游李山人所居因題屋壁）之餘，有「仍聞遺方士，東海訪蓬瀛」（早朝）尋仙覓道之想。

以下為進一步了解王維的道家思想，想依近人李長之氏說法稍作分類。李氏在「道教徒的詩人李白及其痛苦」一文談到「道教思想之體系與李白」，採取劉勰「滅惑論」所取「道家三品說」；所謂「上標老子，次述神仙，下襲張陵」而分上中下三品，他說：

就劉勰的三品說，上中下三品，李白可說全部沾染，因爲李白有老莊的自然無爲的宇宙觀，但也有神仙派的煉養服食的實踐，同時並服從天師道的符籙。（註一四）

李白號稱「詩仙」，道家上中下品都沾染了，依此衡量號稱「詩佛」的王維究有多少道家思想，必可瞭然。

㈠老莊自然無爲思想：首就老莊的自然無爲的宇宙觀言，王維在被出濟州，過趙叟家宴就說過「閉門或隱居，道言莊叟事」，此「莊叟」當指莊子，後裴廸「漆園」同詠有「今日漆園遊，還同莊叟樂」，用的正是莊子任漆園吏的典，可見王維很早就受莊子思想影響。又如：

願奉無爲化，齋心學自然。（奉和聖製慶玄元皇帝玉像之作應制）

這兩句是道家精神所在，「自然」出自老子：「人法地，地法天，天法道，道法自然」（二十五章），明白「自然」，就能多少明白「道」。「自然」就是按著「生而不有，爲而不恃」的原則而進行的現象，所以老子又說：「夫莫之命而常自然」（五十一章），既「莫之命」就是不受人爲的指使，自然如此的。至於「無爲化」，出於老子「道常無爲而無不爲。侯王若能守，萬物將自化」（三十七章），無爲就是不加人爲干擾，任其順乎自然。莊子天地篇也談到「無爲爲之之謂天」，天就是自然。至於「齋心」一語，出自莊子人間世：「惟道集虛，虛者，心齋也」，「齋心」就是莊子所說「心齋」的境界。此外，他在「神兵助取石堡城表」也說過「先天而法自然」，可見王維對老莊自然無爲的宇宙觀是有認識的。其他引用老莊思想的句子，還有下列幾首：

希世無高節，絕跡有卑棲。君徒視人文，吾固和天倪。緬然萬物始，及與群物齊。（座上走筆贈薛璩、慕容損）

大道今無外，長生詎有涯。（奉和聖制幸玉眞公主山莊因題石壁十韻之作應制）

山林吾喪我，冠帶爾成人。（山中示弟等）

玄言問老龍。（黎拾遺昕裴廸見過）

張弟五車書，讀書仍隱居。（戲贈張五弟諲三首）

㈡神仙派煉養服食的實踐：依葛洪「抱朴子」講到實際的方法有三種：

欲求神仙，唯當其至要，至要在於寶精、行炁、服一大藥便足，亦不用多也。（釋滯篇）

照葛洪之意，要能夠長生和成仙，必須靠內修和外養，即保精行氣和外服上藥。保精即房中術，據「抱朴子」「釋滯篇」言：

房中之法十餘家，……其大要在於還精補腦之事耳。……人欲不可都絕，陰陽不交，則坐致壅閼之病，故幽閉怨曠，多病而不壽也；任情肆意，又損年命，唯有得其節宣之和，可以不損。

王維三十歲失偶，長期鰥居，不曾再娶，寶精的理論對他恐沒有影響。但葛洪特別指出行氣還「宜知房中之術。所以爾者，不知陰陽之術，屢爲勞損，則行氣難得力也」（至理篇），博學的王維不會不知道，此事殊不可解，莊中先生認爲「看來佛家清心寡慾的學說，似乎比道家『都絕陰陽則多病而不壽』的學說，更能影響王維」。（註一五）

其次談到「行氣」，依葛洪言即是所謂「胎息」：

> 行炁有數法焉。……其大要者胎息而已。得胎息者，能不以鼻口噓吸，如在胞胎之中，則道成矣。（釋滯篇）

近人有解作「體內元氣新陳代謝的理論」（註一六），李長之氏解作「或叫服炁就是呼吸吐納之法，或服天地陰陽之氣，所謂餐霞飲露，服食日丹月黃等是，或服自身之氣」。（註一七）王維僅有「贈焦道士」一首詩談到「行氣」，原詩是「天老能行氣」，應是稱美焦道士能行吐納之術的意思。又王維詩文有三句談到「辟穀」，應本於莊子「藐姑射山之神人，不食五穀，吸風飲露」（逍遙游篇），謂辟除穀食始能成仙。抱朴子「雜應篇」也言「辟穀」之效，在「欲得長生，腸中常清」。史記紀錄留侯張良「乃學辟穀，導引輕身」，王維詩「留侯常辟穀，何苦不長生」（故太子太師徐公輓歌）即用此典。道書謂「神仙以辟穀爲下，然卻粒則無滓濁，無滓濁則不漏，由此亦可入道」。可見「辟穀」亦入道成仙之法，而且導引行氣與辟穀不分，只是層次較低而已。王維還有兩首「辟穀」詩文，錄作參攷：

> 好讀高僧傳，時看辟穀方。（春日上方即事）
>
> 燒丹藥就，辟穀將成。（皇甫岳寫眞讚）

另外王維詩中有三首談到「長嘯」，莊申先生以爲是「行炁的一種表現，不過王維不曾繼用行炁之名而已」（註一八）。簡錦松先生「莊著『王維研究』質疑」曾引證據駁其說：

所以行炁是氣在體內運行，長嘯是氣向外舒吐，雖然行炁成功的人，或許對長嘯時氣的補充有幫助，畢竟是間接的事，不可以指行炁爲長嘯，或指長嘯爲行炁。（註一九）

王維旣用過「行氣」一辭，自然不會混用「行氣」與「長嘯」，其理甚明。那麼「長嘯」是什麼呢？依孫廣「嘯旨」權輿章談到嘯的運氣方法：

夫人精神內定，心目外息，我且不競，物無害者。身常足，心常樂，神常定，然後可以議權輿之門。天氣正，地氣和，風雲朗暢，日月調順，然後喪其神，亡其身，玉液傍潤，靈泉外灑，調暢其出入（之）息，端正其唇齒之位，安其頰輔，和其舌端，考擊於寂寞之間，而後發折，撮五太之精華，高下自恣，無始無卒者，權輿之音。

孫廣「嘯旨」列有十三種嘯法，李豐楙先生以爲嘯法儘管不同，但其嘯的原則却是一樣：「就是氣功」（註二〇）。他曾解說上面那段話，說：

道教氣功的修練法，大都遵循放鬆、入靜、精神集中等程序，逐漸進入忘我的狀態。孫廣所述的正是靜坐調息的基本功法，由此形成各類千百種法門，嘯法是在練氣的築基工夫之上，朝向與聲樂結合的道法。可以單獨吐納氣息，作純氣功的鼓盪音聲之法；也可配合各種樂器，成爲與有字詞（言）的歌略爲異趣的發聲法。（註二一）

看來「嘯」是道門中的一種修煉術，但由於和隱逸行爲有關，慢慢變成詩歌隱逸的隱喻或象徵，所謂「嘯傲山林」既是隱士的形象，兼而表現不同於流俗的傲態、逸態，甚至是抒發個人懷抱的表示。王維詩中的「長嘯」，莊申先生依「嘯旨」推斷合於嘯法——巫峽猿、高柳蟬嘯，李豐楙先生以爲「王維好道學嘯，也是必然的行爲，這是有趣的推斷」。以下依次稍作介紹：

靜言深溪裏，長嘯高山頭。（黃花川）

依「嘯旨」，「巫峽猿嘯」所言「幽隱清遠，若在數里之外，若自外而至，自高而下，雜以風泉群木之響，迥然出於衆聲之表，中羽之初」，則在「日暎空山，風生衆壑，特宜爲之」。莊申先生以爲王維在黃花川附近高山上嘯吟練習這種「巫峽猿」的嘯法。

獨坐幽篁裏，彈琴復長嘯。深林人不知，明月來相照。

這首「竹裏館」是王維名作之一，在人不知的幽篁裏彈琴長嘯，別具神秘的意境。而「高柳蟬嘯」則「模仿蟬聲聒噪飄揚高舉，繚繞縈徹，咽牛角之初，清楚輕切，既斷又續」，在「華林修竹之下，特宜爲之」。莊申先生斷以王維在幽篁中練習「高柳蟬嘯」。李豐楙先生則以郭璞神仙詩的「靜嘯撫清絃」這種將琴、嘯和諧相應當作神仙樂事，而推斷王維「獨坐幽篁裏，彈琴復長嘯」是企慕神仙境界的一種舉止。另外，王維還有一首詩談到「長嘯」：

孫登長嘯臺，松竹有遺處。（偶然作之三）

孫登是晉代最善長嘯之人，他與阮籍爭勝，事見「世說新語」棲逸篇。觀詩意以松竹相對，則運用嘯的意象作爲詩的象徵，表現隱居的逸態，王維尙有詩句「看竹何須問主人」，用的典就是晉朝王徽之竹下長嘯的逸事，可作爲旁證，和前兩首具有道教煉養的神秘性，應有不同。也可見王維的「長嘯」是作爲一種道教修煉的養生術外，還有成爲詩歌中隱逸的隱喻或象徵。以上是所謂「內修」。

最後談到「服一大藥」，即是金丹。所謂外服上藥，就是「外養」。必須燒煉金石，謂之金丹玉液。傅勤家氏「中國道教史」認爲應備妥四種器物——黃白（指黃金、白銀）、鉛汞、爐鼎（煉丹器具）、龍虎（指烹煉之水火）（註二二）。而「金石」包含很廣，「金」當然指黃金、白銀之類。「石」，以五石爲最有名，指丹砂（鉛汞爲主）、雄黃、白礬、曾青、慈石（見抱朴子金丹篇），稱之五石散，也叫寒食散。也有以鐘乳石（石髓）、硃砂等物代替。據葛洪抱朴子仙藥篇認爲道家的上藥最好的依次有丹砂、黃金與白銀等三種，上藥的功能竟是「令人身安命延，昇爲天神。遨遊上下，使役萬靈，體生毛羽，行廚立至」。王維詩中多次提到丹砂，對葛洪所說的上藥可能很清楚，而且採理性的批評態度，他有「贈李頎」詩，云：

聞君餌丹砂，甚有好顏色。不知從今去，幾時生羽翼。
王母翳華芝，望爾崑崙側。文螭從赤豹，萬里方一息。
悲哉世上人，甘此羶腥食。

正面提問李頎服食上藥丹砂的效果——「幾時生羽翼」，意思如葛洪所說「體生毛羽」、「昇爲天神」，看似羨慕，最後竟然批評起人間鍊丹風氣——「悲哉世上人，甘此羶腥食」。也可見王維對鍊丹採批判態度，或許是王維已體會到鍊丹是徒勞無功的，維詩「秋夜獨坐」最後四句，云：

白髮終難變，黃金不可成，欲知除老病，惟有學無生。

由「黃金不可成」間接說明王維曾鍊養金丹，結果失敗了。而「白髮終難變」句應可看作王維服食丹砂的證據，丹砂吃了不見效，自然無法白髮變垂髫，只好改弦易轍，轉研佛理去了。莊申先生懷疑王維沒有服食丹砂的經驗，以爲王維有關丹砂的詩文失落了，原因竟然是他抄錯了王維詩的原文，「白髮終難變，黃金不可成」錯抄成「黃金不可求，鍊丹終難成」（註二三），未免離譜。而且王維詩文談到丹砂、黃金的詩文很多，除前引兩首以外，全抄在下面：

徒思赤筆書，詎有丹砂井。（林園即事寄舍弟紞）
明目夜中書，自有還丹術。（贈東嶽焦鍊師）
王屋訪毛君，別婦留丹訣。（送張道士歸山）
常恐丹液就，先我紫陽賓。（過太乙觀賈生房）
燒丹藥就，辟穀將成。（皇甫岳寫眞讚）
丹泉通虢略，白羽抵荊岑。（送李太守赴上洛）
墨點三千界，丹飛六一泥。（和宋中丞夏日遊福賢觀天長寺之作）
泥竈化丹砂，……御羹和石髓。（奉和聖制幸玉眞公主山莊）
未共銷丹日，還同照綺疏。（賦得清如玉壺冰）

日飲金屑泉，少當千餘歲。（金屑泉）

方隨鍊金客，林上家絕巘。（李處士山居）

芍藥和金鼎，茱萸插玳筵。（奉和聖製重陽節宰臣上壽應制）

首句係王維寄送其弟紞感慨身世，在「心悲常欲絕，髮亂不能整」之餘，「徒思赤筆書，詎有丹砂井」。「赤筆書」依趙殿成註當作仙書符篆解。再加丹砂井期求得壽（語見葛洪抱朴子），也可見王維向道之心。他首言及丹砂或黃金，都是指鍊製上藥。另外須加解釋的有「六一泥」、「石髓」、「芍藥」等句。「六一泥」可能是鍊丹用的佐料，「雲笈七籤」談到作六一泥法：「礬石、戎鹽、滷鹹、礜石，右四物分等燒之，二十日止。復取左顧牡蠣、赤石脂、滑石，凡七物分等，視土釜大小，令足以泥土釜，……和以醇醲苦酒，合如泥，名曰六一泥」。「石髓」，依「列仙傳」言，是石鐘乳。「芍藥」，又名小牡丹（埤雅）、辛夷（詩毛氏傳疏）等多種（註二四），根可作藥用。王維把芍藥和金鼎（爐鼎鍊丹）寫在一齊，芍藥可能是作爲鍊藥之用，而非純爲觀賞。莊申先生以當時牡丹價貴，而王維堂前竟有芍藥花開，推論他的經濟非常富裕（註二五），看法可能並非全面。莊先生係以王維好友錢起有「故王維右丞堂前芍藥花開，悽然感懷」詩作根據，但王維輞川集有「辛夷塢」詩，所詠雖是「本末芙蓉花」，地方既然命名「辛夷」，亦即芍藥，應有野生芍藥或親自種植芍藥，作爲觀賞或藥用，而非如莊先生所言「自購牡丹若干，植於堂前」，而且王維好友裴廸有「辛夷塢」同詠詩，其末兩句「況有辛夷花，色與芙蓉亂」可證明，王維輞川別業的「辛夷塢」確有「辛夷花」，亦即芍

藥。再加這句「芍藥與金鼎」，應可解說王維種植芍藥並不僅爲觀賞或經濟利益，而是供煉丹之用。（註二六）

㈢服從天師道的符籙：王維可能沒有像李白一樣有過「受籙」的紀錄，王維詩集僅有兩句談到符籙：

玉京移大像，金籙會群仙。（奉和聖製慶玄元皇帝玉像之作應制）

洞有仙人籙，山藏太史書。（和尹諫議史館山池）

金籙和仙人籙兩句僅作仙書符篆之意，沒有接受符籙的紀載，王維不能算是正式的道教徒。至於王維何時和天師道沾上關係，依莊申先生「王維的道家思想與生活」言，係貶官濟州之時。理由是天師道發展區域在東海的「濱海地域」，濟州在今山東，鄰近濱海地域，道家思想極可能對王維發生影響。問題是證據不夠充分，未免推論太過。雖然莊先生以爲王維離開濟州後隱居嵩山，嵩山是道家思想中心，但嵩山也是佛教聖地，隱居嵩山也不見得就信道教，既然都是推斷之詞，倒不如信王維自己的話。王維有一首「哭祖六自虛」，十八歲寫的，詩云：

念昔同攜手，風期不暫捐。南山俱隱逸，東洛類神仙。

看來王維在少年時代即有過道家隱逸的生活。近人盧懷萱氏「王維的隱居與出仕」也是如此主張（註二七）。不管何時信道，王維在這一項「服從天師道的符籙」紀錄確實比不上李白，而李白詩中也有很多仙言道語，却可拿來比較王維是否能夠用上這些道教辭彙，看出王維入道的程度。美國克羅（

Paul W. Kroll）教授著有「李白詩中的仙言道語」（註二八），舉出李白常用道家語八句：錦囊、紫霞篇、鳴天鼓、流霞、天關、金闕、青童、玉京，王維僅用了「玉京」三次，其餘七句都沒有用過，比起李白用道家語，王維顯然有所不及，這也許是稱李白爲詩仙，而王維要稱詩佛的原因。不過，王維常用其他有關道家的術語或典故，甚至整首詩幾乎都是道家語典，也證明王維對道家用語並非全然陌生，甚至頗有心得。整首詩是道家術語和典故的是「贈焦道士」，詩云：

海上遊三島，淮南預八公。坐知千里外，跳向一壺中。
縮地朝珠闕，行天使玉童。飲人聊割酒，送客乍分風。
天老能行氣，吾師不養空。謝君徒雀躍，無可問鴻濛。

至於部分用到道家術語或典故的有：

若見西山爽，應知黃綺心。（送李太守赴上洛）
頗識灌園意，於陵不自輕。（春過賀遂員外藥園）
大羅天上神仙客，……不爲碧鷄稱使者。（送王尊師歸蜀中拜掃）
爲道壺邱子，來人道姓蒙。（酬慕容上）
寂寞於陵子，桔槔方灌園。（輞川閒居）
藥倩韓康賣，門容向子過。（遊李山人所居因題壁）
仙官欲往九龍潭，旄節朱旛倚石龕。……

借問迎來双白鶴，已曾衡嶽送蘇耽。（送方尊師歸嵩山）

安知廣成子，不是老夫身。（山中示弟等）

最後兩句「安知廣成子，不是老夫身」頗值得探討，王維寄弟詩正面提出自己是廣成子的後身，而廣成子是黃帝問道其人的神仙。王維又自稱老夫，寫作的時間應在晚年。莊申先生曾加推論說：

> 「唐書」的「王維傳」既說他「晚年長齋奉佛」，而他居然還有易已爲道家的長生不老的人物想法，這當然可以說明他晚年思想上的二重性的矛盾。也即是說，晚年的王維，一面信佛，一面繼續他中年的思想上所受到的影響，而熱烈的追求道家的長生與遊仙之說。（註二九）

王維確有同一首詩把佛道兩方面的觀念同時相提並論的，到底算是思想上的二重性的矛盾呢，還是企圖融合佛道兩種思想，留待「五、所謂王維思想性格矛盾之討論」一節再作深論。

四、王維的佛家思想

1. 王維佛學背景

王維信佛有名，當時連他的對手苑咸（李林甫親信）都稱他「當代詩匠，又精禪理」（苑咸「酬王維序」）。後人也有認同的，如明胡應麟「詩藪」說他「却入禪宗」，清徐曾「而菴詩話」說「摩詰精大雄氏之學」，趙殿最序其弟趙殿成「王右丞集箋註」談到「右丞通於禪理」。其實由王維字「摩詰」，即可看出王維與佛教有關。佛典「維摩詰經」中有一位在家居士維摩詰，輔助佛陀施行教化的故事頗爲有名。有人以爲「維摩」出梵語「維摩鷄利帝」，稱「無垢」，又可譯爲「淨名」。但依精通梵文的陳寅恪先生意見却是：

在印度的梵文中，「維」是「降伏」之意，「摩詰」則爲「惡魔」，所以王維便是名叫「王降伏」，字叫「王惡魔」。（註三〇）

王維要降伏心中的惡魔，必須「安禪制毒龍」（過香積寺），難怪薛雪「一瓢詩話」要說：「王摩詰學佛，不得已也」。王維字取名「摩詰」應有深意。又身處佛教家庭，母親崔氏曾師奉大照禪師普寂三十年，相信對王維兄弟應有影響，兩唐書俱言「兄弟皆篤志奉佛」可證。而且與弟妹時相期勉奉佛，「山中寄諸弟妹」談到「山中多法侶，禪誦自爲群」。中年出朝就河西節度使崔希逸處任判官，爲其家人寫有多篇贊佛文章，如「讚佛文」、「西方變畫讚並序」、「繡如意輪像讚並序」等，都可說明王維對佛典已有深入的體會。晚年甚至長齋奉佛飯僧（俱見唐書本傳）。平常「焚香靜室」（「續高僧傳」），與禪師多所交往。雖然安史亂後有自愧之心，在「謝除太子中允表」中仍表白了「出家修道」、「奉佛報恩」的心願。臨終之際，也多敦厲朋友奉佛修心之旨（舊書本傳）。其弟王縉「進王右丞集表」，也曾言明王維「至于晚年，彌加進道，端坐虛室，念茲無生」。以上俱言王維與佛教有不解之緣，難怪死後有「詩佛」的封號。

2. 王維交往禪師與南北禪宗關係

從王維詩文來看，他對佛典非常熟悉。隨便舉一首「胡居士臥病遺米因贈」，就用到「維摩詰經」、

「華嚴經」、「法華經」、「涅槃經」及「楞伽經」等佛典，很難斷定他屬於佛教那個宗派。但從他和方外之交及「禪」的用詞來判斷，王維應屬禪宗，且與南北禪宗都有糾纏。爲便於了解，似可稍從歷史的背景去了解，嚴耕望先生「唐代佛教之地理分佈」曾談到：

隋及唐初佛教極盛於北方，而國都長安尤爲中心。唐初法相宗之宗師玄奘，華嚴宗之宗師法藏、同時得勢於京都，惟天台一宗獨秀於東南，但不能與法相、華嚴抗衡也。自武后至玄宗，法相、華嚴漸衰，而神秀之北派禪宗大盛於京洛及北方。安史亂後，北禪衰微，而慧能之南派禪宗大盛於江南，融和華嚴，侵逼天台，爲佛學之正宗。有唐一代，南北佛學之盛衰，於此可見。（註三一）

王維剛好處於南北禪興盛的時代，不但各有糾葛，而且由北禪轉向南禪，爲便於說明，再徵引一段近人說法，杜松柏先生「禪家宗派與江西詩派」云：

禪宗自達摩創立，傳至六祖慧能，與同學神秀上座，形成南能北秀相互抗衡之勢，加上慧能滅度以後，止法衣而不傳，宗中失去領導宗主，故他的弟子神會與神秀的弟子普寂，演成宗統旁正之爭，激烈的程度，使二派形同水火，不少當朝的政要，文士詩人，也捲入漩渦，其大略如宋高僧傳所云：「會（神會）於洛陽荷澤寺，樹崇能（慧能）之眞堂，兵部侍郎宋鼎爲碑焉。會序宗脉，從如來下西域諸祖外，震旦凡六祖，盡圖繢其影，太尉房琯作六葉圖序」。其時神會以賣度牒濟助軍餉，對郭子儀的臂助甚大，安史之亂平定以後，獲得了唐室的政治上的支持，遂取代了北宗普寂「在嵩山豎碑銘，立七祖堂，修法紀，排七代數」的宗主地位，慧能南宗才成爲禪宗的正統，北秀貶爲旁支，此一宗統旁正之爭，大約始於開元二十年，而止於神會爲肅宗詔入大內供養，詔作禪宇於荷澤寺中之時，約在至德二年，介入此次宗統旁正之爭的主要人物，有宋鼎、房琯、王琚、王維、郭子儀、韋利見。（註三二）

可見王維與其老友房琯都與南禪有關，甚至成了南宗爭宗統的中心人物。但王維母崔氏曾師北宗領袖普寂三十年，王維詩集也有與北宗禪師交往的紀錄，早期的王維可能較接近北宗漸修一派。到了開元十八年，其妻過世，王維才從道光禪師學習佛法。「大薦福寺大德道光禪師塔銘」提到「維十年座下，俯伏受教」可證，文中又提到「遂密授頓教，得解脫知見」，道光禪師應屬南宗（註三三），王維與南宗接觸自此始，次年繪有「黃梅出山圖」，據「夢溪筆談」卷十七稱，「所圖黃梅、曹溪二人」，應指五祖弘忍及其傳人慧能，慧能係南頓一派開山，顯然已偏向南宗。開元二十年，神會在滑臺大雲寺開無遮大會成功，王維應有耳聞，但要到開元二十八年與神會結識，認爲神會「有佛法甚不可思議」（註三四），才眞正倒向南宗。那麼南頓北漸究有何不同？王維與兩派禪師交往情形又如何？以下一一稍作說明。

禪宗採單刀直入的方法，指示人人本來具有的心性，以徹見此心性而成佛。南北分宗有別，即在修行方法之不同。北宗神秀主漸悟，南宗慧能主張頓悟。中唐宗密撰「圓覺經大疏鈔」曾指出神秀系的禪法特點——「拂塵看淨，方便通經」。這些都表示了「漸修」的特點，神秀呈給五祖弘忍的偈是：

「身是菩提樹，心如明鏡台，時時勤拂拭，莫使有塵埃」，為保持心的明淨，必須經常拂拭，所謂「拂塵看（心）淨」。所以神秀教人注重方法、次第。所謂「凝心入定，住心看淨，起心外照，攝心內證」（註三五），他的修行法門，一般傳說有「五方便」，依印順法師「中國禪宗史」云：

第一總彰（原作「章」）佛體，亦名離念門。第二開智慧門，亦名不動門。第三顯不思議門。第四明諸法正性門。第五了無異門（或作「自然無碍解脫道」）。每一門，以修證中的某一特定內容為主，引經論為證。如第一門，以觀一切物不可得為方便，顯淨心的「離念心體」，引『大乘起信論』。……現存的各本，都不只說明每一特定內容，而用作解通經論的方便，所以被稱為「方便通經」。（註三六）

其中最重要的第一門——「總彰佛體」門，也叫「離念門」，主張心體離念，所謂「心體離念」是指不起念，根本在消滅念，與南宗神會說法：「妄念本空，不待消滅」有很大不同。「總彰佛體」門共分為兩部分，其一是教授菩薩戒，其二是傳授禪法。方法次第繁雜，姑且舉授菩薩戒之次第：(1)「令發四弘誓願」；(2)「請十方諸佛為和尚等」；(3)「請三世諸佛菩薩等」；(4)「教受三歸」；(5)「問五能」；(6)「各稱己名懺悔」（註三七）。從這些井然有序的次第，神秀北禪是落入「階漸」了，以上大致說明了神秀由「凝心入定」到「攝心內證」的「階漸」禪法。

至於南宗慧能則主頓悟，所謂「自心見性，皆成佛道」（壇經般若品第二），見性即開悟，採用方法是「單刀直入，直了見性，不言階漸」（註三八）的法門，是要求頓時見到佛性（即本覺、淨心）

的。禪宗認爲體現佛性的法身遍一切境，人人具有的「淨心」就是佛性，因而成佛不假外求，只需「淨心」即可，所以北宗有「住心看淨」之說。但「住心看淨」容易起個別心，無法得見眞如眞心，羅光先生「中國哲學思想史」說：

北禪神秀教人觀淨，注意自心的不淨，而看本心眞如的淨。這一來就在心理上分成了兩個心：一個是個別的心，一個是眞心眞如，禪法在于滅除個別的心，使眞心眞如得顯現。但是這種兩心的分別，阻碍人直接和眞心眞如相通，常要經過個別的心以到眞如。慧能不贊成這種禪法，他主張人心就是眞心眞如，沒有兩個心，也沒有兩個性，自性就是眞如，自心也就是眞如。所以他主張無念，無念也就是無心，不念自己個別的心，直接見自性。（註三九）

可見南宗主張「即得見性，直了成佛」是和「無念」法門連接在一起的。「無念」的說法起於「大乘起信論」，「起信論」有一段「若能觀察知心無念，即能隨順入眞如門」，講到心體離念，也即無念，這個「念」即指「妄念」。如果能做到知心無念，即可以由生滅門入眞如門，與眞如眞心相契合了。南宗壇經採取這種說法，認爲要達到「直了見性」，應以「無念爲宗」。前談到北宗神秀也講心體離念，但只是作爲一種方便提出的，呂澂氏「中國佛學源流略講」談到兩者的不同：

他們（指北宗）所說的心體離念是指不起念，根本在消滅念。而神會認爲「妄念本空，不待消滅」。這是南宗不同於北宗的一點。其次，所謂無念是指無妄念，不是一切念都無。正念是眞如之用，就不可無。如果否認了正念，即墮入斷滅頑空。這是南宗不同於北宗的又一點。由此有「定慧一體，平等双修」之說。神會認爲由「無念」可以達到「定慧一體，平等双修」，最後的結論爲：「見即是性」。直了見性的「性」，並不是離見之外另有一法，性的發露（顯現）就是見，但不是妄念。正如明鏡本來就是能照，所以照即是鏡。照與鏡是一回事，見與性也是一回事。由此就提出頓悟的說法：頓悟是一下子發露出性來。（註四〇）

呂氏談到神會認爲由「無念」可以達到「定慧一體，平等双修」，這種「定慧一體」的主張，就是頓悟的主張，「自性」本來清淨，用不着去拂拭塵埃，用不着去住心觀淨。但北宗神秀却教人習戒定慧，分作三種層次，「諸惡莫作名爲戒，諸善奉行名爲慧，自淨其意名爲定」（壇經頓漸品第八）。神秀所強調的戒定慧實本之於「法句經」中的「諸惡莫作，衆善奉行，自淨其意，是諸佛教」，這四句話包括了整個佛教精神，也正是神秀漸悟的三個階段，但對慧能而言，僅是手段而已，吳經熊先生「禪學的黃金時代」云：

對慧能來說，佛法最重要的就是見性，所謂戒定慧只是見性的一種手段而已。以他的看法，我們的精神生命是從自性智慧中泉湧而出，並沒有階段可分。一切都在於「覺」自覺之後，自然便會「諸惡不作，衆善奉行」，唯有這樣，才能享受到不可思議的自由和平靜，才能在自己的心中開發出智慧的活泉。（註四一）

總之，南北二宗根本上有所不同，依胡適先生言，「根本之點只是北宗重行，而南宗重知。北宗重在由定發慧，而南宗則重在以慧攝定」（註四二）。開元二十八年王維任侍御史知南選，曾問過神會兩者有何不同，神會答王維說：「慧澄（北宗）禪師要先修定，得定以後發慧。會則不然」。他又引「涅槃經」的「定多慧少，增長無明。慧多定少，增長邪見」的說法而主張定慧同等。（註四三）上面大致說明了南頓北漸的不同，以下擬依南北宗分開說明，舉出王維與兩宗禪師交往情形。

㈠北宗禪師

⑴普寂

普寂謚號大照禪師，是北宗神秀首座弟子，舊唐書方伎傳有記載：

普寂姓馮氏，蒲州河東人也。年少時徧尋高僧，以學經律。時神秀在荊州玉泉寺，普寂乃往師事，凡六年，神秀奇之，盡以其道授焉。久視中，則天召神秀至東都，神秀因薦普寂，乃度爲僧。及神秀卒，天下好釋者咸師事之。中宗聞其高年，特下制令普寂代神秀統其法衆。開元十三年，敕普寂於都城居止。時王公士庶，競來禮謁，普寂嚴重少言，來者難見其和悅之容，遠近尤以此重之。二十七年，終于都城興唐寺，年八十九。

王維在「請施莊爲寺表」曾提及「臣亡母故博陵縣君崔氏，師事大照禪師三十餘歲」，而普寂於開元二十七年（七三九）示寂，崔氏既師事三十餘年，則約在王維襁褓髫齡之時，崔氏已皈依普寂爲佛門弟子。新舊唐書本傳俱言王維兄弟皆奉佛，其弟王縉也曾學于大照，依王縉「東京大敬愛寺大證禪師碑」云：「縉嘗官于登封，因學于大照，又與廣德素爲知友」。廣德也普寂弟子。由此可知王維早年即與北宗結緣，後爲代撰「爲舜闍黎謝御題大通大照和尚塔額表」，並在另一篇「工部楊尚書夫人贈太原郡夫人京兆王氏墓誌銘」談到「同德大師大照和尚」，也可見王維與普寂應有交誼。

北宗禪法特點是「拂塵看淨，方便通經」（宗密撰「圓覺經大疏鈔」），印順法師「中國禪宗史」特爲提出：「這一『淨』字，是北宗禪的要訣」，以「淨心」爲目標，以離念爲方便的北宗禪（註四四），普寂傳授「凝心入定，住心看淨，起心外照，攝心內證」的漸修方式，可能對王維有影響，王維有詩談到「身逐因緣法，心過次第禪」（「過盧員外宅看飯僧共題」），「次第禪」，依涅槃經言、「以三昧力得入初禪，漸漸次第，入第四禪」。王維集中另有「遊悟眞寺」其中一句「愁猿學四禪」可證。王維所修乃北宗「看淨」法門，後來在開元二十八年踫到南宗神會，問過「和上若爲修道得解脫？淨？若更起心？」（註四五）特揭「淨」字，可見王維中年以前信的是北宗，原因即是母親篤信佛教，皈依普寂，而受影響的結果。

(2)義福

義福諡號大智禪師，也是神秀座下四大弟子之一，舊唐書方伎傳云：

> 義福姓姜氏，潞州銅鞮人。初止藍田化感寺，處方丈之室，凡二十餘年，未嘗出宇之外。後隸京城慈恩寺。開元十一年，從駕往東都，途經蒲虢二州，刺史及官吏士女，皆齎幡花迎之，所在途路充塞。以二十年卒，有制賜號大智禪師。

嚴挺之「大智禪師碑銘」指出義福卒於開元二十四年，舊唐書顯然有誤。該文舉出義福在開元十年以前「遊於終南化感寺，棲置法堂，濱際林水」，與王維「過福禪師蘭若」詩所描寫景物很接近，詩云：

巖壑轉微逕，雲林隱法堂。羽人飛奏樂，天女跪焚香。

竹外峯偏曙，藤陰水更涼。欲知禪坐久，行路長春芳。

這位福禪師可能即是義福，王維也有一首「遊化感寺」詩，可見時相過從。呂澂氏「中國佛學源流略講」談到：

其中的義福（公元六五八——七三六年）更能得到神秀的嫡傳。神秀死後，他與普寂（公元六五一——七三九年）都受到唐室的尊重，時人目之爲「兩京法主，三帝門師」。（註四六）

義福既是神秀嫡傳，教人必以「凝心入定，住心看淨，起心外照，攝心內證」的漸修法門，所以王維在「過福禪師蘭若」詩中特別提到「欲知禪坐久，行路長春芳」，正是北宗「攝心看淨」的禪坐工夫，王維先學北宗，此可證明。

(3)淨覺

俗姓韋，生於武后垂拱四年（西元六八八年），死於玄宗天寶五年（七四六年）。他是弘忍門下玄賾的門人，神秀的再傳弟子。王維有「大唐大安國寺故大德淨覺禪師碑銘」，談到他是孝和皇帝（中宗）庶人之弟，係指中宗皇后韋氏的弟弟，撰有「楞伽師資記」，從傳法的系統論證神秀一系北宗才是禪宗正統，以與南宗抗衡。印順法師「中國禪宗史」提到淨覺的傳授方法，云：

玄賾弟子淨覺，也特提「淨心」爲成佛要著，如說：「迷時三界有，悟即十方空。欲知成佛處，會是淨心中」（註般若波羅密多心經）。依「離念門」所開示，以「看淨」——觀一切物不可

得爲主。以看淨的方便來攝心，以「看淨」的方便來發慧。（註四七）

王維也有攝心看淨的禪坐工夫，與淨覺禪法相同，且王維所作「淨覺禪師碑銘」談到：

雪山童子，不顧芭蕉之身。

與佛學修養有關。王維畫有「雪中芭蕉圖」，時人譏爲不知寒暑，宋朝釋惠洪「冷齋夜話」卷四「詩忌」，云：

詩者，妙觀逸想之所寓也，豈可限以繩墨哉。如王維作畫，雪中芭蕉，詩眼見之，知其神情寄寓於物，俗論則譏以爲不知寒暑。

近人陳允吉氏以爲寄寓有佛家思想。趙殿成註謂「佛入雪山修行，故謂佛爲雪山童子」，陳氏據以推論：「『雪山童子』是形容堅定地修行佛道，『不顧芭蕉之身』，是指斷然地捨棄自己的『空虛之身』」（註四八）。王維這兩句話雖是說淨覺的修爲，却也是他自己的見解，「飯覆釜山僧」詩談到「思歸何必深，身世猶空虛」正是「人身空虛」的說明，可見王維與淨覺思想的一致。

(4)慧澄

慧澄禪師行誼不見一般載籍，僅在「神會語錄」第一殘卷有簡短記載：「見侍御史王維，在臨湍驛中屈和上及同寺慧澄禪師語經數日」。這次聚會應在開元二十八年王維知南選時，神會和北宗的慧澄語經互證。慧澄主北宗戒定慧三層次，所謂「諸惡莫作名爲戒，諸善奉行名爲慧，自淨其意名爲定」，神會認爲與南宗不同，他說：

今言不同者，爲澄禪師要先修定，得定以後發慧。會則不然。今正共侍御語時，即定惠等。涅槃經云：定多惠少，增長无明。惠多定少，增長邪見。定惠等者，名見佛性。故言不同。（註四九）

神會的主張是定慧一體，即是頓悟，不必像北宗那樣去住心看淨，反而增長无明邪見，王維本信北宗，看到慧澄和神會的辯解，竟稱「有佛法甚不可思議」，思想可能漸漸傾向南宗。

(5)道璿

王維有「謁璿上人」詩，璿上人即瓦棺寺道璿，與一行（著名曆法家）都是普寂弟子，著有「注菩薩戒經序」。蔣維喬氏「中國佛教史」曾談到：

日本傳律之道璿律師，亦受禪於普寂；此爲日本禪之始。（註五〇）

日人宇井伯壽的「中國佛教史」也談到道璿：

他（道璿）於日本聖武天皇天平八年（七三六）來到日本，傳「北宗禪」給大安寺「行表」，而從「行表」再傳給日本「傳教大師」。（註五一）

道璿曾到日本傳法，顯係得道高人，王維「謁璿上人幷序」談到「夙從大導師，焚香此瞻仰」，可見王維曾加禮敬受教，自稱徒弟。其序云：

上人外人內天，不定不亂，捨法而淵泊，無心而雲動。色空無得，不物物也。默語無際，不言言也，故吾徒得神交焉。

稱璿上人「外人內天」，有莊子「任運自在」的思想色彩，王維「（慧）能禪師碑」曾說過「離寂非動，乘化用常」就是「隨緣乘化」的人生態度，王維出入南北兩宗，似有綰合兩宗的企圖。他又以「色空無得，不物物也」說道璿，即是不著相，不物于物，和慧能重般若，主張「無住無相」的般若空觀，思想是相近的。也可見王維受到兩宗的影響，與南北宗僧人都有往來，對道璿尤多景仰。

(6)元崇

元崇係道璿弟子，安史亂後，到輞川別業與王維相遇神交。續高僧傳曾提到他們的交誼：

元崇以開元末年，因從璿禪師諮受心要，日夜匪懈。璿公乃因受深法，與崇歷上京，遂入終南。至白鹿下藍田，於輞川得右丞王公維之別業，松生石上，水流松下，王公焚香靜室，與崇相遇神交。

(乙) 南宗禪師

(1)神會

神會，俗姓高，湖北襄陽人。他是禪宗六祖慧能晚期弟子，荷澤宗的創始人，建立南宗的得力人物。少年時曾習儒道，後出家。初依北宗神秀習禪三年，繼到曹溪謁慧能，服侍左右，時在西元七〇八年前後，年齡已四十歲。王維有「能禪師碑銘」，曾說神會「遇師於晚景，聞道於中年，廣量出於凡心，利智逾於宿學。雖末後供，樂最上乘」。王維以「大涅槃經」中金工純陀來比喻神會，經說金工純陀是佛最後收的弟子，佛臨死時就由他供養，得到佛最後的教誨。據說慧能將入涅槃時，秘傳法印，並且叫他過嶺到北方去。開元十八年，到洛陽大弘禪法，對慧能傳衣一事廣爲宣傳，後在河南滑台大雲寺設無遮大會，與北宗崇遠禪師辯論，攻擊北宗「傳承是傍，法門是漸」，論定禪宗法統，樹立南宗頓悟法門。後被誣告聚衆不軌，流離襄荊一帶。安史亂起，出面主持度牒收香水錢，助郭子儀籌餉有功，被肅宗迎入荷澤寺供養，自此正式得到政府承認，慧能南宗的宗風才獨尊天下。等到德宗時，令皇太子召集禪師楷定禪門宗旨，搜求傳法的旁正，以神會爲第七祖，法統稱爲「荷澤宗」。神會思想除了紀載在「菩提達摩南宗定是非論」外，敦煌卷子還存有「南陽和尚頓教解脫禪門直了性壇語」殘卷及「顯宗記」（題作「頓悟無生般若頌」）等，經胡適先生輯印爲「荷澤大師神會遺集」出版。

王維和神會相識，是在開元二十八年任侍御史知南選時，地點是南陽郡臨湍驛，據「神會語錄」第一殘卷紀載，云：

門人劉相倩云，於南陽郡見侍御史王維，在臨湍驛中屈和上及同寺慧澄禪師語經數日。王侍御問：「和上若爲修道得解脫？淨？若更起心？」

和上答：「衆生本自心淨，更欲起心有修，即是妄心，不可得解脫」。

王侍御驚愕云：「大奇。曾聞諸大德言說，諸大德皆未有作此說法者。」乃謂寇太守、張別駕、袁司馬等：「南陽郡有好大德，有佛法甚不可思議。」

寇公云：「此二大德見解不同。」

王侍御問和上：「何故不同？」

和上答：「今言不同者，爲澄禪師要先修定，得定以後發惠。會則不然。今正共侍御語時，即定慧等。涅槃經云：『定多惠（慧）少，增長無明。惠（慧）多定少，增長邪見。定惠（慧）等者，名見佛性』。故言不同。」

王維本持北宗「住心看淨」的修行法門，在這裡問神會除了「淨」以外，是否還有其他解脫之道？而神會向持南宗禪風，衆生本具清淨心，本具佛性，如果起心別求他佛，反而生出妄心，不得解脫。王維從沒有聽過這種「明心見性」的說法，爲之驚異而大嘆神會「有佛法不可思議」。接著神會以北宗慧澄禪師教人「定後發慧」，容易增長無明邪見，不若單刀直入，直了見性，即定慧等，所以神會主張「定慧一體」。以定爲體，以慧爲用，慧是明覺，心的自性本來光明，自然明覺，明覺便是心的自性之本來面目，這樣定慧便是自性本體，自能名見佛性。宗密「禪源諸詮集都序」記述荷澤一宗的教義說：

諸法如夢，諸聖同說。故妄念本寂，塵境本空。空寂之心，靈知不昧，即此空寂之知是汝眞性。任迷任悟，心本自知，不藉緣生，不因境起。知之一字，衆妙之門，由無始迷之，故妄執身心爲我，起貪瞋等念；若得善友開示，頓悟空寂之知。……故雖備修萬行，唯以無念爲宗。

可見荷澤禪的要點，在「無念爲宗」。要「直了見性」，應從「無念」入手。所謂「無念」是指無妄念，即是「自然」。在禪法上講自然，心不住著任何思念，不執着任何方法，一任自然。所以神會認爲由「無念」可以達到「定慧一體，平等双修」，頓悟見性。總之，神會禪學在發揚六祖無念、無相、無住之學；教化之法，在提倡頓教，以對抗神秀一系之北漸。神會以不作意，心無有起，以闡明眞無念，由不作意，不起分別心，以達寂靜涅槃（註五二），玆分別擧他論及無相、無住之言如下：

一切衆生心本無相。所言相者，並是妄心。何者是妄？所作意住心、取空、取淨，乃至起心求證菩提涅槃，並屬虛妄。（註五三）

但自知本體寂靜，空無所有，亦無住着，等同虛空，無處不遍，即是諸佛眞如心，眞如是無念之體，以是義故，立無念爲宗。（註五四）

神會「所言相者，並是妄心」、「本體寂靜，空無所有，亦無住著」兩句都在發揮慧能無相、無住之意。王維曾接受神會委託代撰「能禪師碑銘」，篇中除了論及「教人以忍」、「定慧等學」、「見性頓悟」等說法以外，所談都是無相無住的理論。例如：「根塵不滅，非色滅空」就是無相的說法，著相爲病，除病就是除著相，「肇論」說「即色是空」，非滅色爲空。「碑銘」最後還提到慧能「無相」、「無住」的看法：

（能）常嘆曰，七寶布施，等恒河沙，億劫修行，盡大地墨，不如無爲之運，無礙之慈，弘濟四生，大庇三有。

所言「無爲之運」、「無礙之慈」也是無相、無住的思想。「碑銘」文末銘文甚至還特別提到：

至人達觀，與佛齊功，無心舍有，何處依空。不著三界，徒勞八風，以茲利智，遂與宗通。也是無相無著的意義，可見王維也能體悟六祖無相、無住之學，契入慧能禪學核心，王維傾向南宗，已無疑義。

(2)道光禪師

道光禪師，俗姓李，緜州巴縣人。開元二十七年五月二十三日入般涅槃，王維曾爲他作「大薦福寺大德道光禪師塔銘」，文中提到「維十年座下，俯伏受教」，可見王維約在開元十八年從道光禪師學佛。

至於道光禪師何以歸入南宗，王維「塔銘」提到，曾遇五臺山寶鑑禪師，「密授頓教，得解脫知見」，近人莊申先生以爲「頓教」，意指頓悟，是「禪宗南支慧能所強調的悟道原則」，則王維所皈依的，必亦是禪宗（註五五）。再由「解脫知見」言，其中「知」字係神會荷澤宗的主張，所謂「知之一字，衆妙之門」，道光禪師應屬南宗無疑，而王維從開元十八年跟道光禪師習禪以後，算是正式與南頓一派接觸。王維還有一篇「薦福寺光師房花藥詩序」，亦可見有長期過從交誼。

(3)瑗上人

王維有「送衡嶽瑗公南歸詩序」及「同崔興宗送瑗公」兩篇詩文，都談到瑗上人。瑗上人來歷不夠清楚，僅知早期與王維朋友房琯爲道友，王維「詩序」還特別提到「湞陽有曹溪學者，爲我謝之」，曹溪是南宗慧能弘法之地，則瑗上人當屬南宗，且「同崔興宗送瑗公」詩有「一施傳心法」，莊申先生以爲所謂「心法」，也是禪宗傳道的特徵之一，所以瑗公應是頓悟派的禪宗的高僧之一（註五六）。其實，神會「顯宗記」中有「共傳無住之心」，則一施「傳心」法的說法，瑗上人應屬南宗無疑。

⑷燕子龕禪師

禪師不知何許人，僅由王維詩「燕子龕禪師」談到：

山中燕子龕，路劇羊腸惡。裂地競盤屈，插天多峭崿。
瀑泉吼而噴，怪石看欲落。伯禹訪未知，五丁愁不鑿。
上人無生緣，生長居紫閣。六時自搥磬，一飲尚帶索。
種田燒白雲，斫漆響丹壑。行隨拾栗猿，歸對巢松鶴。
時許山神清，偶逢洞仙博。救世多慈悲，即心無行作。
……蜀物多淹泊……結伽歸舊林。一向石門裏，任君春草深。

由詩中景物描寫，莊中先生斷以燕子龕應在長江三峽附近的雲陽，而不是趙殿成依「唐驪山宮圖」定爲驪山（註五七）。而且王維應在開元二十八年知南選時，順道長江，經過三峽而西行入蜀，經過燕子龕而認識這位禪師，詩中句子「蜀物多淹泊」似足證明。

至於這位禪師會畫歸南宗，可由詩中「救世多慈悲，即心無行作」看出，趙殿成註引「維摩詰經」言「無行作」一詞，解作「無取無捨，無作無行，是爲入不二法門」，與神會「不作意，心無有起，是眞無念」相通。而且「即心」可解作即心成佛，也南禪馬祖「各信自心即佛」的法門，可見燕子龕禪師也是南宗，雖幽棲絕谷，也爲王維所嚮慕。

以上各別分列南宗禪人事蹟，乃就王維詩文所及可攷的，稍加分類說明。至於所屬宗派不能確定或有疑問的，還有曇興、操禪師、曇壁、乘如以及道一禪師。乘如是律僧，曾參與不空譯事，終西明、安國二寺上座。至於道一馬祖禪師雖有名，却一向行化於江西，所謂「江西禪」，王維有詩「投道一師蘭若宿」言及「一公栖太白，高頂出雲煙」，趙殿成註以道一馬祖曾駐錫太白山，但是「傳燈錄」等書都特別指出「江西」道一禪師，沒有到過長安附近的太白山，王維這首詩所言「道一禪師」，是否即是洪州宗的道一馬祖禪師，不無可疑之處，僅誌之，以待後攷。王維一生，與南北禪宗都有接觸，早年受北宗影響，中年傾向南頓禪門，到了晚年（肅宗乾元二年），却又爲北宗神秀和普寂的弟子，作「爲舜闍黎謝御題大通大照和尚塔額表」，似未與北宗疏遠。王維依違兩宗之間，是否就是哲學上的兩重性矛盾呢？或是有調合兩宗的企圖，實值得研究。

3.王維佛學中心思想

王維雖信禪宗，屬大乘空宗系統，却照樣有小乘思想——三法印（諸行無常，諸行是苦，諸法無我），其中「無常」和「苦」是王維詩的部分主題：

了觀四大因，根性何所有。妄計苟不生，是身孰休咎……（胡居士臥病遺米因贈）

人生能幾何，畢竟歸無形。念君等爲死，萬事傷人情。慈母未及葬，一女纔十齡。泱漭寒郊外，蕭條聞哭聲。……（哭殷遙）

王維深知生老病死四相的無常，而生離死別，遙遙無期，給人絕望之苦。難怪王維常有「浮生信如寄」（資聖寺送甘二）、「世上皆如夢」（遊李山人所居因題屋壁）之嘆。佛家重因果輪迴，王維講因果道理的詩却不多，如：

因愛果生病，從貪始覺貧。（與胡居士皆病寄此詩兼示學人）

當代謬詞客，前身應畫師。（偶然作）

其實，王維既信大乘空宗的禪宗，對禪宗的本體論——佛性觀應有多方體會才是，如：

不須愁日暮，自有一燈然。（過盧四員外宅看飯僧共題）

佛性就是成佛的本性，衆生的眞性，本來清淨，縱墮地獄，眞性也不因此而變滅，照樣有成佛的機會，王維「自有一『燈』然」，「燈」即是「心燈」，指一切衆生的本性清淨。他對於佛與衆生的看法，也持「見性」的觀點：

佛者覺也，得覺滿者入佛慧。（大通大照和尙塔額表）

衆生本性清淨，成佛關鍵在迷妄或覺悟，六祖壇經說：「若識自性，一悟即至佛也」；「不悟，即佛是衆生，一念悟時，衆生是佛。故知方法盡在自心，何不從自心中頓見眞如本性？」可見認識到「即心是佛」、「即心成佛」的道理，就是大澈大悟的菩提般若之智，已踏上了成佛的階梯。不過，王維對於「心」的看法，竟有法相宗的思想，他說：

太初與太始無殊，有形與有質不異。易云：乾、元亨利貞，即未有物者，乾之始也。乾者，元之體也；元者，乾之用也。上猶道家旨：道生一，一生二，二生三，三生萬物。又近佛經八識，是清淨無所有。第八識即含藏一切種子，第六識即分別成五陰十八界。（註五八）所論雖是宇宙緣起，王維以易經和老子思想相比附，却歸納到法相宗「八識」之說，可見王維除了「空宗」思想外，還對「有宗」一系有所研究，也可想見王維思想的駁雜性。法相宗主張「三界唯心，萬法唯識」的體系，特別注重以阿賴耶識爲中心的八識說。所謂「八識」者，即指眼、耳、鼻、舌、身、意、末那、阿賴耶而言。眼、耳、鼻、舌、身分別以色、聲、香、味、觸作爲認識對象，從而產生了眼識、耳識、鼻識、舌識、身識，這是前五識，屬於感性認識階段；「意」的認識對象是「百法」（一切法），所謂「萬法不離識」，所產生的意識，屬於認識的理性階段，一般所說的思想或感情等心理作用，都是第六識的作用，即王維所說「第六識即分別成五陰十八界」，也可見意識所產生的紛繁作用。第七識名「末那」，是梵語，譯爲「意」，「意」有思量之意。它要依靠第八識才能起作用，據「成唯識論」說「緣第八識，起自心相，執爲實我」，由此可知末那識以堅持自我中心爲特徵，因而是我貪、我瞋、我痴、我慢和一切煩惱產生的思想根源，是精神汚染的淵藪，所以又叫做「染汚識」。肯定人世間的邪惡都是天生的，是所謂「原罪」思想的理論根據。難怪王維要安禪制毒龍，以白法來調狂象（黎拾遺昕裴廸見過秋夜對雨之作），趙殿成註引涅槃經云：

譬如醉象，狂騃暴惡，多欲殺害。有調象師，以大鐵鉤鉤斲其項，即時調順，惡心都盡，一切衆生，亦復如是。貪欲瞋恚，愚痴醉故，欲多造惡。諸菩薩等以聞法鉤斲之，令住更不得起造諸惡心。

可見王維面對人心邪惡，仍思以善法起菩薩心來救治衆生罪業，安禪以制毒龍。

第八識又叫「阿賴耶」識，意譯爲「藏」，含藏著變現一切諸法的種子，只要通過宗教的實踐和修養，有可能把全部八識中的有漏種子轉化爲無漏種子，也即擺脫有漏法的煩惱世界，進入無漏法的涅槃寂靜世界。這一條成佛的道路，還須靠「轉識成智」的四個層次，使第八阿賴耶識像明鏡照徹萬物，分毫畢現，而自身却一塵不染，保持空虛寂靜，像王維所說「清淨無所有」的大圓鏡智，離成佛之日當在不遠。王維既信「直指人心，見性成佛」的空宗禪宗，又對有宗法相宗這一套「萬法唯識」的煩瑣哲學頗有心得，也可見王維佛學修養的深厚。以下擬以禪宗的本體論、認識論及社會倫理思想等方面，分別論述王維的佛教思想。

(1)般若空觀——本體論

「佛性」和「般若」是中國禪的主要思想，佛性思想前面已大致介紹，且王維詩較少提及，此處不擬多贅。而般若思想却是「南禪」第一個佛教思想（註五九），王維由北宗轉向南禪，極可能深受影響，並大談般若空觀。以下試就「空」義及其體驗稍作說明，並以王維詩作證明禪的精神——空或眞如。

先說「般若」，是梵文的音譯，義譯爲「智」或「智慧」。「般若」一詞，常加尾註成爲「般若波羅密」或「般若波羅密多」，即「智慧到彼岸」的意思。其實，原義是「圓滿無缺的超越智慧」。

「大品般若經」曾提到：

若法無所有、不可得，是般若波羅蜜。……內空故；外空、內外空、空空、大空、第一義空……（註六〇）

可見「般若波羅蜜」是指體悟事物的「無所有、不可得」，亦即是「空」的智慧，並有十八空的說法。要瞭解「般若」思想，非得了解「空」不可。從小乘到大乘，從大乘有宗到大乘空宗，都是「先分析諸法，後說畢竟空」，尤以空宗的南禪最重般若空觀。那麼「空」的定義是什麼？維摩詰經弟子品曾談到「諸法究竟無所有，是空義」，爲什麼世間的一切都是妄，萬物都是「空」的？龍樹「中論」談到：

衆因緣生法，我說即是無（有譯作「空」），亦爲是假名，亦是中道義。未曾有一法，不從因緣生，是故一切法，無不是空者。（註六一）

可見「空」的思想是從「緣起」說發展出來的，一切事物，都由各種條件（所謂「因緣」）所組合而成，一切事物的生滅變化，都是相互爲因（「因」是主要條件），相互爲緣（「緣」是輔助條件）。當因與緣結合時，就是「緣起」。釋尊曾經立過「緣起」四個基本命題：「此有則彼有，此生則彼生，此無則彼無，此滅則彼滅」，佛說緣起法和我們對世間一切現象變化看法不一樣。如我們把水果調成汁倒入杯子裡，我們會說「果汁有了」，然後我們一口氣把果汁喝完，我們會說：「果汁沒了」。一般人見到法生，就起有見，見到法滅，就起無見，這是不符合佛說緣起法的。所謂「緣起」，包括空問相互依存以及時間上之因果兩者關係，由於「因緣」或事物生滅變化的條件，它本身不過是一種關係，不是實體，所以是「空」的；既然如此，那憑借因緣而產生的一切事物，可說是「空」的，也是「假」的，堅持事物是「空」、「有」也是假的觀點，就叫「中道觀」。青目注釋「中論」曾有詳細說明：

> 衆因緣生法，我說即是空。何以故？衆緣具足，和合而物生。是物屬衆因緣，故無自性；無自性，故空。空亦復空，但爲引導衆生故，以假名說。離有、無二邊故，名爲中道。是法無性，故不得言有；亦無空，故不得言無。若法有性相，則不待衆緣而有；若不待衆緣，則無法。是故無有不空法。（註六二）

事物都是「因緣生」的，所以，事物都僅僅是「假名」，亦即都是「空」（無）的；「中論」又以「離有、無二見」，名之爲「中道」。因爲佛說緣起，見到法的生起，知道「此有故彼有，此生故彼生」，因此而不起無見；見到法的滅去，知道是「此無故彼無，此滅故彼滅」，因此而不起有見，「離有、無二邊故」，自能安住於中道。又這段註釋提到「空亦復空」，「空」也是「空」（即不眞實存在），即是前引「大品般若經」所說「十八空」中所說的「空空」。「空」是一切事物爲否定對象，而「空空」則是以「空」爲否定的對象。可見般若「空」觀是否定一切的「空」，——包括世間法、出世間法，乃至「空」本身的否定。

在上面那一段青目註釋「中論」的註文中，特別提出「無自性，故空」的命題，「空」就是「自性」的否定——「無自性」，事物爲什麼是「無自性」的？答案當然是「因緣生」，因緣生的事物，不是絕對存在的事物，因此也就沒有「自性」，一切事物都是「空」的，龍樹的「迴諍論」說得很清楚：

以何義故，知因緣生法無自體？若法一切皆因緣生，則一切法皆無自體。法無自體，則須因緣；若有自體，何用因緣？若離因緣，則無諸法。若因緣生，則無自體。以無自體，故得言空。（註六三）

這裡的「自體」，是「自性」的異譯。我們既了解因與緣結合就是緣起，而緣起是「所『作』性故」，比如前面所說的，我們將水果調製成汁，故有果汁可喝，可見果汁不是自然有的，是被「作」出來的。既然如此，緣起就不能說是自性有的，那麼緣起當然是無自性了。而緣起必達到畢竟空，緣起與空本來是相互一貫，一體的兩面，所謂「緣起無自性——空」，印順法師在「中觀今論」就特別指出「性空即緣起本相」，法性本來空寂，所以才有現象的可能，「中觀論頌」曾說過：「以有空義故，一切法得成」，也就是說諸法本性「空」，即是現象之可能成爲現象的所以（註六四），但須注意世間的一切差別現象，只有在緣起法上才能安立，如此才是緣起性空的實相。

總之，「般若經」的中心主題是「諸法皆空」，大乘佛教徒由於徹底體悟「空」的道理，因此，能不害怕世間的痛苦，也不欣求解脫的快樂，「大般若經」曾談到：

修學甚深般若波羅蜜多，不爲厭離生死過失，不爲欣樂涅槃功德。所以者何？修此法者，不見

生死，況有厭離；不見涅槃，況有欣樂！（註六五）

這完全是大乘菩薩「不急求解脫」的精神顯發，他們之所以能不厭棄生死世間，不欣求涅槃解脫，是由於他們體悟了「空」理，以致「不見生死」、「不見涅槃」。這種不見生死、涅槃的「空」，是最積極、進取的「法空」，有別於小乘佛徒只求自利解脫的「我空」。其實，「所仰佛法上的空，並不是空無所有，而是叫我們不要執着妄想，不要誤認幻生幻滅的萬法爲常住，五蘊和合的身心爲眞我，等破除這一切執着和妄想，自然可以達到轉迷成悟、離苦得樂的境界」。（註六六）

王維參禪、安禪，對禪的根本精神——空或眞如有深入的體會，「山中示弟等」詩有云：

緣合妄相有，性空無所親。

前面曾談到世間一切事物，都是因緣和合所產生的幻相，總是變幻無常，誠如「大般若經」所說的「然一切法自性本空，無生無滅，緣合謂生，緣離謂滅」。這個世界，看起來是有生起和消滅似的，但在實際上，並沒有生起和消滅，因爲這個世界是幻化的，只不過是心的迷妄而已。緣合緣離短暫無常，生滅也變化無常，其實都是人心迷妄的幻相罷了。涅槃經又說到「觀一切法，本性皆空」，法性本來空寂，所以才有現象的可能，因爲性空是緣起本相，了解到事物都是迷妄幻相，自然無所偏親，無所偏親則不會執着有、無二見，能「離有、無二邊故」，即安住於中道，就是佛法！

空虛花聚散，煩惱樹稀稠。滅想成無記，生心坐有求。（與胡居士皆病寄此詩兼示學人二首）

楞伽經以爲世間一切有爲事物，就像虛空的花一樣，虛幻不實。而佛教遺經却是砍伐煩惱樹的利斧，只有滅除內心的妄想，才能證得非善非惡的「無記空」。這全是由於有所貪求而生的妄心所致，若能依佛說緣起法，徹悟「金剛經」所說「一切有爲法，如夢幻泡影，如露亦如電，應作如是觀」的眞意，則必能洞見自性的眞如本體。

欲問義生義，遙知空病空。（夏日過青龍寺謁操禪師）

所謂「病空」，是指一心想要參悟「空」而不斷追求「空」，那麼反而會執着「空」。「維摩詰經」曾說：「得是平等，無有餘空，惟有空病空，病亦空」。趙殿成引鳩摩羅什註云：「上明無我無法而未遣空，未遣空則空爲累，累則是病，故明空病亦空也」。「空」或「眞如」，是超越相對性理念而存在的實相，它是絕對的，只能從悟心去直覺它，不可比之目標物而追求不捨，反爲所累，所以王維深知執着「空」也會爲「空」所累，而盡量避免。

色空無得，不物物也。（謁璿上人序）

浮名寄纓珮，空性無羈鞅。（謁璿上人）

眼界今無染，心空安可迷。（青龍寺曇壁上人兄院集）

世俗紅塵中人拘執自我，追求無盡，若能了解到宇宙萬物都是四大偶然和合而成，而四大（地、水、火、風四物）依因緣聚合而生滅，所謂「四大皆空」的道理在此，合乎「維摩詰經」意：「四大合故，假名爲身，四大無主，身亦無我」可見這個世界是幻化的，只不過是心的迷妄而已，又有什麼好爭的呢？又所謂「世間無常，國土危脆，四大苦空，五蘊無我」，即指眼耳鼻舌身等五蘊組成人的肉體，本是生滅流轉，虛而不實。我人既了解「四大皆空」之理，就不會貪多務得，不貪得就不會物於物，做物質的奴隸，那麼富貴於我如浮雲，自然不會受到羈絆，而得到最大的自由。只要努力修持，眼界既無染而清淨，秉持一顆澄淨的空心去洞見萬物，自然不會在十里紅塵迷失。以上可看出王維對「空」觀的了解，「諸法皆空」的般若精神，正是王維皈依空門的精神正諦。他到晚年已悟「禪」機「空」理，而得解脫。「飯覆釜山僧」云：

晚知清淨理，日與人群疏。將候遠山僧，先期掃敝廬。果從雲峯裡，顧我蓬蒿居。藉草飯松屑，焚香看道書。燃燈晝欲盡，鳴磬夜方初。已悟寂爲樂，此生閒有餘。思歸何必深，身世猶空虛。

王維描繪個人修行的過程，由知清淨理到禪寂之樂，顯得餘裕而有自信，主要是他已體悟到人生苦短，閒適爲安，不必急於思歸。人生數十寒暑，有如虛幻一般，所謂「身逐因緣法」（過盧四員外宅看飯僧共題），生命的連續，不過是因緣和合刹那生滅，在「諸行無常，是生滅法」的法則裡，去體會法性空寂的道理。無常、生滅就是「空」，「身世猶空虛」，到頭來一場空虛，身世寄寓「空」的基礎上，了無牽掛，自然得到最大的解脫。

般若的智慧講十八空，雖以一切法爲空，但並不是佛智的上乘。因爲空觀只是消極的破除工作，若只破除而沒有建設，人心乃有空的境況，而沒有達到眞正的智慧，所以「般若經」教導人不要留在空上，不要以空破空，而執着「空」。前面所擧詩句大致說明了王維已認識到「空」的智慧，眞正菩提般若之智，也體驗到「空」的無窮妙用，有一顆空澄的心靈燭照宇宙萬物，自然不會羈絆於「空」，而執着於「空」了。王維信奉受般若經影響的南禪，對般若空觀的了解頗多會心，甚至表現尊重世間美德的「般若」精神也深有體會，容第⑶部分社會倫理思想再作進一步的討論。

⑵無相、無住的認識論

禪宗認識論的關鍵在對本心或本性的認識上，六祖慧能「壇經」說：「人性自有利鈍，迷人漸修，悟人頓修。自識本心，自見本性，即無差別」。慧能企圖調合「人性有利鈍」和「人人都有佛性」的矛盾，必須通過「自識本心」以求頓悟來解決。因此，他提出了頓悟三個法門——無念爲宗、無相爲體、無住爲本。無念是停止理念思維，無相是排除感覺表相，無住是理性、感性的認識都不要，這是慧能南禪的認識論。但王維受神會委託所作「能禪師碑」，只談到無相、無住的思想，呂澂氏「中國佛學源流略講」也認爲「壇經」中的「無念爲宗」，既然王維「能禪師碑」中沒有，可以推斷是出於神會的思想（註六七）。王維雖受神會影響，但在「能禪師碑」中，僅談到無相、無住的意義，那麼在此也只談論王維無相、無住的思想。

禪宗的「無相爲體」說，依慧能說法是「無相者，於相而離相」，雖承認有「相」，却要拋棄它——「離相」，因爲「離一切相即佛」（壇經）。禪宗反對「著相外求」，理由如黃檗希運「宛陵錄」所說：

凡所有相，皆是虛妄。若得諸相非相，即見如來。佛與衆生盡是汝作妄見。只爲不識本心，謾作見解。才作佛見，便被佛障，作衆生見，被衆生障。

一般人虛妄之見，即「佛」與「衆生」有差別相，這種認識是成佛的障碍，必須破除。即是要徹底否定事相及其差別性，黃檗禪師的「傳心法要」也有這麼一段話：

學道人若學得知要訣，但莫于心上着一物。……虛空與法身無異相，佛與衆生無異相，生死與涅槃無異相，煩惱與菩提無異相。離一切相即是佛。

可見心、佛與衆生可以劃上等號，從「相」上完全泯除差異，離一切相即是佛。王維「能禪師碑」銘文也談到「至人達觀，與佛齊功」的無相思想。他也發揮了慧能「根塵不滅，非色滅空」的無相理論，認爲着相爲病，除病就是除着相，王維詩「胡居士臥病遺米因贈」有「即病即實相」句，就是着相爲病的說明。

既然無相爲體，「離」一切相，即無分別性或無差別性。禪宗認爲事物的差別性是人的主觀心意造成的，必須消滅這種感覺經驗的差別性，就自然歸結到「無住爲本」。所謂「無住」就是絕不容許意念定住在某一點上，所謂「應無所住而生其心」。慧能認爲「一切萬法皆由心生，若悟眞性，即無所住；無所住心，即是智慧」，他認識到主體的「心」必須達到「無所住」的境界，慧能在「六祖金剛經注」特別闡述：

衆生之心本無所住，因境來觸，遂生其心，不知觸境是空，將謂世法是實，便於境上住心。正猶猿猴捉月，病眼見花。

既認爲萬法盡在自心，所以不應執着外境，這就是慧能無相無住的無爲無碍思想。王維在「能禪師碑」也曾提到「盡大地墨（指數量多），不如無爲之運（出「金剛經」），無碍之慈（出「維摩經」），弘濟四生，大庇三有」，這種無爲無碍思想即是無相、無住的說明。王維「薦福寺光師房花藥詩序」談到：

心舍于有無，眼界于色空，皆幻也。離亦幻也。至人者不捨幻，而過于色空有無之際。故目可塵也，而心未始同；心不世也，而身未嘗物，……

客觀外物都是虛幻的，所以不應執着外境，王維已把握到這種無相、無住的思想要旨。他在「與胡居士皆病寄此詩兼示學人二首」其一也談到這種思想：

一興微塵念，橫有朝露身。如是覩陰界，何方置我人。
礙有固爲主，趣空寧捨賓。洗心詎懸解，悟道正迷津。
因愛果生病，從貪始覺貧。色聲非彼妄，浮幻即吾眞。
四達竟何遣，萬殊安可塵。胡生但高枕，寂寞與誰鄰。
戰勝不謀食，理齊甘負薪。子若未始異，詎論疏與親。

人以有身而受累，只爲了一點點紅塵世俗之念，而繫念如朝露一樣的人生。既了解到構成主、客觀世界因素是「五蘊」、「十八界」的因緣合和，那又有什麼人、我之分？但常人偏執本是「性空」的我、法爲實有，反而捨棄不了做爲「賓」的塵境，名爲悟道，却是走向迷津之路。這都是愛戀自身太過，正如貪慾之心使人感受到貧窮一樣。其實，只要了解到一切現實事物本來就是虛幻的，只要戰勝自心的妄念，破除人、我親疏之見，則自然不會爲病而痛苦了。王維也在「能禪師碑」中發揮慧能這種無相、無住理論：

五蘊本空，六塵非有。衆生倒計，不知正受。蓮花承足，楊枝生肘。苟離身心，孰爲休咎。

王維批評到衆生在認識上搞顚倒了，以致有現實疾患，其實，世界本是虛幻的，只要擺脫自身的繫念，以求淨心，自然沒有休、咎可言。他在「胡居士臥病遺米因贈」中，談到「妄計苟不生，是身孰休咎。色聲何謂客，陰界復誰守。徒言蓮花目，豈惡楊枝肘」，正是這種理論的闡發。由以上可看出王維對禪宗無相、無住思想是頗有心得的。

(3)社會倫理思想

談王維的社會倫理思想，要從「般若」思想多方面所包容的精神談起。「般若經」是影響南禪最重要的佛經，它的中心主題是「一切事物都是空」（諸法皆空）；而一切事物，包括世間的生死輪迴之苦，出世間的解脫涅槃之樂，甚至還包括「空」自己——所謂「空空」。這樣的「空」，是要闡揚「不厭世間苦，不欣涅槃樂」的積極精神。但依近人楊惠南先生「般若與佛性」一文攷證指出，中國禪並沒有吸收「般若經」這種積極度衆的菩薩精神，仍然走入山林生活的自度之路，只在掃除一己內心的煩惱。另一方面，中國禪却吸收了「般若經」善待世間事物、尊重世間德性的精神，這就是禪宗的社會倫理觀。慧能「壇經」談到：「佛法在世間，不離世間覺，離世覓菩提，恰如求兔角」，肯定了佛法、菩提只存在人的現實生活中，勸世人不要忽視世俗的事務（註六八）。王維既信仰禪宗，自然都會受到這兩方面影響。

首先談到只求自度，掃除一己內心煩惱方面，近人盧秀霞女士「王維詩中的佛家思想」說：

王維雖受到佛教影響，實僅達到自利的境界，只是在日常生活上有信佛的趨向而已，而非眞正瞭解佛的眞義，更非是悲以拔苦，慈以予樂，普濟天下衆生了。（註六九）

會有這種看法，完全是站在大乘般若利他的立場發言，再加王維詩句如「山裏禪聲薄暮悲」、「閑坐但焚香」所言，過著焚香清齋，與世無爭的生活給人的印象。其實，王維字摩詰，應是有心取法「維摩詰經」中那位在家菩薩——維摩詰，維摩詰爲了度化衆生，而示現爲臥病居士，依照經文看來他是熱愛世間，關懷衆生的菩薩：

從痴有愛，則我病生。以一切衆生病，是故我病。若一切衆生病滅，則我病滅。所以者何？菩薩爲衆生故入生死，有生死則有病。若衆生得離病者，則菩薩無復病。

可見維摩詰有「不厭世間苦，不欣涅槃樂」的般若思想。而王維以維摩詰的名字爲字，他能不受這種「般若」思想的影響嗎？何況王維除了「焚香獨坐，以禪誦爲事」外，有施寺飯僧之舉，甚至捐出職田以全濟貧人，這種種表現不正是大乘菩薩在自利利他的行法中所強調的「六度」嗎？布施、奉戒、忍辱、精進、禪思、智慧等六個修行法門，王維幾乎都做到，尤以忍辱一項最爲王維奉行（容後論及）。

所以近人批評王維只知自利而無利他都不是全面的觀察。像葉嘉瑩先生論及王維所證之果，云：

摩詰居士所證之果，似亦只是辟支小果，去智度論所云「大慈與一切衆生樂，大悲拔一切衆生苦」及法華經所云「利益天人，度脫一切」的大乘佛法似還大有一段距離在。（註七〇）

所言純以大乘教義立說，但中國禪並沒有「般若經」積極度衆的菩薩精神，這是南禪的局限——自度，加諸於王維的影響，並非王維沒有利益天人，度脫一切，普渡衆生的理想。

另一方面，中國禪表現了尊重世間的美德，王維也深受影響，形成王維的社會倫理思想。這要由慧能的主張說起：

心平何勞持戒，行直何用修禪。恩則孝養父母，義則上下相憐。讓則尊卑和睦，忍則衆惡無諠。……菩提只向心覓，何勞向外求玄。聽說依此修行，西方只在目前。（註七一）

慧能勸告那些厭棄世間的淨土行者，應重視世間的固有美德，例如孝養父母，上下相憐，尊卑和睦，忍辱無諠，不要一味往生西方。所舉這些美德，即指孝順父母，友于兄弟，所謂孝悌忠信者也，前面章節言及王維篤孝忠信，兄弟友愛之言已多，不擬多贅。至於「忍辱」一節，却是王維「明心見性」頓悟說所強調的，以心靈的自我解脫來克服現實的苦難，以掃除一己內心的煩惱，所謂「忍」辱負重。在「能禪師碑」一文中，王維談到慧能「忍」的哲學：

乃教人以忍。曰：忍者無生方得，無我始成，於初發心，以爲教首。

無相頌也有相同的說法：「只見己過，莫見世非」，就是「忍」。慧能教人以忍，要懂得無生滅涅槃之眞理，才能得到「忍」的眞諦，徹見無常無我之理，而得大解脫境。王維的詩歌及行爲都有「忍」的教義之表現。如「酌酒與裴迪」詩談到「人情翻覆似波瀾」，要裴迪容忍心自寬，因爲「世事浮雲何足問，不如高臥且加餐」。現實人情翻覆無常，只有退讓、逃避，努力加餐飯，這種容忍是對現實的屈服。也有對政治的牢騷與不滿，如「送綦毋校書棄官還江東」詩，開頭慨歎「明時久不達，棄置與君同」，嘲諷朝廷不知重用人才，但結句竟是消極避世的「余亦從此去，歸耕爲老農」。這種「忍」字工夫，到最後竟連奸臣當道也不得不應酬，甚至歌功頌德一番。像李林甫的心腹苑咸也不得不應付，由「重酬苑郎中」詩有所謂「揚子解嘲徒自遣」句可知。對李林甫有「和僕射晉公扈從溫湯」詩，談到「上宰無爲化，明時太古同」、「長吟吉甫頌，朝夕仰清風」也是阿諛之詞（說詳「王維人格辨誣」一章）。另外有「奉和聖制御春明樓臨右相園亭賦樂賢詩應制」詩，歌頌楊國忠有「富民」、「平戎」之功。王維在玄宗末年政治汚濁不堪的環境下，竟然容忍逃避至此，可說達到禪宗講「忍」的要求，所謂「內如木石，不動不搖，外如虛空，不塞不礙」（黃檗「傳心法要」）的地步。其實，王維確實做到了慧能所主張的「忍者，無生方得，無我始成」的要求。既無我，即無人我對立；既無生，則無生滅，自然了脫生死，達到空有不礙、絕對自由的境界。世俗那些人情世故，糾纏不清，又何足縈心哉！

總之，王維佛家思想，以般若體空，既得解脫自在，又認識無相、無住法門，斷煩惱習，最後達於「無生」之境界，（註七二）也即涅槃境界。王維修禪學佛確是深造有得，德慧双修，達到大自在、大解脫的境界。

五、所謂王維思想性格矛盾之討論

近人提到王維思想性格有矛盾的，以著有「王維研究上集」的莊申先生較有名，他認爲王維思想存有道與佛兩重性的矛盾（註七三）。又徐賢德先生「王維詩研究」也立專節討論，謂「摩詰至晚年奉佛尤篤，而竟亦冀求服丹飛昇，可謂矛盾已極」，而認爲「王維思想每每自相抵觸，遂造成其多重性格」（註七四）。兩人意見相近，都以爲既信佛又好道是種矛盾，而王維思想確有遵儒、崇佛、好道三種說法，詩文也好以佛道並論，甚至有儒、釋、道三家思想集於一首詩的例子（見後），證據似乎很充分，但自唐以來，未見其信佛道被評爲思想矛盾的，反而說是具有調和色彩。如柯慶明先生「試論王維詩中的世界」一文談到：

他（指王維）達到了一種傳統社會士大夫階級的一種典型的調和：在社會活動上保持著儒家的觀點；在人生理想上却採取了道家思想，（他的信佛只是這種思想的一種變象而已。）（註七五）

這種調和理論是有其時代背景的，史家羅香林先生「唐代三教講論攷」舉張九齡「賀御注金剛經狀」，言及「平分儒術，道已廣其宗，僧又不違其願，三教並列，萬姓知歸」，而有下面的結論：

蓋三教滙通之旨，殆爲當日多數學者主張，非玄宗與張氏獨然。觀給事嚴挺之，與張氏罷相後

書，殷殷學「約以莊生之言，博以東山之法」，相爲勸勉，則當日風氣所趨，亦可知矣。（註七六）

近人鄺士元先生「中國學術思想史」也同意其說，所謂「三教講論，促成儒佛調和」，而達到「以儒釋佛，或以佛釋儒，甚至以道釋儒之途徑」（註七七）。這種思想調和色彩變成一種時尚，像詩聖杜甫也有佛、道思想，如「我欲就丹妙」、「家事丹砂訣，無成涕作霖」；「余亦師粲可，身猶縛禪寂」、「將衰棲大乘」等說，都可看出儒家代表的杜甫佛、道思想也滿濃厚的，詩仙李白也一樣信佛。當時士大夫所以如此，依近人劉肖溪先生「王維、李白、杜甫之比較研究」談到：

由於佛教、道家盛行，引起世人重視。這樣使得一般人的生活態度與價値標準都具有多樣性；其人生目標不會像儒家一樣但求立德、立功、立言之不朽。生活實踐也不會以求取功名的仕宦之途爲唯一途徑；道家的自然自適、隱居、求仙鍊丹，甚至及時行樂，以及佛家的涅槃圓覺、明心見性、立地成佛等，在在吸引人們的注意。因而儒、釋、道三種思想相輔相成，成爲一種非常有意思的組合。這對高級知識份子來說，組合得更是巧妙，王維如此，李白、杜甫亦是如此。他們都不是全然的儒家、道家或釋家，而是三種思想的奇妙綜合，其差異只是成分有別而已。（註七八）

因此，他斷以「認爲李白是道家，王維是佛家，杜甫是儒家的看法，是完全錯誤的」。其次，再從儒、釋、道三家理論來看，都有其會通的關係。如孫昌武氏「唐代文學與佛教」談到：

南宗禪採取了更適合中國士大夫生活習俗和傳統意識的修證方法，盡量與儒家理論相調和。王維的信佛與當時許多士大夫相似，也有調和儒、釋的色彩（註七九）。

嚴北溟氏「中國佛教哲學簡史」舉了五點予以證明。這五點是(1)天命論與因果報應說、(2)名教與道法、(3)性善論與佛性論、(4)中庸之道與中道觀、(5)內省、愼獨與禪定、持戒。（註八〇）其中儒家性善論與佛性說之會通，名哲學家方東美先生曾予肯定，他說：

佛學在中國之初期發展，原本覺得儒家此種處處「以人爲中心」之宇宙觀，過於遷強，於是乃轉而與道家思想相結合，將人生之目的導向求圓滿、求自在之大解脫界。然隨著時間之進展，不久即看出儒家思想中的種種優點，並發現其中與佛學思想在精神上有高度之契合：儒家當下肯定人性之「可使之完美性」，佛家則謂之「佛性」，而肯定爲一切衆生所具有者。（註八一）

至於儒家中庸之道與佛家中道觀，近人唐大元先生有「論佛儒兩家之中道思想——比較與會通」一文，談到「儒佛交融而逐步形成一『大中』的、圓滿的人生觀」（註八二）。其實，王維詩文也有會通的說法，「幹和尚仁王經表」曾談到「廣釋門之六度，包儒行之五常」，這是調合儒釋的最好說明。另外佛、道思想融合的例子更多，茲學數例於下：

好讀高僧傳，時看辟穀方。（春日上方即事）

白法調狂象，玄言問老龍。（黎拾遺昕裴廸見過）

墨點三千界，丹飛六一泥。（和宋中丞夏日遊天長寺之作）

燒丹藥就，辟穀將成。雲漢之下，法本無生。（皇甫岳寫眞讚）

上猶道家旨，……又近佛經八識。（龜鏡圖狀）

例子還很多，可見王維對佛、道採取的態度應是會通而非矛盾之關係。王維甚至有整首詩包含儒、道、釋思想的，「山中示弟等」詩云：

山林吾喪我，冠帶爾成人。莫學嵇康懶，且安原憲貧。

山陰多北戶，泉水在東鄰。緣合妄相有，性空無所親。

安知廣成子，不是老夫身。

所言「吾喪我」、「廣成子」是道家說法；「原憲貧」是儒家說法；而「緣合妄相有、性空無所親」是佛家空的思想，這種三教調和說，正應合劉翔飛先生「論唐代的隱逸風氣」所說：

傳統儒家觀念的承襲，加上佛、道思想的時尙，導致唐人對三教思想雖可能各有所偏執，而大體皆採取兼容並蓄的態度。這種三教並行的特色，可以說是唐朝文化精神的表徵。

可見唐時人對儒、釋、道三家思想是兼容並蓄，而非如莊申、徐賢德兩先生所言，互爲矛盾的。雖然王維晚年信佛彌篤，所信仰的是禪宗一派，但禪宗這一派是融合儒、釋、道三家精義而成的出世、入世兩可，但求明心見性的思想。而且王維思想背後是有其理論基礎的，他晚年所寫的「與魏居士書」，除了說明王維儒釋思想的融合，更是他一生圓融思想體系的解剖書。王維不但批評了巢父、許由隱居，反對嵇康頓纓狂顧的行爲，也批評了陶淵明「人我攻中，忘大守小」的矛盾，表現了對現實的不滿。

而他的人生理想却是適意，是孔子的「無可無不可」，他說：

孔宣父云：「我則異于是，無可無不可」。可者適意，不可者不適意也。君子以布仁施義，活國濟人爲適意；縱其道不行，亦無意爲不適意也。苟身心相離，理事俱如，則何往而不適？此近於不易。願足下思可不可之旨，以種類俱生，無行作以爲大依，無守默以爲絕塵，以不動爲出世也。（與魏居士書）

王維這種身心相離、理事俱如的人生哲學，重點在強調隨緣任運，一切行事以適意不適意爲準，不必在意於當不當官，絕不絕塵，出不出世，表現出晚年思想的圓熟。難怪陳貽焮氏認爲這席話，就是王維後期圓通哲學的實質（註八三）。既有這種隨緣任運的人生態度，那麼，個人隨政局良窳而進退，所謂邦有道則行，邦無道則隱，參禪悟道。各適其志，既符合儒家安貧樂道的精神，又體現禪宗不執着，來去自由的眞諦，所謂王維思想性格的矛盾，所謂佛道兩重性衝突等說法，都變成毫無意義了。

【附　註】

註　一　書目季刊十四卷四期，頁二一七。

註　二　華正書局版，頁四二六。

註　三　空靈的脚步，頁二九六，楓城出版社版。

註　四　同註二。

註　五　同註一，頁二五。

註　六　王右丞集箋註卷十七，「責躬薦弟表」言：「兩人又俱白首，一別恐隔黃泉。儻得同居，相視而沒，泯滅之際，魂魄有依」。

註　七　張問陶「船山詩草」卷十三，「題畫」詩。

註　八　道教與修道秘義指要，頁二三九，新文豐出版公司版。

註　九　大陸雜誌第五十一卷第二期，頁七六。

註一〇　中國通史簡編第三編，頁六七七，南國出版社版。

註一一　李白與杜甫，頁二〇三，帛書出版社版。

註一二　漫話一些舊詩料，幼獅月刊第四十四卷第三期。

註一三　道教思想與中國文學，中國文學講話㈠概說之部，巨流圖書公司。

註一四　道教徒的詩人李白及其痛苦，頁三十二，長安出版社版。

註一五　王維研究上集，頁九六，萬有圖書公司版。

註一六　卿希泰著中國道教思想史綱第一卷，頁一四一，木鐸出版社版。

註一七　同註十四，頁四〇。

註一八　同註十五，頁九八。

註一九　出版與研究四一期，頁三三，成文出版社。

註二〇　道教嘯的傳說及其對文學的影響，收入「六朝隋唐仙道類小說研究」，頁二五二，台灣學生書局版。李豐楙兄研究道教有成，本文深受啓發，引用多處，謹致謝意。

註二一　同註二十，頁二五三。以下引用多處，不另加註。

註二二　該書頁一三九，台灣商務印書館。

註二三　同註十五，頁一〇二。

註二四　詩草木今釋，頁五八，長安出版社版。

註二五　同註十五，頁三十。

註二六　參攷李樹桐先生著「唐人喜愛牡丹攷」，唐史新論，頁二一三，中華書局版。

註二七　王維詩研究專集，頁二一，香港中國語文學社編。

註二八　大陸雜誌第七十三卷第二期，頁七六。

註二九　同註十五，頁一〇三。

註三〇　參攷陳哲三先生「陳寅恪先生軼事及其著作」。

註三一　文收「中國佛教史論集」隋唐五代篇，現代佛教學術叢刊。

註三二　中興大學「文史學報」第八期，頁二三。

註三三　同註十五，頁四一。

註三四　胡適編「荷澤大師神會遺集」卷一，頁一三七。胡適紀念館版。

註三五　出自獨孤沛「菩提達摩定是非論」卷下。

註三六　印順法師「中國禪宗史」，頁一四四，正聞出版社版。

註三七　「大正藏」卷八五，頁一二七三。
註三八　同註三十五。
註三九　該書頁八四二—三，台灣學生書局版。
註四〇　該書頁二四二—三，里仁書局版。
註四一　該書頁三四，台灣商務印書館版。
註四二　同註三十四，頁五一。
註四三　同註三十四，頁一三八。
註四四　同註三十六，頁一四〇—三。
註四五　同註三十四，頁一三七。
註四六　該書頁二二九。
註四七　該書頁一四三。
註四八　陳氏「雪中芭蕉寓意蠡測」，復旦學報二期。
註四九　同註四十三。
註五〇　該書卷二，六十九頁。鼎文書局版。
註五一　該書頁一六八—九。協志工業叢書出版公司版。
註五二　引自杜松柏先生「禪學與唐宋詩學」，頁四七，黎明文化事業公司版。
註五三　同註三十四，荷澤和尚與拓拔開府書。

註五四　引自胡適禪學案新校定的敦煌寫本神會和尚遺集兩種。
註五五　同註三十三。
註五六　同註三十三。
註五七　同註十五，頁八十。
註五八　右丞集卷十八，奉敕詳帝皇龜鏡圖狀、帝皇龜鏡圖兩卷會簡擇訖進狀。
註五九　楊惠南先生「禪史與禪思」，第一節般若的中心思想，鵝湖月刊七十四年三月號。
註六〇　「大正藏」卷八，頁二三六。
註六一　「大正藏」卷三〇，頁三三。
註六二　同前註。
註六三　「大正藏」卷三二，頁一八。
註六四　印順法師「中觀今論」，頁一九八。
註六五　「大正藏」卷七，頁九六五。
註六六　于凌波先生「向智識份子介紹佛教」，頁一〇七。
註六七　該書，頁二三八。
註六八　同註五十九，引自脚註五四之言。
註六九　文見「古今談」一〇〇期。
註七〇　引自迦陵談詩，頁一六七，文見「從義山嫦娥詩談起」。

註七一　六祖禪經，疑問第三。

註七二　王維詩常提到「無生」一辭，無生，即涅槃之眞理，無生滅。王縉進表稱王維「至於晚年，彌加進道，端坐虛室，念茲無生」。

註七三　同註十五，頁九六。

註七四　該書頁四三。六十二年文化中研所碩士論文。所言多重性格可能有誤，蓋神經病就是多重性格者。

註七五　柯著文學美綜論頁三六四，長安出版社版。

註七六　羅氏「唐代文化史」頁一六九。

註七七　該書頁三三七，里仁書局版。

註七八　該書頁一八一，六十三年台大中研所碩士論文。

註七九　該書頁八四，谷風出版社版。

註八〇　該書頁九三—七，木鐸出版社版。

註八一　方氏「生生之德」，頁二八七，黎明文化事業公司版。

註八二　引自中國佛教第三十一卷三、四期。

註八三　同註二七，頁二十，王維的政治生活和他的思想。

第四節　王維畫論及其畫風特色之討論

一、王維畫論之討論

王維一生，精音律，工草隸，能詩，善畫，名盛開元天寶間。詩千餘篇，天寶亂後，十不存一（見新唐書藝文志），幸蒙其弟縉搜緝四百餘篇，集爲十卷。他的畫作，到了宋朝，據宣和畫譜紀載，還有一百二十六件，可見詩畫創作豐富。既有創作，那麼創作理念、觀點的文章理應或多或少都有，只可惜安史亂後，詩既「十不存一」，文章也不可能全部保存，僅留下「山水訣」、「山水論」兩篇山水畫論，且被人懷疑出於僞託，連有功於右丞集箋註的清人趙殿成都以「卑卑無甚雋語」，斷爲後人所託。但歷代著錄幾乎都斷定係王維所作，近人虞君質先生認爲「吾人信古要有證據，疑古也要有證據，若是可信者多而可疑者少，則寧取前之可信者，不必故作翻案文章，結果不但無補於學術的研究，反近多此一舉，殊可不必（註一）」，所論甚是。

1.爲畫人謝賜表

王維的繪畫，向來被稱爲南宗文人山水畫的始祖，所留傳的畫蹟，據北宋「宣和畫譜」，約有一百二十六件之多，但就其題名知王維所喜愛的題材，除了雪景、棧道、劍閣、漁市、雪渡、村墟外，都是佛家人物畫，約佔一半以上，可見王維也擅長人物畫。而成就一個藝術家，除了個性和環境外，師承也是必備的條件，王維人物畫的風格，必受到前人的影響，個人以爲是晉人顧愷之。王維有「爲畫人謝賜表」可當作他創作人物畫的理論根據，爲便徵引，全文如下：

臣某言。臣猥以賤伎，得備衆工。誤點屏風，乏成蠅之巧。偶持團扇，無事犉之能。徒以職官，不敢貳事。顧惟時論，有慚三絕。伏惟皇帝陛下，撥亂反正，受命中興。俯協龜圖，傍觀鳥迹，卦因于畫，畫始生書。知微知彰，惟聖體聖，臣奉詔旨，令寫功臣。運偶鳳翔之初，無非鷹揚之士。燕頷猿臂、裂眥奮髯、髮衝鶴冠、力舉龍鼎，骨風猛毅，眸子分明，皆就筆端，別生身外。傳神寫照，雖非巧心。審象求形，或皆暗識。姸蚩無枉，敢顧黃金。取舍惟精，時憑白粉。且如日磾下泣，知其孝心。于禁懷慚，媿此忠命。乃無聲之箴頌，亦何賤于丹青。宣父之似皐繇，元子之類越石，不待或人之說，無煩故妓之言，此又一奇，誠爲可尙。臣得舐筆麟閣，繼踵虎頭，頻蒙獎教之恩。益用精誠自勵，勤以補拙。雖未仙飛，感而遂通。實因聖訓，況賜衣服，累問官資，中使相望，屢加宣慰。微臣戰灼，無答恩私之至。

全文約有幾項可說：㈠此文應屬王維晚年畫論，由「皇帝陛下撥亂反正，受命中興」及「運偶鳳翔之初」，當係唐肅宗乾元元年左右，王維已五十七、八歲。㈡由「卦因于畫，畫始生書」兩句，可能是最早說文字出於繪畫的，近人徐復觀先生特別指出，但他反對這種傳統書畫同源，書出於畫的說法（註二）。㈢本文雖係爲畫工代筆，也是爲提高畫家地位而發言，近人藝評家郭繼生先生有言，云：

筆者以爲，「詩畫合一」這一理論根本上是士大夫畫家（如王維）爲了提高繪畫地位而發展出來的。王維在他的「爲畫人謝賜表」裡首先指出：「卦因于畫，畫始生書」，然後說畫「乃無聲之箴頌，亦何賤於丹青」。在這一點上，有類於後來西方文藝復興時達文西之輩想把繪畫提昇到與詩同等的地位（參見達文西「筆記」（Notebooks　）。至於王維說畫「乃無聲之箴頌」，則已開後世「無聲詩」說之先河。（註三）所論已觸及蘇東坡「詩中有畫，畫中有詩」的精神，而王維已預先道出。㈣由「誤點屏風，乏成蠅之巧。偶持團扇，無事牸之能」兩個典故看，王維佛畫係取法第一位佛畫畫家，三國時的曹不興，他有「落墨成蠅」之巧技；又依晉書言王獻之「桓溫嘗使書扇，筆誤落，因畫作烏駁牸牛，甚妙」，王維工草隸，書法可能也有取法王獻之之處。㈤由「有慚三絕」、「繼踵虎頭」可知，王維確實踵武顧愷之，尤以句中「傳神寫照，雖非巧心。審象求形，或皆暗識。妍蚩無枉，敢顧黃金。取舍惟精，時憑白粉」一段，說中了顧愷之「以形傳神」——「傳神論」的要點。晉書顧愷之傳有下列紀載可說是王維立論出處：

愷之每畫人成，或數年不點目精。人問其故，答曰：「四體妍蚩，本無闕少於妙處，傳神寫照，正在阿堵中」。

他認爲點睛是人物畫最重要的環節，眼睛要畫得好的確很困難。愷之曾根據嵇康所作「手揮五弦，目送歸鴻」的詩句繪畫時，曾嘆說：「手揮五弦易，目送歸鴻難」，傳「神」的表現可說是顧愷之藝術最突出的特色，也爲王維所取法，以下試加申說，以明王維人物畫的理論背景。

顧愷之是中國繪畫史上最早的理論家，卓越的大畫家，小名虎頭，人稱「才、痴、畫」三絕。著有「論畫」、「魏晉勝流畫贊」、「畫雲台山記」三篇畫論，提出「以形寫神」（「論畫」）和「遷想妙得」(「魏晉勝流畫贊」)兩種論點，可說是中國古代繪畫「傳神論」的奠基人。所謂「以形傳神」，就是說不僅要準確地描繪出人物的外表形貌，而且要深入地刻劃出人物內在的性格和思想感情。所謂「遷想妙得」，依美術史家俞劍華氏意，與西洋美學「感情移入」說近似，認爲「把作者的思想遷入所畫的對象身上，以深切體會對象的思想感情，然後才能得到對象的奧妙之處」(註四)。可說是傳統美學「氣韻論」及「立意論」的先聲。他也主張作畫之前必須鄭重精密構思才可下筆(巧密於精思「論畫」)，更重畫面的布置(若以臨見妙裁，是達畫之變也，「論畫」)，都可能對王維人物畫甚至山水畫理論有影響。

其實，顧愷之主張畫山水也應以形傳神，畫山應如實反映「山有面則背有影」「下爲澗，景物皆倒作」(「畫雲台山記」)，這是要求形似。再加神似的要求，如畫會稽山水，應反映「千巖競秀，萬壑爭流，草木蒙籠，若雲蒸霞蔚」(顧愷之詩)的景象。這種重形神兼備而強調傳神的觀點，正是近代藝評家郭因氏攷證王維山水畫論所得出的結論(註五)。顧愷之是畫家，也是一位詩人，雖然傳世詩文極少，可再舉他另一首「四時詩」:「春水滿四澤，夏雲多奇峰。秋月揚明輝，冬嶺秀孤松」，可看出他詩中有明確生動的形象，詩如圖畫，所以有人認爲他是早期詩與畫相結合的傑出典範(註六)。他的「洛神賦圖」就是繪畫和文學結合的範例，「它用造型藝術特有的手段，充分表達了詩人曹植和宓妃(洛神)的無限依戀神情，用繪畫的一系列鮮明形象，刻畫畫中人物的風度和心理」(註七)。可見它不是詩的圖解，而是詩意的藝術再現，這種詩畫合一的技法觀點，可能深深影響到王維，雖然要等到蘇東坡才特爲指出，而顧愷之有啓廸之功，是不容置疑的。

總之，這篇「爲畫人謝賜表」可說是紹繼顧愷之繪畫美學理論的紀錄，尤以篇中提到書畫同源，甚至影響到王維創作求詩畫合一的觀點，是我們中國藝術特有的性質，值得多加闡明。

2. 山水訣

王維山水畫論有兩篇，其中一篇是「山水訣」，有稱作「畫學秘訣」或「畫山水訣」，全文如下：

夫畫道之中，水墨最爲上；肇自然之性，成造化之功。或咫尺之圖，寫百里之景，東西南北，宛爾目前，春夏秋冬，生于筆下。初鋪水際，忌爲浮泛之山，次布路歧，莫作連緜之道。主峯最宜高聳，客山須是奔趨。迴抱處僧舍可安，水陸邊人家可置。村莊著數樹以成林，枝須抱體；山崖合一水而瀉瀑，泉不亂流。渡口只宜寂寂，人行須是疏疏。泛舟楫之橋梁，高且宜聳，著漁人之釣艇，低乃無妨。懸崖險峻之間，好安怪木，峭壁巉巖之處，莫可通途。遠岫與雲容相接，遙天共水色交光。山鈎鎖處，沿流最出其中，路接危時，棧道可安于此。平地樓臺，偏宜高柳映人家，名山寺觀，雅稱奇杉襯樓閣。遠景煙籠，深巖雲鎖，酒旗則當路高懸，客帆宜遇水低掛。遠山須宜低排，近樹惟宜拔迸。手親筆硯之餘，有時遊戲三昧，歲月遙永，頗探幽微，妙悟者不在多言，善學者還從規矩。

唐代山水畫的一個重要發展，就是以水墨代替青綠着色，這種變化，在美學上有重要的意義。「山水訣」一開始就說：「夫畫道之中，水墨爲上；肇自然之性，成造化之功」，即揭示水墨山水畫在畫道的最高位置。或許以水墨的顏色最符合造化自然的本性，所謂「同自然之妙有」。其意旨在於體察自然之性情，探究造化內在理則，超越時空的定位，融滙自然的全貌及其內在的生意於胸中，而吐納於毫端。這需要細密觀察自然而得出一套規律。所謂「初鋪水際，忌爲浮泛之山……近樹唯宜拔进」的概括規則，畢竟不能窮盡自然造化之理。因此，學畫仍須從自然的秩序法則去領會體悟，所謂「手親筆硯之餘，有時遊戲三昧，歲月遙永，頗探幽微，妙悟者不在多言，善學者還從規矩」。也說明了畫家既要善於學習法度、準則，又要善於領悟藝術創作的難以言傳的奧秘。王維顯然已體會到「以自我的心靈去靜觀造化之生機」，才是山水畫創作之道。宋張懷「論畫」曾談到：「畫造其理者，能因性之自然，究物之微妙，心會神融」直接說明了上述觀點，尤以「山水訣」首四句總括了王維水墨山水的精神氣韻，值得珍視。

3.山水論

王維另一篇畫論「山水論」問題更多，有斷爲荊浩或李成所作，但歷代著錄除「唐六如畫譜」、「畫苑補益」及「四庫提要」外，如「古今圖書集成」等八九種典籍都斷定是王維作，今從之，全文如下：

凡畫山水，意在筆先，丈山尺樹，寸馬分人。遠人無目，遠樹無枝，遠山無石，隱隱如眉，遠水無波，高與雲齊，此是訣也。山腰雲塞，石壁泉塞，樓臺樹塞，道路人塞，石看三面，路看兩頭，樹看頂顫，水看風脚，此是法也。凡畫山水，平夷頂尖者巔，峭峻相連者嶺，有穴者岫，峭壁者崖，懸石者巖，形圓者巒，路通者川，兩山夾道，名為壑也，兩山夾水，名為澗也，似嶺而高者，名為陵也，極目而平者，名為坂也。依此者，粗知山水之髣髴也。觀者先看氣象，復辨清濁，定主賓之朝揖，列羣峯之威儀，多則亂，少則慢，不多不少，要分遠近。遠山不得連近山，遠水不得連近水。山腰掩抱，寺舍可安；斷岸坂隄，小橋可置；有路處，則林木；岸絕處，則古渡；水斷處，則煙樹；水闊處，則征帆；林密處，則居舍。臨巖古木，根斷而纏藤；臨流石岸，欹奇而水痕。凡畫林木，遠者疏平，近者高密，有葉者枝嫩柔，無葉者枝硬勁。松皮如鱗，柏皮纏身。生土上者，根長而莖直；生石上者，拳曲而伶仃。古木節多而半死，寒林扶疏而蕭森。有雨不分天地，不辨東西；有風無雨，只看樹枝；有雨無風，樹頭低壓，行人傘笠，漁父簑衣。雨霽則雲收天碧，薄霧霏微，山添翠潤，日近斜暉。早景，則千山欲曉，霧靄微微，朦朧殘月，氣色昏迷。晚景，則山銜紅日，帆捲江渚，路行人急，半掩柴扉。春景，則霧鎖煙籠，長烟引素，水如藍染，山色漸青。夏景，則古木蔽天，綠水無波，穿雲瀑布，近水幽亭。秋景，則天如水色，簇簇幽林，雁鴻秋水，蘆鳥沙汀。冬景，則借地為雪，樵者負薪，漁舟倚岸，水淺沙平。凡畫山水，須按四時。或曰煙籠霧鎖，或曰楚岫雲歸，或曰秋天曉霽，或曰古塚斷碑，或曰洞庭春色，或曰路荒人迷，如此之類，謂之畫題。山頭不得一樣，樹頭不得一般。山藉樹而為衣，樹藉山而為骨。樹不可繁，要見山之秀麗；山不可亂，須顯樹之精神；能如此者，可謂名手之畫山水也。

本文對各種自然景物及季節變化的關係，作了細緻的說明。本篇也反映了王維對自然的審美認識，而建立了自己的美學觀點。首揭「凡畫山水，意在筆先」的綱領，特別提出「意」這個概念，比之顧愷之「以形寫神」的論點，是更加深入了。

「意」這個概念，唐初李嗣眞即提出過「生動之意」幾乎同樣的概念，他在「續畫品」特別強調繪畫的過程是「經諸目，運諸掌，得之心，應之手」，概括了「意」的內涵，所謂的「意匠慘淡經營」（杜甫「丹青引」）。有名的歷代名畫記作者——張彥遠曾指出「骨氣形似，皆本於立意，而歸乎用筆」。從立意到用筆，就是「意在筆先」的最粗淺解釋。清人王原祁「雨窗漫筆」有更詳實的論述：

意在筆先，爲畫中要訣。作畫於搦管時，須要安閒甜適，掃盡俗腸。默對素描，凝神靜氣。看高下，審左右，幅內幅外，來路去路，胸有成竹，然後濡筆吮毫，先定氣勢，次分間架，次佈疏密，次別濃淡，轉換敲擊，東呼西應，自然水到渠成，天然湊拍。

說明了畫家脫離了對象的觀照後，準備揮毫作畫之前的構思。藝評家虞君質先生在「藝術概論」中，即特加指出這種「立意」就是「創造的想像」（Creative imagination ）。後於王維，也可能受他影響的畫家張璪（註八），所提「外師造化，內法心源」的主張，兩人看法應該是一樣的。王維甚至表現在畫作中，宋沈括「夢溪筆談」特別談到：

書畫之妙，當以神會，難可以形求也。世觀畫者，多能指摘其間形象位置，彩色瑕疵而已。至于奧理冥造者，罕見其人。如彥遠畫品，言王維畫物，多不問四時。如畫花，往往以桃杏芙蓉

> 蓮花，同畫一景。余家所藏摩詰畫袁安臥雪圖，有雪中芭蕉，此乃得心應手，意到便成。故造理入神，迥得天機，此難可與俗人論也。

有人以爲芭蕉非雪中物，不知寒暑，但沈括以爲像王維精於繪事的人，雖不顧四時，如能得心應手，「意」到便成，即成傑作。

至於「丈山尺樹，寸馬分人」、「遠人無目，遠山無石，遠樹無枝，遠水無波」等規律表現，正是高度的典型藝術概括。尤以「石看三面」可說是今人立體說法的先聲。王維也注意到觀賞者的審美要求：「觀者先看氣象，後辨清濁，定賓主之朝揖，列群峯之威儀」。也同時要求畫家在布局安排上，要傳達自然山水的眞精神，所謂「要見山之秀麗，山不可亂，須顯樹之精神，能如此者，可謂名手之畫山水也」。以上見解獨到，難怪劉昫舊唐書王維本傳說他：「筆踪措思，參於造化，而創意經圖，即有所缺，如山水平遠，雲峰石色，絕迹天機」。

4. 畫論小結

王維從人物畫論「爲畫人謝賜表」到「山水訣」「山水論」，先後提出「傳神寫照」、「肇自然之性，成造化之功」以及「意在筆先」等美學論點，綜合即是「重形神兼備而強調傳神」的繪畫觀點，遠紹晉朝顧愷之「以形傳神」理論，下開張璪「外師造化，內法（得）心源」的主張，王維在繪畫美學史上，應具有一承先啓後的地位。

總結以上的討論，個人很想用簡短的話來歸納王維山水畫論的精義，剛好藝評家郭因氏在他的大作「中國繪畫美學史稿」談及，錄之於下，並作為本節的結束：

「山水訣」和「山水論」認為畫家應通過對早景、晚景、春景、夏景、秋景、冬景，有雨之景與雨霽之景，有風無雨與有雨無風之景，以及遠水、遠山、遠樹，與近水、近山、近樹的各個不同之景，進行細密觀察，理解其規律，並神與物游，心與物化，把自然的丘壑化為畫家胸中的丘壑，讓客觀之景，通過畫家主觀情思的熔鑄，成為主客觀統一的「意在筆先」的「意」，然後通過「善學者還從規矩，妙悟者不在多言」的佈局，和不輕不重，既不「烘染過度」，又不「碎綽絮繁」的筆墨，去以「咫尺之圖寫百千里之景」，使「東西南北，宛爾目前；春夏秋冬，生於筆下」；通過樹與山的互相襯托與映發，「山藉樹以為衣，樹藉山以為骨」，以不繁之樹，「見山之秀麗」；以不亂之山，「顯樹之精神」，而且做到和天地生物那樣，「肇自然之性，成造化之功」，有天成之妙。（註九）

二、王維畫作及其畫風特色

王維在畫藝上的造詣，後人至為推崇，如稱他是「南宗山水畫之祖」、「文人畫始祖」或「東方印象主義藝術大師」（註一〇）。可惜年代久遠，他的可靠作品流傳不多，至今已寥寥可數，我們只得從文獻紀錄上，或後人臨摹的畫蹟，來推蔽他畫的造詣與貢獻。如唐書王維本傳說他的畫是「筆蹤措思，參於造化」，及「畫思入神，至山水平遠，雲峰石色，絕跡天機，非繪者之所及也」。張彥遠

「唐朝名畫錄」稱他畫的輞川圖是：「山谷鬱鬱盤盤，雲水飛動；意出塵外，怪生事端」。荊浩稱他的畫是「筆墨宛麗，氣韻清高」。蘇東坡更是稱讚他：「摩詰得之於象外，宛是仙翮謝籠樊」，甚至「吾於維也斂衽無間言」。

以上所言大致可以肯定王維的畫藝，但要求百分之百的準確恐不容易，尤以王維南宗畫祖的地位，衆說紛紜，只能就事實概略把握，肯定其畫風特色及地位。早期王維的山水畫，格調多方，主要用大青綠法，近於李思訓的青綠山水，又受到善用水墨的吳道子影響，近人莊申先生認爲兩人是他繪畫的淵源（註一一）。晚年隱居輞川別業，嗜佛入禪，藉水墨以抒寫胸中的逸氣，發展出文學化了的山水畫，表現了純粹自然的詩情畫意。在表現手法上，用水墨渲染，所謂「一變鉤斫之法」，開闢出與文人精神相合的「平遠」風格，格調蘊藉高雅，是水墨渲染法的創造者。與李思訓大綠山水是兩種不同繪畫面貌，王維是否即是水墨山水的始祖？仍須進一步討論。另外他的墨竹與雪中芭蕉結合，恰合北宋文人畫派所主張的描寫「象外」這種詩畫結合的藝術，經蘇東坡倡出「味摩詰之詩，詩中有畫，觀摩詰之畫，畫中有詩」後，王維的水墨畫在中國繪畫史上地位節節昇高，到了明末董其昌、莫是龍以「禪家有南北二宗，唐時始分」而引證爲繪畫的南北二宗，指王維爲南宗的始祖，但這種說法歷來爭訟不休，值得再加探討。故以下擬分兩部分討論王維畫的特色，並兼及他在畫史上的地位。

1. 王維畫的特色

王維畫的特色約有三種，依次敍述如下：

(1)水墨爲上

王維在「山水訣」一文即指出「畫道之中，水墨爲上；肇自然之性，成造化之功」。首先肯定了水墨的重要性。有人甚至以王維爲開創水墨山水的始祖，但依歷史紀錄，從晉朝顧愷之啓示了山水畫的方向，到了李思訓、吳道子，山水畫才有了獨自的風格，依張彥遠說法：「山水之變始於吳，成於二李」（歷代名畫記）。事實上，李思訓確以寫實的青綠山水聞名，而王維却在吳道子畫風的影響下，以寫意的水墨山水，啓導後世繪畫的主流。自此以後，中國畫以墨色爲主，王維之功不可沒。

所謂水墨，諒以墨因溶水量之多寡，及用筆之緩急，而能產生乾、墨、濃、淡、濕等五種深淺不同的色調，所謂墨分五彩是也。但唐岱的「繪事發微」却說：

墨色之中，分爲六彩。何謂六彩？墨、白、乾、濕、濃、淡是也。六者缺一，山之氣韻不同。

墨色變化更多，除了表現爲不同顏色的功能，所重在發揮精神氣韻。如張彥遠說到「運墨而五色具，謂之得意」（歷代名畫記）；荊浩在「筆法記」也稱贊張璪「氣韻俱盛，筆墨積微」。甚至以爲所表現的氣韻更爲高清，荊浩在他的「畫山水錄」中說：「王右丞筆墨宛麗，氣韻高清」。句中深意應是假筆墨以寄託一時之性情，也可以看出王維的畫，注重山水水墨情趣與意境。其實，水墨畫中的黑，並非是單色的黑，如同禪學的「空」不等於「無」是同樣的道理。因墨是萬色之母，墨包有宇宙有象顏色，也能包括宇宙中無象之色彩，難怪日人純野義一要說：「墨色之中藏有人生各種姿態，若隱若現，載浮載沈。這種純潔而多彩多姿的世界，正是禪的世界」（註一二）。的確，水墨畫所呈現的一片寧靜和純樸的世界，若能深入體會，反而覺得無色的墨却是包含著千顏萬彩，也可以證明張彥遠所說「五色具而謂之得意」的理由，只要濃、墨、淡、乾、濕五色俱全的墨，足可代替萬物之表的粉青綠黛。這也是王維及後世中國畫用墨色爲主調的理由。

另外，王維會有「水墨爲上」的主張，顯然受到當時思想環境的影響，近人林同華氏也有以下的論點：「唐代由王維所首創的山水水墨畫表現的澹遠清苦的畫風，顯然是受當時佛教禪宗的影響」（註一三）。他認爲由於中唐政治和經濟漸漸混亂，在藝術上尋求新表現的反映，所以唐代佛教藝術的富麗堂皇作風，漸漸被澹遠清苦的作風所代替。虞君質先生在「論王維」專章也有類似看法，錄之於下，以作爲本節結束：

正因爲他深受當時流行的道家及佛家思想的影響，……他既無吳道子的狂熱，又無李思訓的謹嚴，他只是用一種蘊藉而瀟灑的筆觸，傳達出富有韻律的溫和而高雅的美，使人觀之悠然而生清幽閒靜之感，這正是王維水墨繪畫深受時代思想影響後的具體的表現。（註一四）

(2)始用渲淡

董其昌「畫旨」曾指出「南宗則王摩詰，始用渲淡，一變鈎斫之法」，明白說明了王維畫的特色，在渲淡，以渲淡的技法追求畫的藝術效果。爲便於比較，有必要回溯當時作畫的技法。盛唐當時最有名的畫家有崇尚筆意的吳道子和崇尚色彩的李思訓，前者成功了重疏略的「線條法」，後者創造了精工的設色法，重視線條和色彩變成兩種不同的技法。王維早期曾學習前人的技法，故張彥遠說他「工畫山水，體涉古今」，甚至向吳道子學習，朱景玄「唐朝名畫錄」有下列紀載：

王維……其畫山水松石，蹤似吳生，而風致標格特出。……又嘗寫詩人襄陽孟浩然馬上吟詩圖，見傳於世。復函輞川圖，山谷鬱鬱盤盤；雲水飛動，意出塵外，怪生筆端。

既蹤似吳道子，也有可能學習李思訓的青綠山水，董其昌就有「大青綠全法思訓」的說法，但王維既主張「水墨爲上」，則他在融合各家畫法後，自出機抒地創造了這種所謂「始用渲淡」畫法的水墨山水，與李思訓的金碧山水，形成強烈對比。因爲是以水墨爲主，故「筆蹤措思，參於造化」，效果便有「雲水飛動」的感覺，林同華氏就以朱景玄所說的「意出塵外，怪生筆端」與劉昫所說的「雲峰石色，絕迹天機」（新唐書王維本傳語），都是作爲一種「怪」的新技法，是當時一般或著名畫家所不曾有過的方法，故他認爲王維是水墨渲染法的創造者（註十五）。相傳「雪溪圖」是王維山水渲染法的眞實畫迹，整個畫面，除了少量線條點綴，更多的是水墨渲染，傳達出一種詩意境界。研究西域交通史有名的向達先生，在他的「唐代長安與西域文明」一書也提到「王維創水墨山水注重暈染，遂開後來南宗風氣」，證以「吳道玄山水或者採用西域傳來之凸凹畫之方法，是以怪石崩離，若可捫酌，用能一新其面目」。近人蕭望卿先生以爲王維也感受當時繪畫這種西域化的趨向的影響，而「注重暈染」是非常可能的（註一六）。這種「暈染」說法即可能與印度暈染法相同（註一七）。

有用「暈染」，也有用「渲染」，意思應是一樣。那麼什麼叫「渲淡」？據宋郭熙的「林泉高致」中說：

淡墨重疊旋旋而取之謂之斡淡，以銳筆橫臥惹惹而取之謂之皴擦；以水墨再三而淋之謂之渲；

以水墨滾同而澤之謂之刷。

渲淡之意，是指「水墨再三淋之」，意思不夠清楚。徐復觀先生在「中國藝術精神」一書中有頗周詳的解釋：

所謂渲淡，是用墨渲染爲深淺的顏色，以代替青綠的顏色；而這種深淺的顏色，對墨的本色而言，都是以淡爲主。這樣便揚棄了剛性積成的量塊的線條，並表現出了山形的陰陽向背，這是水墨畫在技巧上基本作用。

除了回答了渲淡的意思，也指出渲染這種技法，已經具備了顯出獨自明暗調子的立體性構圖，剛好可以反駁英人李德（Herbert Read）的看法，他以西洋油繪所獨自發展出來的明暗調子，在中國的畫中沒有發現，就認爲是中國畫的一個缺點（註一八）。但王維這種以水墨渲淡的方法，所謂破墨，使山與山之間，有著前後層次分明，林壑重深的效果，却可以反證李德的看法純屬誤解，王維並能以這種渲淡的技法去實現他的藝術理想。

(3)畫中有詩（重視意境）

「畫中有詩」是王維作畫時的創作意圖，這種畫與詩的融合是中國藝術特色，首由王維肇其端（註一九）。後來到了宋朝才大致被肯定。如郭熙說「詩是無形畫，畫是有形詩」（林泉高致「畫意」）；蘇東坡的「韓幹畫馬詩」也談到「少陵翰墨無形畫，韓幹丹青不語詩」。而黃山谷竟有「淡墨寫出無聲詩」（「次韻子瞻子由題憩寂園」）這樣的句子。至於詩畫融合的說法，徐復觀先生把它分作三階段，一、是題畫詩的出現；二、是以詩作爲畫的題材；三、則以作詩的方法來作畫（註二〇）。並且以大詩人寫詩的手法來作畫，因此能提高畫的意境。中國繪畫向來講求「意境」，以「意境」的高低，來評鑑一幅畫的雅俗。

那麼「意境」是什麼呢？只能簡單的說，就是畫家對自然物象，統攝觀照，融會貫通，把對象的形神得之於心，應之於手，達於「物我合一」的境界，這種思想根源乃是基於中國文化「天人合一」之道。中國一幀山水畫幅中，可以有平視的「平遠」，仰視的「高遠」，俯視的「深遠」，「三遠法」，是西方人用科學透視法所無法理解的。但從物我合一思想來求解，即可明白。中國畫家無論畫山水或人物，他的立足點定站在對象的一邊，甚至沒入其中。所以，中國畫所描寫的景物，是作者主觀的意境，而非客觀的現實。意境的高低，決定畫的雅俗，畫的雅俗，源於作者的思想和修養。

藝術常是作者個性的表現，王維處於盛唐，正是宗教、哲學、藝術各種思潮競艷的時代，他雖富於學識，天資都美，仕途並不如意，尤以晚年又遭安史之亂，遂絕意仕進，隱居輞川，每天茹素獨坐，以談禪繪畫爲樂。所畫山水絕去浮華，一變鉤斫之法而用渲淡，此一轉變諒係思想受外在刺激再加個人自省的結果，也可說是他思想和修養的表現。當時佛道思想盛行，士大夫受到超然出世思想的影響，社會風氣由富麗侈華而轉變爲淡泊清遠的作風。畫風既爲之一變，想畫出蕭條澹泊的意境，即求詩意於山水，非有賴於水墨渲淡法不可。

王維畫注重「重深」，即三遠法中的「深遠」，也就是由具體的深度和縹緲的遠景感，而將文人雅士的氣韻節操表現出來，是以有人稱它爲「文人畫」。蘇東坡曾在「跋宋漢傑畫山」說：

唐人王摩詰李思訓之流，畫山川平陸，自成變態，雖蕭然有出塵之姿，然頗以雲物間之，作浮雲杳靄與孤鴻落照，滅沒於江天之外，擧世宗之，而唐人之典型盡矣。

這是協入詩情的畫境，唐以後的山水畫就在這裡生發變化。尤以東坡提出王維畫有「蕭然出塵之姿」確爲卓識，也證明了王維的畫能反映作者的精神態度。這種旣能把畫家的性格滲入到畫面去，又能把畫面文學化的中國畫，非有賴於「畫中有詩」這一創作意圖來融物我、創意境不可，這種詩畫合一的要求，也是王維畫風特色，值得後人學習。

三、小結——王維在中國畫史中的地位

1.各家說法之商榷

歷來王維畫的地位，頗多爭議，尤以近人爲最。而王維畫的頭銜——山水畫始祖、南宗畫鼻祖及文人畫始祖等說法，先後都有人質疑，其中以南宗畫祖之說最受詬病，以下擬依次稍作討論說明。

首先討論王維是否夠得上被稱爲山水畫始祖？由於山水畫的語意界說不明確，常有所指不符而致誤。如廣義的山水畫應指金碧山水和水墨山水，但如改稱「破墨山水畫祖」，像俞劍華氏「中國繪畫史」所主張的，或許爭議會少些。古來歷代著錄稱「山水畫祖」的，約有下列三種說法：㈠、「二李

說」，張彥遠「歷代名畫記」曾談到「山水之變，始于吳，成于二李」，二李是指李思訓、李昭道父子。㈡、「六朝說」，即指宗炳、王微兩人。今人余紹宋氏和宗白華氏所主張。㈢、「東晉說」，即指顧愷之，鄭昶氏「中國畫學全史」主之。以上係傅抱石氏所歸納（註二一），並斷以「中國的山水畫，胚胎於漢魏，成立於東晉，而發達於盛唐的結論」，他說：

晉室過江以後，社會思想與自然環境的浸淫涵詠，以色為主的山水，遂告完成。自此至隋，山水畫家有顧愷之、宗炳、王微、張僧繇、展子虔諸人，尤以顧愷之的「畫雲台山記」和展子虔的「青綠著色」為畫學、畫體的前驅，這是中國山水畫的成立時期。（註二二）

顯然他主張以「東晉說」的顧愷之為山水畫始祖，王維不與焉。如再以朱景玄「唐朝名畫錄」的說法：「縱似吳生」，我們僅能承認王維晚年以水墨法作畫，是在吳道子畫風影響下完成的。如改稱「水墨渲染法」的創造者，即「破墨山水」始祖，爭議較少，但仍有啓功、滕固、童書業等人反對，認為所謂「始用渲淡，一變鉤斫之法」是董其昌搗的鬼，其實「渲淡」在王維以前即有；王維作畫，有時亦用斧劈法（註二三）。確定梁元帝所作「山水松樹格」有「或難合於破墨」的說法，是破墨最早紀錄。可見王維是山水畫祖之說，仍有待商榷。

次論及王維是否南宗畫祖，意見很多，先抄出說法來歷再稍作討論，董其昌「容臺別集」卷四「畫旨」有云：

禪家有南北二宗，唐時始分。畫之南北二宗，亦唐時分也；但其人非南北耳。北宗則李思訓父子著色山水……。南宗則王摩詰始用渲淡，一變鉤斫之法。其傳爲張璪、荊、關、董、巨、郭忠恕、米家父子，以至元之四家。亦如六祖之後，有馬駒、雲門、臨濟，兒孫之盛，而北宗微矣。

這段文字和莫是龍「畫說」有相同的文字紀載，近人童書業、俞劍華兩人力主是莫是龍所作，徐復觀先生則斷以董其昌所倡作（註二四）。此論被攻擊的最大理由是，中國山水畫在董其昌以前根本沒有所謂南北宗的說法。尤以近人傅抱石氏反對最力，他說：

> 我必須再三地聲明幾句：中國山水畫是沒有所謂「南北宗」的，王維也絕不是什麼「南宗」畫祖。這是明、清之際，一班「文人」畫家模仿禪家的形式而憑空杜撰的。他們的目的在攻擊從眞山眞水出發即以自然爲師的山水畫家和山水畫，莫是龍、陳繼儒和董其昌諸人是「始作俑者」（註二五）。

那麼董其昌提倡畫有南北宗的說法應有更積極的理由，依徐復觀先生的推斷是：

> 董其昌的南宗，是以米芾父子爲中心所建立起來的。但他爲了裝飾門面，所以選擇王維爲開山祖，一方面是如前所說，受了北宋文人畫論家及王維詩的重大影響；一方面是因爲北宋文人心目中王維的畫，正與米氏所發現的董、巨畫的評價相近。（註二六）

而徐復觀先生更以「董其昌在『畫旨』中有『文人之畫，自王右丞始』的一段話，由此可知他的所謂南宗，實指的是文人畫」（註二七），徐氏把南宗畫和文人畫說法合一，企圖消泯南北宗畫的困擾，況且董其昌個人也主張「文人畫自王維開始」，南宗畫祖的說法似可去除，免惹是非。

前面既然討論到王維被稱作「山水畫的始祖」及「南宗畫祖」都有不妥，只剩「文人畫始祖」的說法是否能夠成立？倒值得進一步討論。依歷史紀載，王維在唐宋當時畫壇的地位並不穩定，如「歷代名畫記」竟把他排在韋鷗、張通之後；「唐朝名畫錄」列入妙品（次於神品）；舊唐書本傳說他「創意經圖，即有所缺」；米友仁甚至說他的畫是「皆如刻劃不足學」。近人更以王維畫作眞跡難覓或可疑，未能入選水墨派或南宗派代表畫家（註二八）。只有宋朝蓋世才華、詩文造詣極高的蘇軾首先推崇他，稱「味摩詰之詩，詩中有畫；觀摩詰之畫，畫中有詩」，甚至說「摩詰得之於象外，有如仙翮謝籠樊，吾觀二子皆神駿，又于維也斂衽無間言」（「題王維、吳道子畫」）。或許這兩位唐宋有名士大夫，既同為詩人，理應同氣相求，同聲相應，可見其神情的契合。東坡推崇摩詰「得之象外」，正是文人畫不求形似，着重「意氣」的表現，也是兩人共同具有的文人氣質，這種注重畫家胸中的意趣，表現作者的情感和人格，就是文人畫的特徵。文人畫經蘇軾的倡導，在宋代起了迴響。迄至明代，董其昌也響應「文人畫」的號召，才正式認定王維是文人畫的創始者。迄今這種說法較無異說，連反對他最力的傅抱石氏都說：

他的創作，加強了繪畫和文學的聯繫，從而更擴大和豐富了山水畫的精神內容。……他這樣有機地把文學和藝術結合起來，在中國繪畫史特別是中國山水畫史，實在是一件大事情。（註二九）

著有「中國藝術精神」的思想家徐復觀先生也認爲「北宋人對王維的畫所作的評價，即表示北宋人對畫的理想。此理想，旣具體化於王維的身上，則王維在文人畫中當然有開宗作祖的資格」（註三〇）。

2. 結論——肯定文人畫始祖說

我國繪畫多以墨爲主，以色爲副，實與書法的格調氣韻相同。中國繪畫發展，乃由寫實轉向寫意，但在畫家筆下，不論寫實或寫意，均貴用墨，以濃淡表現畫的意境，所以水墨畫構成繪畫中最高的格調。王維旣主張「水墨爲上」，被推爲水墨文人畫的始祖，當之無愧。而且墨色能凝聚靜穆之氣，正是中國繪畫的特色，其精神是寧靜冲和，也和禪、道精神相通。王維也精通禪與道，生平行事超然物外，富有纖細而閒情感傷的情緒，日人小林太市郎在「王維生平與藝術」序文特別指出，王維之所以能成爲文人畫始祖，即因爲足爲此種精神典範的緣故。

依近人研究「文人畫」的要素有四：人品、學問、才情及思想（註三一），王維博學多藝，精音律、工草隸、能詩、善畫，藝術天份超群出衆，可說完全合乎條件，尤以王維能以詩意入畫，所謂「畫中有詩」，成爲中國文人畫的濫觴，全有賴其藝術的自覺，即把握住了時代文化藝術思想的主流。

近人姚夢谷先生也認爲水墨畫的興起，最主要的還是思想問題，他說：

當古代文人們厭棄了丹青的絢爛，歸於水墨的平淡時，在繪畫的觀念上，亦復趨於創新。他們對於大自然對象的體認，已經從外在形貌，推及內在精神。落墨揮灑，不再以客觀去博取形式，而是以主觀去捕捉神韻，物我不是對立，乃是兩相冥合。…古代文人每喜將這種畫稱爲「寫意」，他所寫的，是自家主觀所契合的大自然的靈魂，色彩的有無，固然不關得失；形似與否，亦可在所不計；王維的破墨、王洽的潑墨之所以創立，青藤、白陽之所以追踪，皆歸源於此一思想爲誘發。（註三二）

這種文化藝術思想主流的把握，王維也有所知覺，並在他的「山水論」畫論裡加以抉發，他說：「凡畫山水，意在筆先」，正如倪雲林所謂的「胸中逸氣」之精神，參酌顧愷之「以形寫神」「遷想妙得」的作畫方法，到張璪所主張的「外師造化，中得心源」這一脈中國藝術「傳神論」，王維佔有一席極重要地位。

總之，王維可說是中國文人寫意畫的奠基者，他的破墨山水爲後代文人畫家所取法，且蔚然成爲風氣，形成了中國繪畫尊重水墨，重視寫意的精神，俞劍華氏「中國繪畫史」也如是說：

王維以詩境作畫，賦予中國畫以新生命，遂由宗教化而入於文學化。此種文學化之畫，遂日漸擴充，而佔領藝術界之全土，不特因此開中唐以後之風氣，而且立一千餘年文人畫之基礎，以形成東方特有之藝術，爲世界所無。（註三三）

王維開創之功，可謂偉矣，其在中國繪畫藝術上，實佔有承先啓後的地位。

【附　註】

註　一　藝術概論，頁一六一，黎明文化事業公司版。

註　二　中國藝術精神，頁一四六、二一六。台灣學生書店版。

註　三　見「文字與意象：中國詩書畫」一文，聯合報，七十四年十一月四日副刊。

註　四　轉引自林同華氏著「中國美學史論集」上冊，頁八十五，丹青圖書有限公司版。

註　五　中國繪畫美學史稿，頁五八，木鐸出版社版。

註　六　同前註四，頁七一。

註　七　同前註六。

註　八　同前註四，頁二六一，注五六。

註　九　同註五，頁五七－八。

註一〇　呂佛庭先生有「東方印象主義藝術大師－王維」乙文，見「文藝創作」六十八期。

註一一　莊申先生「王維山水繪畫源流的分析」，刊「王維研究」上集，頁一〇九－一三四。

註一二　轉引自李沛先生「水墨畫的探源」，中華文化復興月刊十卷十二期，頁七十。

註一三　同註四，頁一五〇。

註一四　同註一，頁一四九。

註一五　同註四，頁一五一－二。

註一六　見蕭氏「王維的書與詩」，民主評論五卷十七期。

註一七　宗自華氏「美從何處尋」，頁六一。

註一八　轉引自貝塚茂樹著張桐生譯「中國之藝術與文化特質」乙文，中華文化復興月刊十卷十二期，頁七四。

註一九　此依「詩話總龜」言，顧長康善畫而不能詩，杜子美善詩而不能畫，從容二子之間者，王右丞也。

註二〇　同註二，頁四七四，「中國畫與詩的融合」。

註二一　傅氏「中國古代山水畫史研究」，頁十四—五，學海出版社版。

註二二　同前註二一，頁七二。

註二三　中國名畫家叢書，晉唐五代之部，頁一三一。

註二四　同註二，頁三八八—三九四，第一節南北分宗的最先提出者。

註二五　同註二一，頁二七。

註二六　同註二，頁四二六。

註二七　同註二，頁三九七。

註二八　高準先生「中國繪畫史導論」，頁六一。

註二九　傅抱石先生「中國的人物畫和山水畫」，頁二七，華正書局版。

註三〇　同註二，頁四〇二。

註三一　陳衡恪先生「中國文人畫之研究」。

註三二　引自姚氏「中國水彩畫探源」，刊「美術學報」創刊號。

註三三　見該書，頁一〇九。

第五章　王維詩的藝術特色——詩中有畫

第一節　「詩中有畫，畫中有詩」說理論探源

最先提出「詩中有畫，畫中有詩」說法的，是宋朝的蘇軾。他在「書摩詰藍田煙雨圖」中，稱美王維，語云：

味摩詰之詩，詩中有畫；觀摩詰之畫，畫中有詩。詩曰：藍谿白石出，玉川紅葉稀，山路元無雨，空翠溼人衣。此摩詰之詩，或曰：非也，好事者以補摩詰之遺。（註一）

蘇東坡雖揭示了王維詩畫特點，却沒有進一步界定或說明，以致「詩中有畫，畫中有詩」被濫用，變成浮泛稱美詩畫的代詞，近人頗有批評，如黃美序「詩與畫」談到：

我常覺得「詩中有畫，畫中有詩」這句話並不見得在讚美王維的詩與畫，因爲好詩中應該有畫，好畫中也應該含有詩：只是詩人用文字來表達他們的思想和感情，畫家們則用線、面和色；他們所重視的都是「意」而不是「形」，但在表達「意」時都必須借重「形」的描繪，讀或看時也必須通過「形」而後才能到「意」。所以「詩中有畫，畫中有詩」可看做一種標準，而不能算是很好的讚美。（註二）

又有時人認爲反而縮小了詩畫的關係，如啓功「談詩書畫的關係」，云：

> 評王維的「詩中有畫，畫中有詩」這兩句名言，事實上已把詩畫的關係說得非常之小了。請看王維詩中的「畫境」名句，如「山中一夜雨，樹杪百重泉」……等等著名佳句，也不過是達到了情景交融甚或能夠寫景生動的效果。其實這類情景豐富的詩句或詩篇，並不止王維獨有，像李白杜甫諸家，也有許多可以媲美甚至超過的。……只因王維能畫，所以還有下句「畫中有詩」，於是特別取得「優惠待遇」而已。（註三）

顯然認爲「詩中有畫，畫中有詩」並不是王維所獨有的藝術特色，不過，也有全然認同其說的，如藝評家虞君質先生在「論王維」專章裡談到：

> 在唐代衆多藝術作家裏面，能夠把詩歌、繪畫、書法、音樂四種藝術加以融會貫通而各有其特殊的表現的作家，只有王維一個人。
>
> 詩畫兩種藝術雖各有其特殊表現形式，但在王維的藝術裏面却自有其不可分離的一致性，這原因，按照我們的看法，不外在他的詩畫裏面所共同含有的那種音樂的內容。（註四）

虞氏更引述英國文學批評家佩特（Walter Pater）一席話：「一切藝術都是趨向音樂」（註五），來強調「繪畫、雕刻、詩歌和其他一切藝術，都傾向於音樂的原理和狀態」（註六）。可見虞氏以爲詩畫的滙通在兩者共有的音樂性。難怪他認爲「（王維）每一首歌誦田園生活的詩篇中，一方面充滿了音樂的『神韻』，一方面又洋溢著繪畫的『意境』」（註七）。近人潘天壽氏認爲「詩畫融和，相得益彰」，他說：

在詩的表現上，有關格調、韻律、音節、氣趣等等，與繪畫表現上的風格、神情、氣韻、節奏等等，兩者是完全相通的。畫的選材要求取其某點精華，去其一切叢雜，增強減弱，突出主題，與詩的選材也是相通的。詩句組織上的蜂腰、鶴膝、釘頭、鼠尾等病名，與繪畫用筆上的諸病名，也完全沒有異樣，因此，詩人、畫家王摩詰所作的詩和畫，不但在詩畫的意趣上是兩相融結在一起不能分割的，就是在詩和畫的組織技法上，也是融結在一起不能分割的。（註八）

古人也有相近看法的，如「青軒詩緝」云：「右丞遠樹帶行客，孤城當落暉，帶字當字極佳，非得畫中三昧者，不能下此二字」。王世貞「弇州山人藁」說：「王右丞詩云，江流天地外，山色有無中，是詩家極俊語，却入畫三昧」。又「鐵網珊瑚」云：「王右丞水田白鷺夏日黃鸝之詩，即畫也」。連推崇王維爲文人畫始祖的董其昌也說：「非右丞工于畫道，不能得此語」（註九）。其實，這種詩畫一律的說法，是有其歷史演進過程，以下試作解說。

詩畫相融現象，於晉朝已漸成風氣，陸機以畫和雅頌比論，提出「宣物莫大於言，存形莫善於畫」的說法（註一〇），雖劃分了文學和繪畫的職司，但這種六朝詩歌所追求的「形式」，却有突破兩種媒介特性所造成的局限之企圖，近人王文進先生「論六朝詩中巧構形似之言」有以下的推論：

詩歌走向「形似」之路，就是企求「寫物圖貌，蔚似雕畫」，突破媒介特性所造成之局限，設法「要達到繪畫的效果」。由於六朝詩人對語言作這種超越性之嘗試，遂使中國詩歌於襲承詩

經系統之音樂性外，更又附以繪畫性。「詩如畫」之說若欲振葉尋根，沿波討源，不得不問徑於「巧構形似之言」。（註一一）

「巧構形似之言」早經劉勰、鍾嶸提出，在往後批評理論系統雖乏人問津，但中國詩歌語言走向「詩中有畫」的繪畫性，却是「形似之言」的貢獻之一（註一二）。只可惜在當時的影響不大，入唐才有裴孝源「貞觀公私畫史序」，明言詩人與畫的關係，僅能算作詩畫相融的先聲。到了盛唐，王維雖身兼詩畫之才，却還沒有正式的「詩畫合一」說法，但有「傳神寫照，雖非巧心，審象求形，或皆暗識」的主張（「爲畫人謝賜表」）。不過，藝評家郭繼生先生在「文字與意象：中國詩畫」一文，看法別有見地，他說：

筆者以爲，「詩畫合一」這一理論根本上是士大夫畫家（如王維）爲了提高繪畫的地位而發展出來的。王維在他的「爲畫人謝賜表」裡首先指出：「卦因于畫，畫始生書」，然後說畫「乃無聲之箴頌，亦何賤於丹青」。在這一點上，有類於後來西方文藝復興時達文西之輩想把繪畫提昇到與詩同等的地位（參見達文西「筆記」（Notebooks））。至於王維說畫「乃無聲之箴頌」，則已開後世「無聲詩」說之先河。（註一三）

到了宋朝，詩畫合一的說法才達到一致的觀點，玆先後列出郭熙、蘇東坡、黃山谷釋慧洪等對詩畫的論點，以供比較：

一、郭熙「林泉高致」云：「更如前人言，詩是無形畫，畫是有形詩，哲人多談此言，吾人所師。

余因暇日，閱晉唐古今詩什，其中佳句有道盡人腹中之事，有裝出目前之景」。提出「無形畫，有形詩」的說法。

二、蘇東坡「跋鄢陵王主簿所畫折枝」二首：「詩畫本一律，天工與清新」。又「題跋」云：「味摩詰之詩，詩中有畫。觀摩詰之畫，畫中有詩」。所言於詩畫無所偏重。

三、黃山谷題「蘇東坡李龍眠合作憩寂圖」：「李侯有句不肯吐，澹墨寫出無聲詩」（豫章黃先生文集卷五）。又釋慧洪「題宋廸作瀟湘八景圖詩序」，云：「宋廸作八景絕妙，人謂之無聲句，演上人戲余道：能作有聲畫乎？」（聲畫集卷六）。黃山谷提出「無聲詩」，釋慧洪揭示「有聲畫」的說法。

據上可知，郭熙「有形詩，無形畫」一語，所重在「形」，以「畫」爲重點。到了東坡，則道破「詩畫一律」說法，以「詩中有畫，畫中有詩」贊賞王維的詩畫，並言及詩畫創作貴天工，意境要清新，於詩畫無所偏重，不分軒輊。而黃山谷「無聲詩」、慧洪「有聲畫」，重在「聲」字，即講求音樂性，以詩爲重點。剛好回應前面虞君質先生所提「詩畫相融，即在共同的音樂性」說法。

由上可信宋人對詩畫合一觀點已有很深的體會，且幾乎以王維詩畫作爲標準，如劉士鏻「文致」談到：

晁補之云，右丞妙於詩，故畫意有餘；余謂右丞精於畫，故詩態轉工。鍾伯敬有云，畫者有烟雲養其胸中，此是性情文章之助。（註一四）

晁劉兩人論點互異，却指出了王維詩的特點——「有餘」的畫意與詩語言的「精工」，也說明了兩種藝術可能的感通。「史鑑類編」以王維的作品爲證：

> 王維之作，如上林春曉，芳樹微烘，百囀流鶯，宮商迭奏，黃山紫塞，漢館秦宮，芊綿偉麗于氤氳杳渺之間，眞所謂有聲畫也。非妙于丹青者，其孰能之？（註一五）

由於宋人發揚了詩畫一律的理論，奠定了後來中國文人畫的發展方向，近人戴麗珠先生「詩與畫」乙文曾加肯定：

> 兩宋以後，「無聲詩」一語，終於成爲文人畫家依循與追求之最高創作圭臬。而中國文人畫最高之創作理想，也得到發露。（註一六）

而王維被蘇東坡推爲詩畫合一的先進代表，「詩中有畫，畫中有詩」乙語就與王維分不開。我們研究王維詩的藝術特色，即着眼於「詩中有畫」的繪畫性，希望了解王維詩歌如何突破語言媒介的限制，而呈現繪畫效果。

第二節　出位之思——詩與畫關係之討論

「詩中有畫，畫中有詩」此一概念，在很早的古希臘、古羅馬時期，即有人提倡。古希臘詩人西蒙尼台斯（Simonides of Ceos）說過同樣的話：「畫爲不語詩，詩是能言畫」（註一七）。古羅馬詩人霍瑞斯（Horace）所說「即詩即畫」（註一八），竟與蘇東坡所說「詩畫本一律」相同，可見中外詩人所見類同。

「詩中有畫，畫中有詩」依現代說法就是「出位之思」，近人葉維廉先生稱其「源出德國美學用語Andersstreben，指一種媒體欲超越其本身的表現性能而進入另一種媒體的表現狀態的美學」（註一九）。錢鍾書氏稱爲「出位之思」，有以下清楚的解說：

> 一切藝術，要用材料來作爲表現的媒介。材料固有的性質，一方面可資利用，給表現以便宜，而同時也發生障礙，予表現以限制。於是藝術家總想超過這種限制，不受材料的束縛，強使材料去表現它性質所不容許表現的境界。譬如畫的媒介材料是顏色和線條，可以表示具體的迹象；大畫家偏不刻劃迹象而用畫來「寫意」。詩的媒介材料是文字，可以抒情達意；大詩人偏不專事「言志」，而要詩兼圖畫的作用，給讀者以色相。詩跟畫各有跳出本位的企圖。（註二〇）

錢氏認爲這種「出位之思」是藝術家的挑選某種材料來作爲表現的媒介，根本是「出位」的心理補償，即所謂「藝術彼此競賽」、「藝術的換位」等說法（註二一）。美學家朱光潛氏則稱爲「詩畫同質說」（註二二），認爲詩畫同質雖是古今中外一個普遍信條，詩與畫究竟是兩種藝術，在相同之中有不同者在，繼而批評萊森（Lessing有作「萊辛」）的詩畫異質說。以下似有必要先引述萊辛的觀點以供討論。

在西洋學史上，有一件爭論與影響的例子，那就是羅馬詩人維吉爾（Virgil）狀寫「拉奧孔」

（Laocoon），描寫他和其子被巨蟒勒死的經過。到了十八世紀，德國藝術史家溫克曼（Winckelmann）分析「拉奧孔」時，提出爲何拉奧孔臨死哀號嘴是微張的，並不像維吉爾在史詩「伊尼懿德」（The Aeneid）所描寫的，「他的吼聲震動了周遭的空氣」？溫克曼的解釋是爲了求美，雕刻家祇得把醜掩蓋，把情緒舒緩，因此拉奧孔的「吶喊」被減弱爲「喟歎」。萊辛在其「詩與畫的界限」（註二三）一書中，就「詩」與繪畫的基本媒材反覆論證，並批駁溫氏的解釋：

他認爲由於雕刻家無法像詩人一樣作持續的描寫，因此祇能選擇一個最具潛力（Pregnant）的瞬間，來暗示前因後果。造型藝術家局限於空間性（Spatiality），僅能表現物象（object）；但詩的性質是時間性的，我們讀詩時，可見到持續的行動（action），因此，除了爲了服膺希臘藝術的美與合宜原則外，拉奧孔的雕刻家選擇的刹那是主人翁尚未張口大叫的一刻，以物象暗示出持續的行動。正如詩人以行動暗示物象一樣。雷辛對拉奧孔的分析導致（或基於）他對媒介的新認識：造型藝術是空間藝術，詩（文學）是時間藝術。（註二四）

雷辛指出畫是一種空間性藝術，詩是一種時間性藝術，前者呈現孤立的物象，後者只能陳述連結的事件，兩者不容相混，近人劉文潭先生「西方美學史上詩與畫的合與分——並比較中西立場之不同」乙文曾加論析如下：

㈠畫呈現事物，而詩呈現符號。其結果，前者直接，後者間接；前者具象，後者抽象；前者源於形式，後者源於內容；關於前者之經驗，情緒與快感之源，在於可見之世界，後者不能直接現形，只能由符號來提示，此乃視覺藝術與詩之基本差分。

㈡透過繪畫與詩歌，我們經歷到兩種美感經驗；當我們欣賞繪畫之時，我們經驗到藝術品的本身（形、色、聲以及出現在畫面上的各種情景）；當我們欣賞詩歌時，我們編織聯想、思緒、夢想、意境而這一切乃是由作品所引起。可見論前者，作品之本身即是經驗之直接而實際的對象，論後者，作品只是美感經驗對象之激發者，易言之，前者（繪畫）基於知覺，後者（詩歌）基於想象。（註二五）

劉氏從兩者美感經驗的差異明顯，強調詩畫之間應劃清界線——「詩自詩」，「畫自畫」。難怪文評家張漢良先生也認爲「詩畫一律論」是美學上與文藝批評史上的一個「美麗的錯誤」，他說：

這種論調是美麗的，因爲它企圖結合兩種「美麗的」活動，兩種「姊妹藝術」；它是錯誤的，因爲其認知基礎祇是一個脆弱的暗喩，而姊妹本無法結合。（註二六）

前人也有這種詩畫異質說法的，如清朝方熏「山靜居畫論」談到：「畫境異乎詩境，……惟詩有不能狀之類，則畫能見之」。又吳宓「詩學總論」也主詩畫異質（註二七），但只就西方理論立說，未能從中國詩畫的本質剖析，顯有偏失。雷辛的論證，對於一般西洋詩與繪畫而言，言之成理；但對於中國詩畫而言，則未必允當，美學家朱光潛氏也同意此說並提出看法（註二八），近人王文進先生加以歸納如下：

就畫言，中國畫自六朝已不拘於靜物之描寫，而趨於謝赫所云：「氣韻生動」，甚至中國畫之長卷形式更具敍述動作之妙。南宋夏圭「長江萬里圖」，南唐顧閎中「韓熙載夜宴圖」分別以長卷敍述空間上時間動作之流轉。就詩而論，六朝山水詩之成熟，西晉以來之詩都善於寫景。由於是項原因，中國詩畫異質之爭並不顯著，所以「詩中有畫」幾乎等於品詩盛讚之語，詩畫相融亦成爲中國藝術之特色。（註二九）

王氏更以中國「詩中有畫」之論，若追根溯源，要從「巧構形似之言」入手，必須借鑑六朝「形似」潮流所激起的語言透明性，浮現繪畫性的效果，並提出三點論據：文字之形象性、偶句之空間性、語法之羅列性（註三〇）。由於中國最早的文字是自然符號，又有書畫同源的說法（註三一），顯然中國詩畫的結合比外國詩畫的結合較易成立。美學家宗白華氏在其「美學的散步——詩（文學）和畫的分界」乙文中另有主張，他說：「詩中有畫，而不全是畫；畫中有詩，也不全是詩」（註三二），可見宗白華氏認爲「詩」與「畫」可以統一而非同一，與萊辛的詩畫異質說並沒有抵觸。

近人論詩與畫關係之作甚夥，有楚戈、何懷碩、林惺嶽、張清治……等多人（註三三），集大成之作當數文學理論家高友工先生的「中國抒情思想的演變」一文所提的論點，今依郭繼生先生「文字與意象：中國詩書畫」一文介紹如下：

「詩書畫三絕可以說是最能反映中國詩歌與美術理論發展的核心問題，也代表了中國藝術理論發展的峰顛。」

「中國藝術傳統裡『抒情思想』的重要性及特色，這種思想的兩個條件爲『內化過程』（internalization ）及『意象性質』（symbolization ）。中國的藝術不管詩、書、畫，皆不爲外物所拘，而意在創造出一種『心境』（inscape ）」。「『遊心空際』及『寫意象外』是中國詩、書、畫共有的特色。」（註三四）

這種抒情思想的「內化過程」正是藝術感通的工程，通過「意象性質」的幫助而創造出共同的「心境」，可見詩與畫的感通，必須植基於心理上的共感覺與審美上的移情作用。近人許天治先生「詩與繪畫的感通」有如下的看法：

其實，自然界中的聲、光、色、相，人生界中的興衰、哀樂，這些聲音、色彩、形象、現象，雖然原本各不相謀，但經過感覺（Sensation）與情緒的交互聯結，往往遙相呼應。由視覺得來的印象，固然可以用視覺的媒材（Medium）表現出來；相同地，在經過心理上的共感覺（Synesthesia）與審美上的移情作用（Empathy ）也可以用聽覺或其他感覺的媒體來表現。（註三五）

可見兩種藝術媒體巧妙運用，是可以互相感通的，詩與畫的關係也可作如是觀。

第三節　「詩中有畫，畫中有詩」之義界

歷來詩評家常談到王維「無言而有畫意」、「深得畫中三昧」，却不加闡釋，連蘇東坡自創「詩

中有畫，畫中有詩」之說，也沒有一定的界說，後人引用浮泛，幾成常言。近年由於傳統美學研究盛行，漸漸有人針對「詩中有畫，畫中有詩」給予界定，如張志岳氏「詩詞論析」談到：

> 詩中有畫的說法，應該是以詩爲主體，吸取畫的某些因素，融入詩境，從而體現出一般詩作所難以具有的美感。（註三六）

所論不夠深入，倒是近人林同華氏「論石濤及其美學思想」一文，論點較爲全面：

> 詩中有畫，使詩的語言本身的概念成分減弱，突出了形象的直覺性，由聽覺訴諸視覺；畫中有詩，使繪畫藝術的形象直覺性深入一層，構成藝術家表現的詩情畫意，由視意進入想像。中國藝術家們比較強調的是詩歌與繪畫的同一性，它們的相互滲透和轉化，而不是強調兩者之間的對立和界限。……要做到詩中有畫，必須從作者性情中來；要做到畫中有詩，又必須從畫境所觸發產生的審美趣味中表現出來。……石濤的詩畫理論着眼於兩者的同一，但也已看到兩者的界限：詩重性情，畫重境趣。（註三七）

林氏拈出「詩重性情，畫重境趣」，已說中要點，但兩者如何有機的結合，仍有待進一步說明。清代美學家葉燮有一段話有助於我們理解「詩中有畫，畫中有詩」。葉燮「已畦文集」卷八談到：

> 畫者形也，形依情則深；詩者情也，情附形則顯。

葉氏主張「詩」與「畫」的互相滲透，就是「情」和「形」的互相滲透，也是「動」與「靜」的滲透，所論簡明扼要。其實，常言的「詩情畫意」一語，也頗能說出「詩」與「畫」的關係，張志岳氏曾論析如下：

詩情畫意，這是一句常言。從這句常言的含義中，可以窺見詩畫、情意的密切關係，也可以窺見詩是以情爲主，而畫是以意爲主的。相對的說，情比較虛而意比較實。詩的媒介是語言文字，靈活、豐富、便於摹虛；畫的媒介是顏色線條，鮮明、具體，便於寫實。但表情貴有實感，有實感才能使人激動；寫實貴有含蓄，有含蓄才能耐人體味。詩、畫之所以有相互取資的作用，其道理不外乎虛實相濟。（註三八）

張氏認爲「詩」與「畫」能互相取資應用，道理在「虛實相濟」，那麼把「詩情（虛）畫意（實）」還原爲「詩（虛）中有畫（實），畫（實）中有詩（虛）」，也可以說成「情（虛）景（實）交融」，「詩、畫」說變成「情、景」說，著有「中國美學史大綱」的葉朗氏斷不會同意，他是把宋元詩歌美學分爲兩種範疇的（註三九）。但以「詩、畫」就是「虛、實」，說成「情、景」，可視爲一種方便說法，因爲「詩、畫」要感通，就是借助「虛」「實」相濟，「情」「景」互補。況且畫的「形」，必須藉由畫的媒介——顏色、線條去呈現，講求鮮明、具體，這種「詩畫」中的「形」不就是「情景」說中詩歌意象講求的「景」嗎？南宋范晞文「對床夜語」卷二談過「景無情不發，情無景不生」「而以實爲虛，化景物爲情思」，正是「情景」說最早說明。而這種「情景」理論集大成的，當數明末清初的大儒王夫之。他的「薑齋詩話」特別強調：「情景名爲二，而實不可離。神於詩者，妙合無垠；巧者則有情中景、景中情」（註四〇）。清朝朱庭珍的「筱園詩話」也談到：

謂律詩法度，不外情景虛實。……寫景，或情在景中，或情在言外；寫情，或情中有景，或景從情生；斷未有無情之景、無景之情也。又或不必言情而情更深，不必寫景而景畢現，相生相融，化成一片。（註四一）

王船山和朱庭珍總結了「情」、「景」的系統理論，講求「情景交融」而影響至今。美學家朱光潛氏也有類似說法：

即景生情，因情生景。情景相生而且相契合無間，情恰能稱景，景也恰能傳情，這便是詩的境界。每個詩的境界都必有「情趣」（Feeling）和「意象」（Image）兩個要素。「情趣」簡稱「情」，「意象」即是「景」。……詩的境界是情景的契合。（註四二）

承此說而來，現代詩人與詩評家也有發揮這種「情景」理論的。現代詩人白靈先生著有「意象的虛實」，分析「意」與「象」，認為「意」就是「情」，是「虛」的，「象」就是「景」，是「實」的，「意象」就是「情景」就是「虛實」，唯有「虛」跟「實」相互搭配，才有詩。他列有一個表，並舉例說明（註四三）：

詩創作的	
情(感情)	理(思想)
情	
意	
虛	
精神的	
看不見的	
抽象的	
主觀的	
宜隱	
要寓情於景、虛中帶實、主觀的以客觀的事物去呈現	
情宜隱，景宜顯，最好	

內容	
事（人事）	物（物象）
景	
象	
實	
物質的	
看得見的	
具象的	
客觀的	
宜顯	
要景中含情、實中帶虛、客觀的事物需加入主觀的思想、感情	
是情景交融、亦虛亦實	

例子：浮　雲（象、景、實）

遊子意（意、情、虛）

落　日（象、景、實）

故人情（意、情、虛）

以上例子看似機械粗疏，倒能分辨兩者分合關係，不失爲簡便的說法。

總結以上看法，無非都在企求方便法門，說「詩情畫意」或「情景交融」也無非借辭使力，讓人易於了解「詩中有畫，畫中有詩」的義諦，也能找出其他美學理論的滙通。當然，要給予定義頗有困難，像清朝的藝評家葉燮也僅能說明「詩」與「畫」的同一性：

昔人評王維之畫，曰「畫中有詩」，又評王維之詩，曰「詩中有畫」。由是言之，則畫與詩初無二道也。然吾以爲何不云：摩詰之詩即畫，摩詰之畫即詩，又何必論其中之有無哉？故畫者，天地無聲之詩；詩者，天地無色之畫。（註四四）

葉氏雖然說出了詩和畫作爲客觀世界的審美反映，在本質上是相同的，但詩畫兩者眞正的辯證關係並沒有解說。近觀劉逸生氏「唐詩的滋味」，剛好有「詩中有畫，畫中有詩」一文，分析王維的「鳥鳴磵」這首詩談到：

它的好處還不只是「詩中有畫」，而且這「畫」中更有詩。在這裏，詩與畫處於一種否定之否定的關係中：語言文字變成了圖畫，也就是說，音節和符號轉化爲形象，做到了「詩中有畫」——這是第一個否定；而與此同時，這似乎靜止的圖畫和形象，又被包含在其中的生動情態自我否定；上升到「畫中有詩」——這是第二個否定，即否定之否定。所謂「情景交融」者，其實就是情與景之間的一種否定之否定，對立的統一。這種情與景的互相滲透，使《鳥鳴磵》一詩中的形象畫面，更加詩意盎然，不但成爲一首如畫的詩，更成爲一幅充滿詩情的畫，詩情畫意，交相輝映。這其中的秘密，無非就是把情與景，動與靜在對立統一中加以把握。（註四五）

劉氏以辯證的態度，說明詩和畫所反映的對象和方式雖有所不同，但藉兩者之間的互相滲透、補充，讓詩和畫統一，「情」和「形」（或「景」）的統一，而產生鮮明生動的藝術形象來。文中所言「情與景之間的一種否定之否定，對立的統一」，就是「情景交融」的辯證關係，也就是「詩中有畫，畫中有詩」的涵意。

第四節　王維「詩中有畫」理論的整合

一、語法理論

談「詩中有畫」，即着眼於詩的繪畫性，而詩主要是通過「意象」具現的（註四六），故研究詩的繪畫性要講求意象的浮現，有賴意象浮現空間性的視覺效果。但研究意象產生的來源必須研究語法及用字。語法有兩種：中文的孤立語法與英文的堆砌語法。中文的孤立語法有利於意象的造就（註四七）。依高友工、梅祖麟二氏「唐詩的語法、用字與意象」一文，歸納出三種有益於意象塑造的語法句型，有利於名詞或名詞片語的孤立，易於呈現繪畫效果。

1.名詞或名詞片語羅列的句型，亦即高、梅二氏論唐詩語法所謂的「散漫性」句法。例如張繼「楓橋夜泊」中的一聯：

月落　鳥啼　霜滿天

依葉維廉先生「語法與表現」認爲「這種羅列的句式不但構成了事象的強烈的視覺性，而且亦提高了每一物象的獨立性，使物象與物象之間（月落、鳥啼、霜滿天）形成了一種共存併發的空間的張力，一如繪畫中所見」（註四八）。中國詩拒絕一般邏輯及文法分析，甚至「連接媒介」——動詞、前置詞、介系詞都可以省略，因此名詞和名詞片語之間，可以無需語法聯繫而各自孤立存在，以期達到加強視覺性效果。王維詩如：

雲裏帝城双鳳闕，雨中春樹萬人家。（雨中春望之作應制）

漁浦南陵郭，人家春穀溪。（送張諲歸宣城）

高鳥長淮水，平蕪故郢城。（送方城韋明府）

杏樹壇邊漁父，桃花源裏人家。（田園樂七首之三）

山下孤烟遠村，天邊獨樹高原。（田園樂七首之五）

閒門秋草色。（過李揖宅）

樹杪百重泉。（送梓州李使君）

以上各句的意象，都是名詞與名詞並列或孤立所造成的，每一個名詞或名詞片語造成一個個單純意象（simple image），直接訴諸讀者的感官感受，喚起聯想，達到多重暗示的效果。

2.含時間或處所意念的名詞或名詞片語，若置於句首，而語法上並沒有明顯的記號，也會孤立而產生單純的意象。這種句型，乃屬於高、梅二氏所謂「多義性」句法。因爲名詞如果既表示空間的意念又是一句的主詞，就會造成多義性。如錢起詩：

白雲明月弔湘娥。

可以解爲「白雲明月（在）憑弔湘娥」，也可以解爲「有人在白雲明月下憑弔湘娥」。多義性及其在詩行中的位置把「白雲明月」從詩句中孤立起來而產生單純意象。王維詩如：

大漠孤煙直，長河落日圓。（使至塞上）

秋天萬里淨，日暮澄江空。（送綦毋校書棄官還江東）

天寒遠山靜，日暮長河急。（齊州送祖三）

積翠沙窗暗，飛泉繡戶涼。（從岐王夜讌衞家山池應教）

岸火孤舟宿，漁家夕鳥還。（登河北城樓作）

落日鳥邊下，秋原人外閒。（登裴廸秀才小臺作）

雨中山果落，燈下草虫鳴。（秋夜獨坐）

林疏遠村出，野曠寒山靜。（奉和聖制登降聖觀應制）

深巷斜暉靜，閒門高柳疏。（濟州過趙叟家宴）

第一首「大漠」與「長河」，是含有處所意念的名詞片語，分別和「孤煙」、「落日」羅列，其間並無任何語法的關聯，因此顯得孤立而產生單純意象。次首的「秋天」與「日暮」是含有時間意念的名詞片語，分別置於句首，和「萬里」、「澄江」羅列，亦因其間並無任何語法上的記號，而顯得孤立，產生單純意象。以下各句可以類推，這種句型原理在時間空間化或空間時間化，讓視覺事象共存併發，達到空間張力的玩味、繪畫性、雕塑性。

3.倒裝句型，亦即高、梅二氏所謂的「破壞性」句法。詩行的語序被顛倒或破壞，影響詩行的「自然流動」，也易使名詞或名詞片語形成孤立狀態，因而產生單純的意象。例如上官予「早春桂林殿應詔」詩：

曉樹流鶯滿，春堤芳草積。

其中「曉樹」與「春堤」應分別爲動詞「滿」與「積」的賓語，如今置於句首，各與「流鶯」、「芳草」羅列，其間無任何語法聯繫，使每行詩成爲兩個孤立意象羅列的句型，產生單純意象。王維詩如：

柳色春山映，梨花夕鳥藏。（春日上方即事）
楚塞三湘接，荊門九派通。（漢江臨泛）
殘雨斜日照，夕嵐飛鳥還。（崔濮陽兄季重前山興）
明月松間照，清泉石上流。（山居秋暝）

首句，「柳色」、「梨花」本爲動詞「映」、「藏」的受詞，現放到句首，使意象孤立，這種屬於詩行語序的顛倒。另有一種破壞性句法，如杜甫詩：

亂雲低薄暮，急雲舞迴風。

這裏「薄暮」是時間副詞，則應置於句首，「低」可以是及物動詞，則語序應爲「薄暮低亂雲」。本詩行旨在寫三個獨立意象：亂雲、薄暮及低飛的動態，其間句法的聯繫微弱模糊，讀者貫注的是這些意象的交互投射，而非單純的寫空間或因果關係，讀者感受到的是亂雲與薄暮低飛而至，急雲與迴風舞的情景。王維也有這種句型的詩：

泉聲咽危石，日色冷青松。（過香積寺）
竹喧歸浣女，蓮動下漁舟。（山居秋暝）
澗花輕粉色，山月少燈光。（從岐王夜讌衞家山池應教）

草白靄繁霜，木蓑澄清月。（冬月書懷）

漁舟膠凍浦，獵火燒寒原。（酬虞部）

首句是王維名句，本詩行旨在寫三個獨立意象：泉聲、危石及呑咽的動態，其間句法聯繫薄弱模糊。同理，第二行也是寫日色，寫冷清，寫青松。至於應解爲「日色使青松顯得冷清」或「青松使日色顯得冷清」並不頂重要，讀者所注意的乃是這些意象的交互投射。這種語序的多次顛倒，有利於名詞的孤立，就能產生單純意象，達到意象的繪畫效果。

以上三種語法的探討，王維都有，而且例句很多，可看作王維詩歌藝術的自覺，他了解到中國詩歌語法的活潑性，學到詩歌易於呈現繪畫效果的句型，使「詩中有畫」的詩歌傳統從六朝以來繼續發揚光大（註四九）。

二、繪畫理論

歷來談論詩的繪畫性，很多論爲只重視文字外表所排列的形象圖式，而忽視詩中內在意象所構成的繪畫性，有所謂「圖畫詩」或「視覺詩」的說法（註五〇）。實則所謂詩的繪畫性。乃指應用了繪畫的原理，以文字語言表現在詩中的畫境，這種圖畫意境不是藉文字的羅列示出景物的形狀所能表現的繪畫美。文字的羅列僅能說是有繪畫的意圖而已，例如王維的「渭川田家」詩：

斜陽照墟落，窮巷牛羊歸。

野老念牧童，倚杖候荊扉。

雉雊麥苗秀，蠶眠桑葉稀。
田夫荷鋤至，相見語依依。
即此羨閒逸，悵然吟式微。

此詩僅在敍述田家晚景，常被解爲「詩中有畫」的例子，例如張志岳氏引清人王原祁「論畫」所說「位置緊而筆墨鬆」而評爲帶有繪畫特色的結構（註五一），但依詩人岩上所著「論詩的繪畫性」一文却有不同的看法：

就其表現的內容來說，它是訴諸「事」，而非訴諸「景」，各詩句並不須借重繪畫就能把此詩的旨趣說明出來，各詩句的意象之結構也是散亂的——我所說的散亂是指由各詩句的意象所指向的畫面，缺乏畫面應有的遠近層次立體感。所謂繪畫性既稱繪畫，當然應該指其景物，如六書的「象形」；而不應該指其「事件」，如六書的「指事」。是故此詩可以說有敍述景物的意圖，說他具有繪畫性是頗有問題的。（註五二）

岩上先生主張要「應用繪畫原理」，亦即詩的繪畫性應以繪畫原理可解說者，始可稱是。其實，王維這首「渭川田家」常被誤爲「詩中有畫」，乃用到了六朝「巧構形似」之言的「偶句構形」，正如王文進先生所說：「中國『詩中有畫』之特色，由偶句排列所造成之圖畫感是先決條件」（註五二）。中國單音節文字容易排成對仗，再加文字「點、線、面的配置密切，於是依憑簡單形象的聯想，遂亦爲之更易興發」，這種「點、線、面在中國文學上的顯象」論點（註五四），造成形象存在的實質，具有形構出詩的繪畫性之先天良好條件。但爲免混淆，採取「詩的繪畫性應以繪畫原理可以解說」的觀點，似乎較無爭議。而繪畫通常係靠色彩、線條及構圖三者加以表現，故以下擬以色彩、線條、構圖三方面來討論王維的「詩中有畫」的技巧。

(1)色彩：文字對感官的刺激在人類心理上所造成的圖畫，包括一切五官意象的再現，最普遍的是視覺意象，而視覺意象包括有色彩、明暗和動靜；其中色彩是視覺意象最重要的一環。故難怪文學理論家特別強調「色彩是字質的重要一環」（註五五），有物性傾向。由於意象愈具體愈容易使人聯想到新鮮、生動的物性；端賴未帶修飾的始原語（註五六）及色彩所造成的強烈視覺效果，使意象更爲鮮活生動。詩人永遠不會放棄塑造意象的努力，所以詩人也絕不會放棄色彩的經營和應用。黃師永武著有「古典詩的色彩設計」特別提到：

> 詩與畫有一個最明顯的共通點，就是兩者都有塗敷色彩的習慣，而詩人想使「詩中有畫」，讓意象鮮活，色彩的調配，是努力雕飾時的重要環節。（註五七）

王維是詩人兼畫家，調配色彩應是他的拿手好戲。依日人荒井健的統計：王維詩的彩色數字，佔總用數字百分之一點五。每六十七個字中，有一個色彩字（註五八）。在唐朝詩人當中，除了李賀之外，應數王維最喜用色彩字。

王維最喜用的色彩字，依次是白、青、黃、綠、紅等（註五九），而且「白」和「青」成對配搭，例如：

九江楓樹幾回青，一片揚州五湖白。（同崔傅答賢弟）
青草瘴時過夏口，白頭浪裡出湓城。（送楊少府貶郴州）
青菰臨水映，白鳥向山翻。（輞川閑居）
青草肅澄陂，白雲移翠嶺。（林園即事寄舍弟紞）
山臨青塞斷，江向白雲平。（送嚴秀才還蜀）
青山橫蒼林，赤日團平陸。（冬日游覽）
荊谿白石出，天寒紅葉稀。（山中）
多雨紅榴折，新秋綠芋肥。（田家）
綠艷閒且靜，紅衣淺復深。（紅牡丹）

這些意象都以對比的姿態出現，使色彩感更鮮明強烈。像「冬日游覽」例句：

青山橫蒼林，
赤日團平陸。

山本來是青色的，再以「青」字來修飾，更增強其視覺感受。「青山」一詞，首先引起我們感官感覺的是強調其素質的「青」字，由感官感覺的「青」，再進一步見到實體的「山」，王維善於運用「物性」創造意象，也反映了對景物色彩所生的美感經驗。同樣，「日」本是赤色，冠以「赤」字，更突出太陽的色彩感。上例所舉最後一句：「紅衣淺復深」，表現了顏色的深淺，王維顯然也注意到了光線明暗的對比與變化。例如：

陰晴衆壑殊。（終南山）

柳暗百花明。（早朝）

陰晝小苑城，微明渭川樹。（丁寓田家有贈）

日隱桑柘花，河明閭井間。（淇上即事田園）

這種明暗的對比，所喚起的象徵感覺就較爲複雜，甚至幅射更多感情象徵的涵義，王維有「送秘書晁監還日本國」詩，其中兩句：

鰲身映天黑，

魚眼射波紅。

據色彩學專家研究：「紅橙與黑色作爲對比時，刺激變得極不愉快，使人感到熱情，或遇到魔鬼般的戰慄」（註六〇）。依近人文達三氏的體會：「正是借助于這種色彩的形式感暗示了海上航行的艱險，同樣表達了對友人安危的憂慮和依依惜別的深情」（註六一）。可見他善於借助色彩來抒情表達主題。又由於有畫家的修養，對生活深入觀察使他注意到環境的光色對物體的影響，光線的處理與色彩運用也相得益彰，王維在色彩的把握上，是相當有心得的。

(2)線條：線條是繪畫表現手段，不同的線條和線條不同組合方式，可以引起不同的感覺、情緒和感情。國畫繪畫六法中的「骨法用筆」，就是指線條的勾勒。王維詩在線條的勾勒技巧上也有過人之處。例如：

大漠孤烟直，長河落日圓。（使至塞上）
渡頭餘落日，墟里上孤煙。（輞川閒居）
青山橫蒼林，赤日團平陸。（冬日游覽）
千里橫黛色，數峰出雲間。（崔濮陽兄季重前山興）
渺渺孤煙起，芊芊遠樹齊。（青龍寺曇壁上人兄院集）

首句是王維名句，大漠靠「孤煙直」以顯示它的廣緲無際；長河賴「落日圓」以表明它的綿延不盡。孤煙的「直」與落日的「圓」是「直」與「圓」的對比，線條對比強烈。身處無依的大漠，猶如一縷孤零零的煙柱，形單影支，旅人企求援助的情緒，透過長河（水）、落日（宿頭）而「圓」滿達到紓解，由此可證前面所說不同的線條可以引起不同的感緒、感情。其他各句也都是線條的對比，表顯了王維線條的運用，正是身為畫家的本色。王夫之說他：「工于用意，尤工于達意，景亦意，事亦意」（註六二），是知人之言。

(3)構圖：依國畫傳統說法叫「經營位置」或「布局」，王維有畫論——「山水訣」、「山水論」，對山水構圖有以下的說法：「先看氣象，後辨清濁，定賓主之朝揖，列群峰之威儀」，在布局安排上已有周到的省思。另外也提到「文山尺樹，寸馬分人」，有簡單透視法的意味；「遠人無目，遠樹無枝，遠山無石，遠水無波」更是「紋理遠近法」的說明（註六三）。由於王維有畫家的身份，構圖的要求視爲理所當然，他的詩有都分合乎透視法，算是符合前面所說「具有繪畫原理」的詩，才是詩中有畫。

繪畫中所說的透視法又叫做遠近法，就是把眼前的立體景物看作平面形的方法。它的原理是：凡物距離愈遠，其形愈小。反之，其距離愈近者，則其形愈大（註六四）。約可歸納成下列三種情況：

(甲)凡是比觀察者的眼睛高的景物，距離愈遠，其在畫面的位置愈低。例如：

野曠天低樹，江清月近人。（孟浩然「宿建德江」）

人在曠野遠眺，天遠而樹近，天則襯托在樹底下，把這景物當作一幅直立的圖畫看，天就近於樹了。王維也有這種例子：

明月松間照，清泉石上流。（山居秋暝）

落日鳥邊下，秋原人外閑。（登裴廸秀才小台作）

首句是王維名句，明月因遠而低，而松因近而高，在視覺上造成平面的結果，就是繪畫的透視法。次句的落日因遠而低，竟然在飛鳥底下，也是平面的效果，都是透視法造成的。

(乙)視線上的景物愈遠愈低，視線下的景物愈遠愈高，則視線上下都有遼遠的景物時，兩種景物常在視線的平面上連接。例如杜甫「旅夜書懷」：

星垂平野闊，

月湧大江流。

星星和平野永遠不可能相接，却因星遠野濶，撤去兩者距離而相垂連接。王維也有這種詩例：

居延城外獵天驕，白草連天野火燒。（出塞作）

林疏遠村出，野曠寒山靜。（奉和聖制登降聖觀應制）

首句的草和天是不可能連接的，但因草和天都遠，遠看以爲草天一線。次句言樹林愈遠愈疏，而遠村愈遠愈高，樹林盡頭就出現村落，道理一樣。

㈥平面化——非屬以上情形，撤去距離，把遠近一切物體拉到同一平面上來觀看。例如王之渙「涼州詞」：

一片孤城萬仞山。

城原是立體物，山與城之間原有距離，但把城看成平面，故曰「一片」。又撤去城與山的距離，城池好像載著萬仞高山，這都是靠撤消二物間的距離，而作平面化的結果。王維也有以下例子：

山中一夜雨，樹杪百重泉。（送梓州李使君）

水國舟中市，山橋樹杪行。（曉行巴峽）

首句即是取消樹與泉中間的距離，拿泉水接在樹杪上，好像泉水都對著樹頂澆下來，完全靠平面化的結果。次句言舟行過市，遠望樹梢，剛好一座座山橋平行，取消其間的距離，即成平面化，變成山橋在樹梢上隨舟行而前進。

以上可見王維工於經營布置，讓景物主次分明，遠近映照，疏密得體，難怪董其昌「畫禪室隨筆」

以王維「山下孤煙遠村，天邊孤樹高原」（田園樂）一詩，「若非工于畫道，不能得此語」相稱許，也可視爲對王維詩畫藝術的肯定。

三、電影理論

以電影理論來探討王維的詩畫，應是比較文學的課題。迄今電影已發展爲一自給自足的藝術形式，有其獨特的技巧，利用電影技巧去分析詩已變爲可能。近人陸潤棠先生著有「電影與文學」特別提到兩者關係：

> 詩和電影同樣的是一種溝通的表達方式。詩人筆下的句子、段落、標點符號，猶如電影導演那具「攝影筆」（Camére-stylo）下鏡頭交替。吾人旣形容法國導演莊高度的電影爲「電影化的詩」（cinematographic poetry），順理成章，中國唐代詩畫家王維某些自然詩，亦可稱爲「富於電影色彩的詩」（cinematic poetry）。（註六五）

由於王維詩中濃烈視覺和空間感覺，再加上對顏色光澤以及經營位置的高超能力，其詩極近電影性質（cinematic quality）。難怪詩人兼藝評家的葉維廉先生認爲「王維的詩在視覺的直接和眞實上最爲突出」一如畫面的剪接，葉氏擧了「漢江臨汎」、「終南山」、「斤竹嶺」、「使至塞上」等詩，認爲有鏡頭作用，他說：

> 像電影中每個鏡頭的制作，要注意到它的位置、距離、光和色的調子及厚度、動作的方向和動作的節奏（包括緩和急），王維的意象完成了類似的電影特性以及其他所有構成一個鏡頭的要

素。（註六六）

顯然葉氏已肯定王維詩極具電影效果。而葉氏向來主張中國詩以其特殊的文字和語法結構，比如意象的重疊或並列，發展出純粹視覺性、雕塑性與電影意味，亦即「蒙太奇」技巧和水銀燈效果。故以下稍爲介紹「蒙太奇」技巧實有必要。

「蒙太奇」理論是電影導演艾森斯坦受到我國造字六書中「會意」一法所啓示而發明的，導演廖祥雄先生著有「六書與電影藝術」一文曾加以介紹：

> 蒙太奇一詞之原文爲Montage，出自法文Monter，有「組合」之意。艾氏認爲電影剪輯並非單純的畫面連接，而是畫面的組合。他在他自己所撰寫的「電影藝術的本質與表意文字」一文中，舉出聞、吠、叫、鳴、忍等幾個中國會意文字來說明他的電影剪輯理論，也就是蒙太奇理論。「門」與「耳」本無特殊關係，但若把耳朶附在門扇上，就產生一種新的意義——聽。……把兩個意義獨立的畫面，綜合成更富於意義的上下連鎖。因爲電影藝術的本質，在於爲抽象概念尋找最簡潔的映像，這種二合一的關係，更增加電影映像的豐富性。（註六七）

近代藝評家最喜用「蒙太奇」理論來論詩的，當數葉維廉先生。他重視意象重疊或並列所構成的雕塑美，例如溫庭筠的「商山早行」：

鷄聲　茅店　月，
人跡　板橋　霜。

每行五個事象的並置，毋須外界的說明，而感到畫面的對比和張力，葉氏曾加以解說：

利用了物象羅列並置（蒙太奇）及活動視點，中國詩強化了物象的演出，任其共存於萬象、湧現自萬象的存在和活動來解釋它們自己，任其空間的延展及張力來反映情境和狀態，不使其服役於一既定的人爲的概念。在李白的「鳳去、臺空、江自流」中（三個鏡頭的羅列），不是比解說給了我們更多的意義嗎？（註六八）

這種意象並列能產生多義性，並藉「出位之思」的說法，來解釋這種意象的自然呈現，上面兩行詩正像繪畫和雕塑一樣，表現出詩的空間性。葉氏強調空間的時間化與時間的空間化，可見中國詩不僅是時間藝術，也是空間藝術。故以電影理論來突顯詩的繪畫性，必須採取兩種角度：(1)蒙太奇技巧(2)空間的時間化表現手法。

(1)蒙太奇技巧：電影的蒙太奇技巧，主要是用剪輯的力量爲觀衆把幾個獨立的鏡頭組合起來，變成相關的東西，造成一種「衝擊的吸引力」，使觀衆積極參與其中，以達成藝術的意圖。而詩詞的蒙太奇，超越了分析說解的思維習慣，使事物自然呈現，因而把握了現象的眞相。兩種媒體靠「出位」的企圖而獲得彼此之間的關係。例如王維的詩：

日落江湖白，潮來天地青。（送邢桂州）

大漠孤煙直，長河落日圓。（使至塞上）

這兩首詩剔除了「主觀性」和「自我干預性」，顯出視覺的直接性，讓人細心感受到一個連一個的鏡頭活動。這種鏡頭作用，眞正達到電影視覺性效果。又如王維「辛夷塢」：

木末芙蓉在，山中發紅萼；

澗戶寂無人，紛紛開且落。

二十個字沒有任何知性說明，任由數個鏡頭並置，「示而不說」（showing not telling），依從一種近似電影鏡頭活動的方式向我們呈示，「使物象、事象作『不涉理路』、『玲瓏透徹』、『如在目前』、近似電影水銀燈的活動與演出，一面直接佔有讀者美感觀注的主位，一面讓讀者移入，去感受這些活動所同時提供的多重暗示與意緒」（註六九）。正符合電影蒙太奇「衝擊的吸引力」，使讀者參與其中，而達至藝術的意圖。

(2)空間的時間化表現手法：電影的空間只存在於時間裏，而由這種空間創造電影的時間，由此造成的時間再去推動電影的空間。至於自然詩主要在描寫大自然的空間，以空間感覺來轉化爲時間感覺的表現手法，和電影手法是一致的。例如王維「木蘭柴」詩：

秋山斂餘照，飛鳥逐前侶；

彩翠時分明，夕嵐無處所。

依陸潤棠先生之解析如下：

這首詩可以說是表達空間變成時間程序的一個好例子（temporalization of space）。落日、飛鳥和彩翠明滅所造成一連串的動作，在讀者腦海中，產生一延綿不斷的對外界境界之視覺觀察程序。這些視覺意象，就像銀幕上不同的鏡頭一般，在讀者腦海之想像銀幕上，將這些空間意象變成爲一組前後相連的時間次序。這一類與電影手法相近的特點，在王維其它詩句中，亦常有出現。（註七〇）

陸氏以王維「輞川二十首」討論電影鏡頭的運用，認爲王維的自然詩中表現的視覺連貫效果，符合電影手法，可見藉由電影理論的超媒體的美學，也能企及「詩中有畫」的繪畫性要求。

四、情景理論

情景理論乃「詩中有畫，畫中有詩」正統說法，前面部分章節已大致解說，限於篇幅，以下擬僅就近人說法稍作排比，以明情景理論如何有助於「詩中有畫，畫中有詩」的了解。

傅庚生氏曾在「情景與主從」一文談到：

> 情與景會，水乳交融，所謂「洞監風騷之情之情者，亦江山之助」也。蘇東坡云：「味摩詰之詩，詩中有畫，觀摩詰之畫，畫中有詩」。畫中有詩，是景中寄情，乃異於凡俗；詩中有畫，是情中出景，因見其高格。（註七一）

傅氏雖以李漁「窺詞管見」所說「詞雖不出情景二字，……說景即是說情」立論，却已簡明道出情景說與「詩中有畫，畫中有詩」的關係。黃維樑先生則提出「因象悟意說」來說明「情景」的有機性：

> 語言以外的意蘊，乃通過詩中具體景象的描摹，由覽者會悟出來，所以言外之意，就是因象悟意，……換言之，詩的藝術，在於作者把心中情意，換作景象具體地表達出來，使覽者覺得景

象若眞若活，如在目前，進而體悟出景象所含蘊的情意。（註七二）

黃氏注重內在經驗（情）與外在世界（景）的融合，和王夫之所說「情景名爲二，而實不可離」相近。他又認爲因象悟意說和英美現代詩宗歐立德的「意之象」（objective correlative）的理論等同：

表達情意的唯一藝術方式，便是找出「意之象」，即一組物象、一個情境、一連串事件；這些都會是表達該特別情意的公式。如此一來，這些訴諸感官經驗的外在事象出現時，該特別情意便馬上給喚引出來。（註七三）

歐氏認爲客觀具體的事象，表現主觀抽象的情意，他的「意之象」說和情景二元說法相近。

至於「詩中有畫，畫中有詩」如何與情景說等同起來，黃維樑先生也有以下的看法：

蘇東坡曾謂王維「詩中有畫，……畫中有詩」，世人奉爲至論。何以東坡不說「詩中有情」呢？原來摩詰最爲人傳誦的詩，亦即那些描摩自然景象爲主的五言律絕，如「輞川閒居贈裴秀才迪」、「山居秋暝」、「漢江臨汎」、「觀獵」、「鳥鳴磵」、「辛夷塢」、「竹里館」、「鹿柴」、「欒家瀨」等，幾乎清一色是寫景之作。此即畫也。……東坡大概觀察到王摩詰的傑作，直說情意的少之又少，有的只是景象的描摹，乃以「詩中有畫」一語道破其特色。至於「畫中有詩」：畫自以狀摹形象爲務，可是筆墨之外，情意曲傳，所謂因象悟意是也，所以說「畫中有詩」。（註七四）

黃氏以「景」等同「畫」，倒不失簡便方法，也印證了美學家宗白華氏所說：「詩和畫的圓滿結合，就是情和景的圓滿結合」的看法（註七五）。另外他又列出王維寫景佳作，爲省篇幅不另申說。至於情景理論能供取資的方法約有四種，依黃師永武「用心於筆墨之外」一文所述如下：

> 有時情與景一致，借景喻情，產生一種聊以自慰的感慨；有時情與景相反，借景反襯，造成一種物我衝突的張力；有時以景截情，每於抒情未盡之時，忽然寫景，外貌看來好像情景對峙，不相通貫，實則在景物的背後，有更多的情在奔放；有時情景交融，情中寫景，景中寫情，包蘊密切，使景中含蘊著飽和的情感。（註七六）

所論極爲周詳，「詩中有畫」說似可透過這四種情景双寫的方法，去塑造詩的繪畫性。

五、虛實理論

虛實是中國美學重要理論，例如畫求留白；書法計白當黑，文學講弦外之音，都是虛實理論的運用。藝術家創造的形象是「實」，引起我們的想象就是「虛」，由形象產生的意象境界就是虛實的結合。唐人論意境，強調它的空間美，中唐劉禹錫主張「境生象外」（註七七），以爲具有深遠意境的藝術作品，除了具體有形的實象之外，還存在一個與此相聯繫的無形虛象，因而產生言有盡而意無窮的藝術效果。晚唐司空圖把它概括爲「象外之象、景外之景」，依虛實說法，就是以實帶虛，虛實相生。到了南宋，范晞文的「對床夜語」，曾從情與景的關係談到虛實理論，他說：

> 不以虛爲虛，而以實爲虛，化景物爲情思，……化而虛之者一字耳」。（註七八）

曾祖蔭氏「中國古代文藝美學範疇」有以下的解析：

> 所謂「以實爲虛，化景物爲情思」，就是把詩歌所描寫的景物看作是實，而把通過寫景所表達的思想感情看作是虛。藝術不能「以虛爲虛」，抽象地描寫思想感情，而必須「以實爲虛」，通過描寫景物表現思想感情，這就叫「化景物爲情思」。（註七九）

曾氏顯然以情景理論作進一步的發揮。至於「化而虛之者一字耳」，應指恰當地運用一個字，透過景物把思想感情表達出來。如王維「過香積寺」：「泉聲咽危石，日色冷青松」，趙殿成箋註：「『泉聲』二句，深山恒境，每每如此。下一『咽』字，則幽靜之狀恍然。著一『冷』字，則深僻之景若見，昔人所謂詩眼是矣」，這種手法是「化實爲虛」。虛實理論除了講求「化實爲虛」，也要求「化虛爲實」、「虛實相生」，所謂「虛實相濟」就是國畫理論的「氣韻生動」。藝術通過外在形象表現出內在的精神，如鄒一桂「小山畫譜」所說「實者逼肖，而虛者自出」的虛實結合，美學家宗白華氏認爲「化景物爲情思」、「虛實結合」，在實質上就是一個藝術創造的問題。他說：

> 藝術是一種創造，所以要化實爲虛，把客觀眞實化爲主觀的表現。清代畫家方士庶說：「山川草木，造化自然，此實境也；畫家因心造境，以手運心，此虛境也。虛而爲實，在筆墨有無間」。（註八〇）

也可見虛實理論是藝術創作的原理，又可表現爲動與靜、空間與實體的關係，如飛動之美、空間的美感等美學要求。繪畫求飛動之美，但畫理常運用動靜互補手法，笪重光「畫筌」談到「山本靜，水流則動；石本頑，有樹則靈」。詩畫同理，都貴弦外之音，畫外意，王維「漢江臨汎」兩名句：「江流天地外，山色有無中」即是佳例。王維也懂得「鳥鳴山更幽」的道理，寓靜于動，以動補靜。如「山居秋暝」一詩，句中「明月松間照，清泉石上流。竹喧歸浣女，蓮動下漁舟。」是一連串活動的節奏，布光精確，鏡頭勻衡，表現出詩中有畫、景中有聲、靜中有動的效果，王維運用動靜互補手法確是高招。

另外談到空間的美感，由於中國畫採散點透視，視點可以上下左右移動，便於打破時空限制，把廣濶的景物組織進畫面中來，因而擴大了藝術空間的概念。十一世紀的沈括即以這種散點透視的表現方式做爲他「以大觀小」的哲理依據：「山水之法，蓋以大觀小，如人觀假山耳」（夢溪筆談卷十七）。他認爲畫家以心靈來經營位置，如站在宇宙最高處，把握全局。宋代郭熙「三遠」構圖法，亦與之類似。中國哲人的宇宙觀照是「俯仰往還，遠近取與」（易經繫辭傳），也是詩人的觀照法。像王維「終南山」詩：

太乙近天都
連山到海隅（遠看，仰視）
白雲廻望合（從山裏走出來回到看）
青靄入看無（走向山時看）
分野中峯變（在最高峯時看，俯瞰）

陰晴衆壑殊（同時在山前山後看，或高空俯瞰）

欲投人宿處

（下山後及附近環境的呈示）

隔水問樵夫

所加括弧係葉維廉先生的觀點，認爲王維以「多重透視」或「廻環透視」的方式呈示他們山的經驗（註八一）。王夫之也曾論及王維這首詩，他說：

> 右丞之妙，在廣攝四旁，圜中自顯。如終南之濶大，則以「欲投人處宿，隔水問樵夫」顯之。……右丞妙手，能使在遠者近，摶虛作實，則心自旁靈，形自當位。（註八二）

所謂「廣攝四旁，圜中自顯」，這是取「境」，也就是取之象外，創造意境。王維這首詩不局限於具體的物象，而是「廣攝四旁」，伸向無盡的空間，又能「使在遠者近，摶虛作實」（如終南之濶大，則以「欲投人處宿，隔水問樵夫」顯之）。王維詩與畫的空間意識是一致的。難怪東坡居士也說過「靜故了群動，空故納萬境」的話，中國人追求的是「有限中見到無限，無限中回歸有限」，王維詩名句「行到水窮處，坐看雲起時」正是這種意趣。美學家宗白華氏有深入的闡發：

> 中國畫中的虛空不是死的物理的空間間架，俾物質能在裏面移動，反而是最活潑的生命源泉。一切物象的紛紜節奏從它裏面流出來！我們回想到前面引述的唐詩人韋應物的詩：「萬物自生聽，大空恒寂寥。」王維也有詩云：「徒然萬象多，澹爾太虛緬」。都能表明我所說的中國人特殊的空間意識。（註八三）

爲了豐富對於空間的美感，力圖把大自然無限空間引進園林建築中來，以擴大空間美，這種審美觀點在王維詩中也有表現。例如：

枕上見千里，窗中窺萬室。（和使君王郎西樓望遠思歸）

洞中開日月，窗裏發雲霞。（奉和聖制幸玉眞公主山莊）

大壑隨階轉，群山入戶登。（韋給事山居）

詩人從一門一窗體會到無限的空間，從小空間到大空間，所謂「小中見大」，拓展了視野，豐富了美的感受。另外園林建築創造空間美的方法就是「借景」，明代計成「園冶」一書曾談到「園林巧於因借」，這裡所謂「借」，就是「借景」，他分爲遠借、鄰借、仰借、俯借、鏡借等。王維詩「城外青山如屋裏」（春日與裴廸過新昌里訪呂逸人不遇）就是遠借。另有「勅借岐王九成宮避暑應教」詩云：

隔窗雲霧生衣上，捲幔山泉入鏡中。

這就是所謂的「鏡借」，「鏡借」是憑鏡借景，使景映鏡中，化實爲虛也。以上所言，正如沈復「浮生六記」中所說：「大中見小，小中見大，虛中有實，實中有虛，或藏或露，或淺或深，不僅在周回曲折四字也」。宗白華氏斷爲中國一般藝術的特徵（註八四），確爲知言。

【附　註】

註　一　宋人題跋（上）．東坡題跋卷五，藝術叢書第一集，世界書局版。

註二　氏著「象牙塔外」，頁四七，經世書局版。

註三　刊「芸術家」一四四期，頁一八六。一九八七年五月。

註四　氏著「藝術概論」，頁一四三、一五〇，黎明文化事業公司版。

註五　轉引自宗白華氏「美從何處尋」，頁一一一，元山書局版。

註六　同註四，頁一五〇。

註七　同註四，頁一五一。

註八　氏著「潘天壽論畫筆錄」，頁三，丹青圖書公司版。

註九　五右丞集箋註，頁五一二—四。

註一〇　見「中國畫論類編」，士衡論畫云：「丹青之興，比雅頌之述作，美大業之馨香。宣物莫大於言，存形莫善於畫，圖形於影，未盡纖麗之容」。

註一一　六十七年師大國研所碩士論文，頁五八。

註一二　此依王文進先生「詠懷的本質與形似之言」乙文之見解，文見「中國文化新論」，文學篇二，頁一四四，聯經出版公司版。

註一三　文刊聯合報副刊，民國七四年十一月四日版。

註一四　同註九，頁五一二。

註一五　同註九，頁五一一

註一六　該書頁七，聯經出版公司版。

註一七　引自錢鍾書氏「中國詩與中國畫」，刊「中國文學研究叢編」第一輯，頁四，香港龍門書店版。

註一八　同註一七。

註一九　引自氏著「比較詩學」，頁一九五，「出位之思」：媒體及超媒體的美學。東大圖書公司版。

註二〇　同註一七，頁十四。

註二一　同註一七，頁十五。

註二二　文見「詩與畫—評萊森的詩畫異質說」，刊氏著「詩論」，頁一二五，正中書局版。

註二三　又稱「拉奧孔」，有朱光潛氏譯本，蒲公英出版社版。

註二四　引自張漢良先生「文學與藝術的關係研究」，刊「比較文學理論與實踐」一書，頁二九七，東大圖書公司版。

註二五　文刊「文學藝術—『談詩與畫』研討會專刊」，頁四一，台北市立美術館發行，一九八五年六月。

註二六　同註二四，頁三〇五，「布雷克的詩中畫與畫中詩」。

註二七　語見「學衡」第九期。

註二八　同註二二，頁一四〇—一。

註二九　同註一一，頁六六。

註三〇　同註一一，頁六五。

註三一　請參考呂佛庭先生「中國書畫源流」，頁九，華正書局版。徐復觀先生著有「中國藝術精神」，反對這種說法。

註三二　同註五，氏著「美從何處尋」，頁一八三。

註三三　楚戈「畫中有詩」，刊中央日報副刊，七十一年十二月六日。何懷碩「繪畫與文學」，刊「苦澀的美感」，大地出版社版。林惺嶽「試論書詩畫」，刊氏著「神秘的探索」，書評書目出版社。張清治「無畫處皆成妙境—談中國繪畫之空無觀」，故宮文物第十六期。

註三四　刊「聯合報」副刊，七十四年十一月四日。

註三五　刊「藝術學報」第四十期，頁一四九。

註三六　鉅鹿出版社版，頁一〇八。

註三七　刊「中國古代美學藝術論」，頁二七六，木鐸出版社版。

註三八　同註三六，頁一〇九。

註三九　滄海出版社版，頁二九四—三〇四。

註四〇　王夫之「夕堂永日緒論」內編十四，木鐸出版社版，頁七三。還可參考楊松年先生「王夫之詩論研究」，頁九一—一〇八，文史哲出版社版。另外蔡英俊先生「比興、物色與情景交融」一書有很系統的討論，可參看。

註四一　「筱園詩話」卷一，第十二則，刊「清詩話續編」上冊，木鐸出版社版。

註四二　同註二二，頁五〇—一。

註四三　刊「藍星詩刊」第十二號，頁二八，九歌出版社。

註四四　氏著「已畦文集」卷八，赤霞樓詩集序。

註四五　丹青圖書公司版，頁四四。

註四六　有關「意象」的討論，拙作「李賀詩研究」頁一二六—七，「李賀詩的繪畫性—意象」一節有說明。

註四七　高友工、梅祖麟先生「論唐詩的語法、用字與意象」，刊「語言學研究論叢」，頁三〇四，黎明文化公司。本節許多論點皆以該文爲借鏡。

註四八　同註一九，刊「比較詩學」，頁四四—五，本書部分論點也以該書爲借鏡。

註四九　同註一一，頁六五及頁一一三—四，「疊景列象」節。

註五〇　二十多年前由法國詩人阿保里奈爾提倡「圖畫詩」，把詩用文字排成圖畫的形式。或如洛夫所說：「現代詩人林亨泰、白萩等早期實驗的圖象詩，在傳統觀念中仍被視爲文字遊戲，甚至也不爲作者自己所肯定，文見洛夫「視覺詩表現形式的初探」，至於「視覺詩」說法也見上文，刊「心的風景—視覺詩專輯」，時報出版公司版。

註五一　同註三六，頁一一二。

註五二　該文刊「創世紀」詩刊三七期，頁五五。

註五三　同註一一，頁一一〇—一。

註五四　淡江大學王仁鈞教授所著，刊「淡江文學」第五期，民國六十三年六月。

註五五　同註四七，頁二八四。

註五六　同註四七，二九一，王維的風格一向被譽爲詩中有畫，畫中有詩，這要歸功於他善用未帶修飾的始原語。

註五七　刊「中研院國際漢學會議論文集」，頁三四一。

註五八　引自馬楊萬運先生「李長吉研究」，頁二九。

註五九　據日人大野之助「王右丞詩與色彩感覺」一文所作統計，刊「東洋文學研究」第四號。

註六〇　大智　浩著「設計的色彩計劃」，頁一三七。大陸書店版。

註六一　氏著「試論王維詩歌的繪畫形式美」，刊「中國社會科學」1982 年5期。

註六二　「唐詩評選」卷三，「送梓州李使君」詩後評語。
註六三　參考林書堯先生「視覺藝術」，頁一九五。
註六四　參考豐子愷氏「繪畫與文學」，頁一—十五。及註五二，岩上「談詩的繪畫性」。
註六五　氏著「電影與文學」，頁六四。
註六六　氏著「王維與純粹經驗美學」，刊「純文學」第五七期，頁五〇—一。
註六七　氏著「電影藝術論」，頁二六九—二七〇，三山出版社五三年版。
註六八　同註四八，頁五四。
註六九　參考葉維廉先生「中國古典詩中的傳釋活動」，刊「古典文學」第七期，頁六八〇。
註七〇　同註六五，頁六七。
註七一　氏著「中國文學欣賞舉隅」，頁五二，地平線出版社版。
註七二　見「中國詩學史上的言外之意說」一文，刊黃氏「中國詩學縱橫論」，頁一三五，洪範書店版。
註七三　同註七二，頁一四〇。
註七四　同註七二，頁一五〇。
註七五　宗氏「美學何處尋」，頁一八六，元山書局版。
註七六　氏著「中國詩學」設計篇，頁二二四，巨流圖書公司版。
註七七　劉夢得文集卷二十三，「董氏武陵集紀。」
註七八　卷二，「歷代詩話續編」第四二一頁。

註七九　氏著頁一四九，第三章虛實論，文津出版社版。
註八〇　同註七五，頁一三。
註八一　同註四八，頁一六六。
註八二　「唐詩評選」卷三，王維「觀獵」評語。
註八三　同註三二，頁一〇七。
註八四　同註三二，頁四〇。

第六章　結　論

衡量一個詩人的歷史地位，端視其文學作品的好壞而定。要談王維詩的特殊成就，必須擺在文學傳統下加以衡量，文評家李偉斯（F.R. Leavis）認爲文學的偉大傳統（The Great Tradition）在於「社會關懷」（Social concern）以及「藝術至上」（artistic concern）兩方面，以下即根據這兩點立論。

首先，先看「社會關懷」方面：王維由於信佛，又有「晚年惟好靜，萬事不關心」的說法，劉大杰氏竟認爲他「對於現實的社會，是完全閉住眼了」（註一）。其實，王維詩在社會關懷的層面上仍然很廣博，只是他攻擊權貴的現實精神及爲蒼生謀的胸懷，常被批評家所忽略。在「寓言二首」的第一首，他對「驪駒從白馬，出入銅龍門」的朱紱子質問：「問爾何功德，多承明主恩！」在末句更表達了他的憤懣與不平：「奈何軒冕貴，不與布衣言」！另外在「偶然作六首」第五首中以明顯對比手法揭露「鬭雞事齊主」的「輕薄兒」能夠「許史相經過，高門盈四牡」，而「讀書三十年」的「儒生」，却「腰下無尺組」、「一生自窮苦」，有著深沈的悲哀憤慨。他一方面爲「斯人竟誰論」的賢才遭棄而呼籲，一方面抨擊「多出金張門」的權貴阿私，要求做到「動爲蒼生謀」。像這一類強烈表現對社會抗議譏諷的作品還很多，如「濟上四賢咏」、「西施咏」、「夷門歌」、「隴頭吟」、「老將行」、「洛陽女兒行」、「不遇咏」等都是，早經趙殿成、陳沆、沈德潛等後代批評家評論過了，即可證明，我們能說王維沒有直接反映社會現實的詩嗎？

其次，談到「藝術至上」方面，即指王維在藝術技巧上的成就。由於王維多才多藝兼擅詩書琴畫，唐人殷璠「河岳英靈集」就指出王詩的藝術特色是「在泉爲珠，著壁成繪」。宋朝蘇軾更明確贊譽他「詩中有畫，畫中有詩」，以下試舉幾首詩即可證明。如「山居秋暝」詩：

空山新雨後，天氣晚來秋。明月松間照，清泉石上流。

竹喧歸浣女，蓮動下漁舟。隨意春芳歇，王孫自可留。

首先，依謝赫六法所謂「經營位置」的構圖上看，王維將各個分散的景物，經過一番結構組合，使之成爲一個有機和諧的完整畫面。靠錯落有致的章法和變換靈活的句型，增強了畫面的層次感、動靜感。第二聯「明月松間照，清泉石上流」，上句寫無聲靜態，下句寫有聲動態；上句寫空中，鏡頭由遠而近，下句寫地上，鏡頭由近而遠。第三聯「竹喧歸浣女，蓮動下漁舟」，所描繪的動靜順序剛好與第二聯完全相反。這種鏡頭的遠近交切，讓畫面有景深層次感，靜中有動，動中有聲，是一闋自然交響曲。尤以第三聯將語序巧妙地顚倒，使「竹喧」、「蓮動」這兩個動作對「歸浣女」、「下漁舟」起烘托作用，並讓「歸」和「下」的動作獲得持續性，增強了畫面動態感，留給讀者想像的空間，可說是詩與畫高度的結合。全詩融和了聲、光、色、態，但色彩並不濃烈，聲音喧中有靜，既無麗藻僻典，也無斧鑿痕跡。難怪前人說他的詩疏淡「如清水芙蓉，倚風自笑」（註二），「渾融秀雅，不見穿鑿之跡」（註三）。蘇雪林老師也認爲王維以畫意滲入詩中而稱許他，她說：

> 他的小詩尤能捉住一瞬間的印象，而用鮮明生動之筆表現出來，又善寫光線的變化，如「空山不見人，但聞人語響。返景入深林，復照青苔上。」「木末芙蓉花，山中發紅萼。澗戶寂無人，紛紛開且落。」與西洋畫家之印象主義（L'Impressionisme）頗有相同之點。（註四）

蘇老師所舉「鹿柴」、「辛夷塢」兩首詩，都是讓景物自然地發生與演出，達到葉維廉先生所主張的「以物觀物」的「無我」狀態。雖然所要表現的本是幽深的意境，但王維卻用熱鬧字眼來點逗一片靈明的幽靜世界。這種安祥又生動的靜與動的對比，更突出了空山月夜的幽靜，花開花落的恬靜無爭，眞是兼詩情畫意之美，得情景交融之妙，這才算是最上乘的詩，也就是王維詩的藝術技巧發揮到了極致，相信這與他詩畫兼長的藝術修養是分不開的。所以李豐楙先生「山水詩傳統與中國詩學」一文特別指出，這類圓融和諧的小品山水詩雖係「一時佇興之言」，卻最能得神韻派推崇，他說：

> 山水詩在這種情況下，最能符合神韻派「純詩」的標準，自然以王維一派爲主，越純粹越能表現物我合一時的直覺狀態。……而王維在物我交融之際，則只平淡地觸物圓覽，讓景物在純粹狀態下自然淡泊無間。這種開放、無爲的觀物方式，乃是將道家、禪宗的心性修養當下體現於自然景物之中，爲極具中國風格的自然詩。（註五）

指明了王維詩被推崇爲神韻派的理由，而最先定王維是神韻派詩的盟主，是清朝的王漁洋。他所編選的「唐賢三昧集」，以「仿王介甫『百家』例」爲托辭，不取李白、杜甫的詩，王維被捧爲唐賢第一把交椅，理由或如翁方綱「七言詩三昧舉隅」一文所說：「漁洋先生于唐賢，獨推右丞、少伯以下諸家得三昧之旨，蓋專以冲和淡遠爲主，不欲以雄鷙奧博爲宗」。當時人視王維爲舊詩正宗的還有趙殿最、杭世駿等人，趙殿最說：「唐之詩家稱正宗者，必推王右丞」；杭世駿也認爲「開元天寶之間，詩人比迹而起，鋪陳終始，排比聲韻，工部實爲之冠，擺脫町畦，高朗秀出，右丞實爲之冠」（註六）。但神韻派的王漁洋，遠紹宋朝的嚴羽，他的「滄浪詩話」推尊李杜，而僅列王維爲「詩體」中的一體，這是件很令人奇怪的事。雖然文學趣味像陀螺，常隨時代而有所改變，但王維地位變化如此大，值得深究其中緣由，庶幾才能明瞭王維在中國詩史上的地位。

近人錢鍾書氏著有「中國詩與中國畫」一文，他一方面指出由王維所開始的南宗文人畫以及也是由王維所開始的傳統的神韻派詩歌，在作風和意境上根本是一樣的。他藉著中國「傳統詩裏所認爲最高的品格並不是傳統畫裏所認爲最高的品格。詩畫評價的標準一直相反」的批評史實，認爲「我們論畫儘管推尊王維，到論起詩來只稱杜甫爲『詩聖』」。這種宗奉杜甫爲正宗的思想，在宋朝雖很普遍（註七），是一種時代風潮，但最根本的原因却如柯慶明先生所說：

> 詩歌在中國，從「詩序」開始就以政教的指標而不以純粹的藝術來看待，所以不能如同謝赫以降的畫論，只從它作爲藝術的美學特質與價值來考慮，而總是更要求它必須具有某種倫理的意

義與價值。因此，「興會神到」「氣韻生動」或者可以成爲繪畫的理想，而神韻派的詩歌終於只是詩中一體未居正格。（註八）

柯氏指明神韻派「興會神到」「氣韻生動」的詩，雖具備藝術的美學特質與價值，却在政教的指標下被降格。另外從別的角度來印證此說的有黃景進先生，比較滄浪「興趣說」與漁洋「神韻說」所得的結論：

本來推崇某一詩人，與詩評家的觀點有關，很難說誰是誰非，但自宋朝以後，論唐詩者必以老杜爲集大成，幾已成爲定論，當漁洋提倡而以王維爲盛唐詩之正宗時，即招來無數攻擊。觀漁洋著作可見其心理頗爲矛盾。他因爲採取神韻的觀點，不得不推王維爲正宗，可是又不能否定杜甫的偉大。他承認杜甫善於「鋪敍感慨」，其七言長篇皆氣勢豪邁，波瀾壯濶，可是在漁洋心目中，五言絕句乃最能代表盛唐風格者，在這方面，應以王孟爲「正調」，而杜甫則爲「變調」。筆者研究漁洋詩論，認爲漁洋對王維杜甫的評價最耐人尋味。如果被問到一個問題：詩是什麼？則我們心理浮現的是王維風格（即神韻）的詩，還是老杜風格（即興趣）的詩？筆者自認可能站在漁洋這邊選擇王維的詩，因爲他的詩似較接近我們通常所說的「詩意」。在我們的文化傳統中，談到詩，似乎代表某種精鍊的語言，它以很少的語言傳達很豐富的意味，這種詩的理念似較接近王維的詩風。王維詩是眞正的純粹詩，它只能以詩的形式存在，不能換成其他的文學形式如小說戲劇等表達，那將原味盡失，所以是詩的「正調」。相對的，杜甫許多偉大的詩篇則不夠「純粹」，它們並不必然要依賴詩的形式而存在，若換成別的文學形式也不見得有重大影響。他的名作如三吏三別等，如果用現代的小說或戲劇形式來表達，或許更爲理想，所以是詩的「變調」。（註九）

黃氏所言有三點可說：㈠王漁洋之所以推尊王維而不取杜甫，乃站在神韻的立場，杜詩似乎缺少某種言外的精神，不如王維詩耐人尋味。㈡杜甫的詩不夠純粹，如三吏三別都係諷喩之作，有政教指標的意味，剛好回應柯慶明先生的說法。㈢中國傳統詩講求傳達豐富的「詩意」，而這種詩的理念却是王維詩的風格，所謂「純粹詩」，亦即神韻派「興會神到」「氣韻生動」的詩。

以上徵引都說明一個事實：對於王維一系列表現精緻、講求純粹的詩，應給予新的評價。近人顧實先生「中國文學史大綱」有以下的論斷：

> 李、杜、王三家，王漁洋比之仙聖佛，徐而菴比之天地人，余竊欲比之魏蜀吳。然李杜與王，自有截然區別者，李杜二人，一飄逸，一沈鬱，此雖大異，而均重根柢，獨王以興會爲主。故李杜二人以才力之雄厚，互有所出入，而王則全立於別途，以才之清，成名百世者也。……要之，王維者，開神韻派之初源，能發揮李杜所不見之一種妙致者也」。（註一〇）

論及王維「以興會爲主，別立一途，發揮李杜所不見之一種妙致者」，就是講求風格「獨特性」（Uniqueness），藝術講求獨特性，近人傅偉勳先生以音樂爲喩，語云：

> 音樂所講求的是獨特性（Uniqueness），而不爭等級的第一。你說貝多芬第一？還是莫札特

第一？這是不可能有定論的，也不必有定論的。我們應該說，貝多芬的偉大是在他那獨特的風格，而莫札特的偉大也是在那不同意義的獨特風格。內行人只講風格獨不獨特，外行人才去斤斤計較誰是第一。（註一一）

所言雖係音樂，却可借作說明大詩人各有各的獨特風格，李白飄逸，杜甫沈鬱，王維則是興會，風格獨到，那麼，李白是「詩仙」，杜甫稱「詩聖」，王維叫「詩佛」，三人雄峙盛唐詩壇，正如近人許文雨氏「唐詩集解」所分盛唐詩人為三派—李白派、王維派、杜甫派一樣（註一二），永遠無可爭議了。

【附註】

註一　氏著「中國文學發達史」，頁四〇五，中華書局版。

註二　魏慶之「詩人玉屑」，引「臞翁詩評」。

註三　王世貞「全唐詩說」。

註四　氏著「中國文學史」，頁一三〇，光啓出版社版。

註五　刋「中國詩歌研究」，頁一二二—三，中央文物供應社版。

註六　均見趙殿成「王右丞集箋註」序。

註七　參考黃景進先生「嚴羽及其詩論之研究」，頁二二二，文史哲出版社版。

註　八　柯氏「中國現代文學批評述論」，刋「近代中國」，頁一七五。

註　九　引自氏著「以禪喻詩」到「詩禪一致」，刋「古典文學」第四期，頁一三二。

註一〇　台灣商務印書館版，頁一九八—九。

註一一　引自「藝術講求獨特性」，刋中國時報「人間」副刋，民國七十五年九月二十一日。

註一二　氏著「唐詩集解」，正中書局版。

王維研究論著知見目錄初編

壹　中文類

一、版本及箋註

王摩詰文集十卷（北宋蜀刻本）　唐・王維撰　北京圖書館藏

王右丞文集十卷（南宋麻沙刻本）　唐・王維撰　日本靜嘉堂藏

王右丞集六卷（須溪校本）　宋・劉須溪校　商務印書館版

山王右丞詩六卷（弘治呂夔刊本）　宋・劉辰翁評　中央圖書館藏

王摩詰集十卷（正德仿宋刊本）　唐・王維撰　中央圖書館藏

王摩詰集二卷（嘉靖東壁圖書府刊本）　唐・王維撰　中央圖書館藏

王維集（萬曆楊一統白下重刊本）　唐・王維撰　中央圖書館藏

類箋王右丞詩集十四卷（顧氏奇字齋刊本）　明・顧起經注　中央圖書館藏

唐王右丞詩集六卷（吳氏漱玉齋刊本）　明・顧可久注　中央圖書館藏

王摩詰詩集七卷（明末凌刊套印本）　宋・劉辰翁注　中央圖書館藏
王右丞集箋注二十八卷（趙氏自耕堂本）　清・趙殿成箋注　中央圖書館藏
王摩詰集六卷　唐・王維撰　上海同文書局石印本
王摩詰集六卷　唐・王維撰　上海掃葉山房石印本
王摩詰集二卷（汪立名刊本）　唐・王維撰　新文豐出版公司
王維詩（人人文庫本）　傅東華注　商務印書館
王維（千古詩心第二輯）　林保淳・蔣秋華注　惠施出版社
寒山秋水（王維詩文選集）　范慶雯注　獅谷出版公司
王維詩選（中國歷代詩人選集）　仁愛書局

二、索引

王維詩索引　都留春雄・清水雄次郎・芳賀唯一共編　日本名古屋采華書林

三、傳記

王摩詰　傅抱石譯（梅澤和軒著）　上海　商務　民國二四年
歌詠自然兩大詩豪（陶淵明王維）　郭伯恭　上海　商務　民國二五年又臺北　商務　民國五三年
王維與孟浩然　楊蔭深　上海　商務　民國二五年
王維研究　莊申　香港　萬有圖書公司　民國六〇年四月

卷一　王維的生平

(1)王維的交遊　原題王維交遊考　大陸雜誌三四卷四期—三四卷八期　民國五六年二、三、四月

(2)王維的行旅　原題王維行旅考　香港新亞學報九卷一期　民國五八年

(3)王維的道家生活與思想　台北大陸雜誌三三卷八期　民國五六年十月

卷二　王維的藝術

(1)王維山水繪畫源流的分析　慶祝李濟先生七秩誕辰論文集　民國五四年九月

(2)王維在山水畫史中地位演變的分析　香港新亞學報七卷二期　民國五五年八月

(3)王維的人物繪畫與其源流

附錄

(1)王維輞川圖的歷史

(2)有關王維研究之論著

(3)王維年表

王維評傳　劉維崇　正中書局　民國六一年

詩佛王摩詰傳　褚柏思　新文豐出版公司　民國七〇年九月

一代高人王右丞　韓文心　莊嚴出版社　民國七二年

審美詩人王維　譚繼山編譯　萬盛出版公司　民國七三年三月

王右丞年譜一卷　明顧起經編　王右丞集內　明萬曆三四年奇字齋刊本　明嘉靖刊本
王右丞年譜　清趙殿成編　王右丞集箋注內　清乾隆間刊本
王維評傳　彭逸農　學燈　民國十四年四月
王維　朱湘　小說月報十七卷號外　民國十六年六月
王維（唐朝以來一個最大的藝術家）　小尹　中國文藝二卷五、六期　民國二九年七、八月
亂世文人與王維　儻隱　臺北　晨光一卷四期　民國四二年六月
王維的政治生活和他的思想　陳貽焮　文學遺產選集二輯　（一一五—一三三）　北平作家出版社
　民國四六年六月
　又見唐詩研究論文集——王維詩研究　香港　中國語文學社　民國五八年九月
南宗山水畫祖——王維（上）（下）　汪伯琴　臺北　大陸雜誌十六卷五、六期　民國四七年三月
王維　劉延濤　臺北　中國文學史論集　民國四七年四月
王維生平事蹟初探　陳貽焮　文學遺產增刊六（一三七—一四七）　民國四七年五月
　又見唐詩研究論文集——王維詩研究　香港　中國語文學社　民國五八年九月
傑出的詩人王維　中國文學史教研室　北京大學人文科學二期　民國四八年
王維的生平及其藝術　何鐵華　香港佛教十三期　民國五〇年六月
詩禪王摩詰　風人　臺北　暢流二四卷十一期　民國五一年

王維和他的「鬱輪袍」　輔民　文學遺產增刊十二期　民國五二年二月
王維的隱居與出仕　盧懷萱　「文學遺產增刊十三輯」所收　民國五二年九月
　又見唐詩研究論文集——王維詩研究　香港　中國語文學社　民國五八年九月
南宗畫祖——王維　方祖燊　文風五　臺北　師範大學國文學會　民國五三年六月
南宗山水畫祖——王維　伯俞　臺北　暢流三三卷九期　民國五五年六月
詩中有畫、畫中有詩的王摩詰　周子蒔　臺北　古今談十八　民國五五年八月
王維評傳及其詩　陳秀清　國立藝術專科學校藝術學報一　民國五五年十月
王維的人生觀　謝愛之　臺北　幼獅二六卷二期　民國五六年八月
水墨山水的鼻祖——王維　劉程遠　臺北　建設十六卷九期　民國五七年二月
王維的藝術生活　游禮陸　新境界三　私立輔仁大學學生代聯會　民國五七年三月
王維的人生觀　費海璣　見文學研究續集　臺北　商務　民國六〇年一月
詩佛王維　邵父　臺北　中國詩季刊三卷一期　民國六一年三月
王維詩中的佛家思想　盧桂霞　臺北　古今談一〇〇　民國六二年八月
王維研究　陳一亞　香港　私立珠海書院中文研究所碩士論文　民國六三年五月
兩唐書王維傳補正　胡傳安　文史季刊三期　民國六六年
王維交遊考　胡傳安　人文學報三期　民國六七年四月

盛唐三大家—李白、杜甫、王維　洪順隆　中華學術院文學論集　民國六七年七月
王維事迹證補　楊軍　唐代文學論叢　一九八二年二期　民國七一年

四、作品

王維詩導言　傅東華　見「王維詩」　上海　商務　民國十七年
又見「王維詩選」　香港　大光出版社　民國五三年　臺北　商務　民國五七年
輞川詩集窺蠡　孟雄　民鳴月刊一　民國十八年五月
王維的美術　徐恒之　學風二卷九期　安徽省立圖書館出版　民國二一年
作爲唐代畫家的王維　許辛之　書報展望一卷五期　民國二五年三月
說王孟韋柳　玄修　同聲月刊二卷一期　民國三一—三二年
王孟的優劣　承名世　重慶　文史雜誌六卷一期　民國三五年七月
王摩詰「送綦毋潛落第還鄉詩跋」　程會昌　國文月刊六〇　民國三六年十月
王維散論　方管　上海　新中華十二卷三期　民國三八年二月
王維的詩與畫　蕭望卿　香港　民主評論五卷十七期　民國四三年
南宗畫祖王維　方祖燊　文藝創作六七期　民國四五年十月
東方印象主義藝術大師—王維　呂佛庭　文藝創作六八期　民國四五年十一月
王維藝術的音樂性　虞君質　大學生活四卷二、三期　民國四七年六、七月

王維　何樂之　民國四八年

王維　羅卡子　中國畫一九五九年五月　民國四八年五月

論王維的詩　陳貽焮　文學遺產增刊三期（七九—九五）　民國四五年八月　又見唐詩研究論文集—

—王維詩研究　香港　中國語文學社　民國五八年九月

談王維的兩首詩　李長之　語文學習一九五七年二月（五—七）　民國四六年二月

王維詩簡論　鄧魁英　語文學習一九五七年八月　民國四六年　又見唐詩研究論文集

北平　中華書局　民國四八年

對王維詩歌的評價　王維研究小組　文學研究與批判專刊一（五九—七五）　民國四七年

秦觀和陸游怎樣欣賞王維的作品　豐今　北平　文學評論一九五九年五期　民國四八年九月

王維及其輞川詩　冷彬　香港　人生十八卷八期　民國四八年九月

王維的山水詩　陳貽焮　北平　文學評論　一九六〇年五期　民國四九年

王維詩研究　王韶生　香港　文學世界二五期　民國四九年三月

論王孟韋柳之詩　楊心果　臺北　建設八卷十一期　民國四九年四月

王維和他的詩　王運熙　見王右丞集箋注　中華書局　民國五〇年

關於王維山水詩　蕭滌非　文史哲學報第一期　民國五〇年

詩畫雙絕的王維　飛揚　中央日報　民國五〇年八月二二日

王維及其凝碧池詩　樸人　中央日報　民國五〇年八月二三日

王維丁憂時間質疑　金丁　「文學遺產增刊十三輯」所收　民國五二年九月
又見唐詩研究論文集——王維詩研究　香港　中國語文學社　民國五八年九月

詩中有畫——試論王維的藝術特點　張志岳　「文學遺產增刊十三輯」所收　民國五二年九月　又見
唐詩研究論文集——王維詩研究　香港　中國語文學社　民國五八年九月

談王維晚期的兩首詩　張志岳　詩詞論析　鉅鹿出版社

王維現存詩歌質疑　韓維鈞　「文學遺產增刊十三輯」所收　民國五二年九月
又見唐詩稅究論文集——王維詩研究　香港　中國語文社　民國五八年九月

唐代的詩人畫家——王維　馬景賢　國語日報「書和人」二〇期　民國五四年十二月

禪宗對於王維詩風的影響　杜松柏　臺北縣永和鎮　海潮音四八卷一〇期　民國五六年十月

論王維對於中國南宗山水畫的影響　虞君質　美術學校三期　民國五七年十二月

盛唐自然派詩人——王維、孟浩然詩的風格　甘秀霞　師大詩學集刊　民國五八年

詩中有畫畫中有詩的王維　吳宣陵　師大詩學集刊　民國五八年

關於王維的詩　方永耀　見唐詩研究論文集——王維詩研究　香港　中國語文學社　民國五八年九月

王摩詰的詩與佛學的關係　王熙元　見文學心路　仙人掌出版社　民國五八年

讀「關於王維的山水詩」　方永耀　見唐詩研究論文集——王維詩研究　香港　中國語文學社　民國

五八年九月

王維詩研究（上）　陳貽焮等著　見唐詩研究論文集第二集　香港　中國語文學社　民國五八年九月

論王、孟詩之異同　謝佐禹　見唐詩研究論集　香港崇文書店　民國六〇年

詩中有畫畫中有詩的王摩詰　方延豪　台北藝文誌七〇期　民國六〇年七月

王維與純粹經驗美學　葉維廉　純文學一〇卷三期　民國六〇年九月

王維的輞川詩　吳宏一　海外學人十六期　民國六〇年十一月

畫家王維　吳維貞　幼獅月刊三六卷三期　民國六一年九月

王維與柳　黃守誠　花蓮　師專學報四　民國六一年六月

唐詩選本王維詩採選統計　凌子鎏　香港　珠海學報五　民國六一年一月

王摩詰的無聲之詩有聲之畫　陳應龍　臺北　藝文誌八七　民國六一年十二月

王維其人其詩　菊韻　臺北　今日中國二一　民國六二年一月

王維詩研究　徐賢德　臺北　私立文化學院中文研究所碩士論文　民國六二年六月

王維詩畫之關係研究　張光復　臺北　私立文化學院藝術研究所碩士論文　民國六二年六月

藝術宗教化（王維和勃萊克的詩畫比較）　張台萍　私立東海大學中文研究所碩士論文　二七二頁

民國六三年五月

王維李白與杜甫之比較研究　劉肖溪　國立臺灣大學中國文學研究所碩士論文　二六九頁　民國六三

年十月
王維詩之畫意　程曦　自印本　民國六三年
王維詩之研究　楊胤宗　臺北　暢流五二卷六期　民國六四年十一月
山河大地在詩佛——王維詩之特色與成就　李正治　鵝湖一卷六期　民國六四年十二月
說王孟韋柳　夏敬觀　見唐詩說　臺北　河洛圖書出版社　民國六四年十二月
談王維的「辛夷塢」　張春榮　鵝湖一卷八期　民國六五年二月
王維詩中有畫　杜若　臺北　臺肥月刊十七卷三期　民國六五年三月
論王孟詩風　李許群　香港　珠海書院中文研究所碩士論文　三八五頁　民國六五年五月
王維詩研究　蔡美霞　台南第一書店　民國六五年五月
王摩詰詩析論　胡傳安　人文學報二　民國六五年七月
王維的園林思想　田博元　幼獅文藝四四卷二期　民國六五年八月
王維禪詩的園林思想　田博元　臺北　佛教文化學報五　民國六五年十月
試論王維詩中的世界（上）（下）　柯慶明　中外文學六卷一、二期　民國六六年六——七月
王維輞川集「竹里舘」　劉守宜　聯合副刊六八年八月十六日
「大漠孤煙直、長河落日圓」——詩探王維的內心世界　何寄澎　幼獅文藝四六卷五期　民國六六年十一月

王維的空靈與馬致遠的空無　黃敬欽　幼獅文藝四七卷二期　民國六七年二月

王維詩與李朝申緯詩之比較研究　柳晟俊　師大國研所博士論文　民國六七年九月

王維詩的特徵　羅宗濤　中央日報文史選集第一期　民國六八年二月

莊著「王維研究」質疑　簡錦松　台北　出版與研究四一期　民國六八年三月

孟浩然和王維的詩風——以用事觀點論二家五律（上、下）　簡錦松　中外文學八卷一、二期　民國六八年六、七月

王維山水詩的藝術特色　葉式生　文學評論叢刊二

王維「雪中芭蕉」寓意蠡測　陳允吉　復旦學報一九七九年一月

論王維詩中的禪宗思想　陳允吉　文藝論叢（十）　民國六九年

詩人王維——詩中有畫　方定　明道文藝四五期　民國六九年一月

王維輞川二十景　徐湘苓　明道文藝五十期　民國六九年五月

從電影手法角度分析王維的自然詩　陸潤棠　中西比較文學論集　六九年二月

王維詩歌的禪意與畫意　袁行霈　社會科學戰線一九八〇年二期

王維與南北宗禪僧關係考略　陳允吉　文獻八

王維詩「詩中有畫」的藝術特色臆談　林邦鈞　古典文學論叢二輯

空靈的脚步——王摩詰詩的境界與批評　吳可道　楓城出版社　民國七一年六月

試論王維詩歌的繪畫形式美　文達三　中國社會科學一九八二年五期　民國七一年
試論王維詩常見的一些技巧和象徵　柯慶明　臺靜農八〇壽誕論文集　民國七二年
詩佛王維之研究（原名：王維詩與佛教關係）　林桂香　政大中研所碩士論文　民國七二年六月
談王維的「雪中芭蕉」　羅青　台灣新聞報「西子灣」　民國七二年八月十日
禪家理趣與道家意境—陶淵明與王維田園詩境之比較　王邦雄　中央日報副刊　民國七三年五月二二日
王維「相思」詩辨析　薛順雄　台灣日報副刊　民國七三年六月一、二、三日
詩中有畫—王維詩中的視覺意象　羅宗濤　中央日報文藝評論十五期　民國七三年六月二一日
王維（中國名畫家叢書—晉唐五代之部）　文史哲出版社　民國七三年三月
王維山中與裴廸秀才書趣味論　楊鴻銘　孔孟月刊二三卷五期　民國七四年一月
王維神韻說・南宗畫—兼論唐代以後中國詩畫藝術批評的演變　葛曉音　文學評論一九八二年第一期
王維研究—宗教、藝術與自然之融合　金億洙　文化大學中研所博士論文　民國七四年
王維—文人畫的始祖　殷登國　文藝月刊一五七期　民國七一年七月
試擬王維「輞川二〇首」的二度規範系統　古添洪　刊「記號詩學」　民國七三年七月
王維學佛不得已—從詩中看王維的矛盾衝突　張曼娟　中華文化復興月刊十九卷二期
試從視覺效率分析王維自然詩與「山水論」和「山水訣」的關係　陸潤棠　刊「電影與文學」中國文

化大學出版部　民國七三年十二月
王維詩中之時間表達　陸潤棠　刊「電影與文學」　中國文化大學出版部　民國七三年十二月
王維詩所表達的空間感受和山嶽態度　陸潤棠　刊「電影與文學」　中國文化大學出版部　民國七三年十二月
王孟齊名，何以孟不及王？　簡恩定　中外文學十四卷二期　民國七四年七月
王維　杜松柏　刊「中國文學講話㈥」隋唐之部　巨流圖書公司　民國七四年十一月
王維人格辨誣　楊文雄　刊「慶祝無錫施之勉先生九秩晉五誕辰論文集」　文史哲出版社　民國七五年三月
王維詩中的禪趣　王熙元　刊「古典文學散論」　台灣學生書局　民國七六年三月
王維詩研究　柳晟俊　黎明文化公司　民國七六年七月

貳　韓文類

王維詩考　柳晟俊　空士論文集三輯一九六九年
王維論　許世旭　月刊文學二卷五期一九六九年
王維詩友之研究　柳晟俊　東西文化八期　一九七五年十一月
王維詩研究　金在乘　漢城大學校碩士論文　一九七六年

王維詩畫樂的特色　柳晟俊　東西文化九期　一九七六年
王維詩「詩中有畫」之研究　柳晟俊　東西文化十期　一九七八年
王維詩「以禪入詩」之特色　柳晟俊　韓國文學報五期　一九七八年
王維詩之畫意考　柳晟俊　中國文學六輯
王維之田園山水詩考　柳晟俊　亞細亞學報十四輯
李達與王維之詩比較考　柳晟俊　外大論集十八輯

叁　日文類

一、傳記

王維の生涯と藝術　小林太市郎　全國書房二七九頁　一九四四年
王維　小林太市郎　三彩四　一九四六年十二月
王維　橋本循　「中華六〇名家言行錄」　弘文堂　一九五一年二月
王維　小林太市郎　「世界歷史事典」Ⅲ　平凡社　一九五一年八月
王維──安史の亂と詩人たち──目加田誠　文學研究四三期　一九五二年三月
王維の一生活ぴ藝術について　菅谷軍次郎　仙臺　宮城學院女子大學研究論文集六期　一九五四年
王維の前半生　入谷仙介　中國文學報十一期（五八─九一）　一九五九年一〇月

中年期の王維　入谷仙介　京都　中國文學報十五期　一九六一年
晩年の王維（上）（下）　入谷仙介　中國文學報十八、十九期　一九六三年四月一〇日
王維研究　入谷仙介　東洋學叢書　創文社　六九七頁　一九七六年三月
王維研究（書評）　井口孝　中國文學報二七期　一九七六年四月
入谷仙介「王維研究」（書評）　鈴木修次　創文一五四期　一九七六年
王維の生涯と藝術　小林太市郎　京都談文社　一九七四年四月

二、作品

王維詩評釋　喜多尾城南　京都彙文堂　一九二三年
王右丞集　清潭　國民文庫刊行會　一九二九年
王維の詩について　鎌田正　漢文教室二期　一九五二年六月
王維の詩　橋本循　懷德二七期（一—一〇）　一九五六年一〇月
王右丞詩と色彩感覺　大野實之助　東洋文學研究四期（五二—六四）　一九五六年三月
王維之奉佛觀序說—以安祿山事件爲中心　片山松治　岡山縣漢學學會報創刊號一九五六年九月
王維的詩與畫及其他　山本健吉　中國詩人選集第四附錄　一九五七年
王維的詩與畫　土屋竹雨　日本文學美術學會「表象」第一期　一九五七年六月
畫人王維　北川桃雄　中國詩人選集第六附錄　一九五七年

關於王維的二面性　都留春雄　東京市立高等學校研究紀要第五集　一九五七年七月
王維之輞川圖　小林太市郎　「華道」二三卷一期　一九六〇年十一月
王維の詩に見える諷諫精神　大野實之助　東洋文化復刊一期（二〇—二三）　一九六一年十二月
王維　都留春雄　岩波書店中國詩人選集第七集　一九六二年
王維　小林太市郎、原田憲雄譯　東京集英社（漢詩大系一〇期）　一九六四年八月
王維之研究　橋本循　中國文學思想論考
王維と佛敎　藤善眞澄　東洋史研究二四卷一期　一九六五年六月
王維の人生　鈴木修次　漢文敎室八〇、八一、八四　一九六七年三、六月；一九六八年二月
王維——その生活と文學——　垂永英彥　語學と文學二期　一九七一年
王維から杜甫へ　入谷仙介　大阪野草四期　一九七一年七月
王維詩集　原田憲雄譯　角川書店　一九七二年六月
王維詩集　小川環樹、都留春雄、入谷仙介選譯　岩波書店　一九七二年一〇月
王維　原田憲雄　東京集英社（中國詩人選二期）　一九七二年十二月
月支頭——王維札記——原田憲雄　京都女大人文論叢二一期　一九七二年十一月
王維詩に詠せられた「白雲」について　都留春雄　滋賀大國文十一期　一九七三年
王維　入谷仙介　東京筑摩書房（中國文選十三期）　一九七三年十一月

客舍青青柳色新　岡阪猛雄　京都教育大學國文學會誌十二期　一九七三年

摩詰居士（王維）について　中村文峰　中國文學論考二期　一九七四年九月

王維研究　入谷仙介　創文社　一九七五年三月

王維の風水畫と詩について　吳長鵬　中國總合研究創刊號　一九七五年

王維詩四題　入谷仙介　創文一五五期　一九七六年

G. W. ロビンソン氏英譯「王維詩集（POEMS OF WANG WEI）」隨想　夜久正雄（書評）　亞細亞大學　アジア研究所紀要三期　一九七六年二月

王維詩考：金岡博士の所論に答えて　前野直彬　中哲文學會報八期　一九八三年六月

隱者とひての王維　神樂岡昌俊　東方宗教六二期　一九八三年十月

王維「日色冷青松」　金岡照光　中哲文學會報九期　一九八四年六月

王摩詰詩にみゐ佛教的ユートピア　小笠原博慧　漢文學會會報二九期　一九八四年十二月

王維の在家信仰——「維摩經」を中心に　內田誠一　中國詩文論叢五期　一九八六年六月

肆　西文類

The Wang Ch'uan T'u, A Landscape of Wang Wei. Berthold Laufer, Berlin, Ostasiatische Zeitsl Chrift, 1912-1913

Wang Wei, the Poet Painter (A. D.697-759). Grantham A. E. China Journal No.1, pp. 117-125, 1923.

Le Poete Chinois Wang Wei. Belpaire, B., Mus'eon 42, pp. 275-316, 1929.

Gedichte Von Wang Wei. Hsu, Dauling and Kuttner, S. Sinica 5, pp.206-207,1930.

Wang-Chuan Chi. Franke, H., Ostasiatische Zeitschritt, pp. 16-23 1937.

Wang Wei, le Poete……Liou Kin-ling, Paris, Jouve et Cie, 165 p. 1941.

"Wang-Chuan Chi," di Wang Waie Pei Ti (Laraccolte del Fiume Wang.) Benedirter, M., Annalilstituto orientale di Napolis N. S.6, pp. 201-243 1954-1956.

Poems by Wang Wei. Chang Yin-nan （張郢南）Lewis C, Walmsley, Charles E. Tuttle Company, 1958.

Wang Wei, The nature Poet. Chen Yi-hsin, Chinese Literature No.7, pp. 12-22 July 1962.

Wang Wei, The Painter-Poet. Calvin. Lewis & Scrothy Brush Walsley, Charles and E. Tuttle Company, Vermont & Tokyo, 182pp. 1968. (rev)-(OAXV1.4) 1970.

Wang Wei and the Aesthetic of Pure Experience. Yip, Wai-lim, Taipei, Tamkang Review 2卷2期-3卷1期1972,4

A Cimematic Interpretation of Wang wei's Nature Poetry. Luke, T. Y. 新亞學術集刊1期 民國61年

Poem by Wang Wei. (by H. R. Josephs). Yip Wai-lim; Hiding the Universe. in Harvard Journal, Vol. 33, 1973.

The world of wang wei's Poetry : An Illumination of Symbolist Poeties, Pauline Ruth Yu, Ph. D. diss., Stanford, 1976

Wang Wei, Li Po, Tu Fu : China's Three Great Poets Appreciated by a Foreigner. Ursula K. Chi, Asian Culture Quarterly Vol. v, no. 4, Taipei, Republic of China, Winter, 1977 又東吳文史學報2期p.132-157 民國66.3

Wang Wei's perception of space and his Attitude Towards Mountains. Yip, Wai-lim, Taipei, Tamkang Review

Vowel Mergers In the Literary Dialect of Wang Wei, R.A. JUHL清華學報12卷1、2期合刊

Yu, The Poetry of Wang Wei: New Translations and commentary. Richard John Lywn, CHINESE LITERATURE Vol.4, No.2, 1982,7.

【附錄二】

參考書目

一

唐王右丞集　王維撰　劉辰翁註　商務印書館四部叢刊初編本

王摩詰集　王維撰　劉辰翁評　明吳興淩濛初刊本

類箋王右丞詩集　王維撰　顧起經評　學生書局

王右丞詩集　王維撰　顧可久註　吳氏漱玉齋刊本

王右丞集箋注　王維撰　趙殿成注　河洛圖書出版社

二

舊唐書　劉　昫等　鼎文書局

新唐書　歐陽修等　鼎文書局

資治通鑑　司馬光等　世界書局

中國通史　傅樂成　大中國圖書公司

唐代政制史　楊樹藩　正中書局

中國文學發達史　劉大杰　中華書局

中國文學史　葉慶炳　廣文書局

中國文學批評史　郭紹虞　明倫出版社

唐代文學全集　劉中和　世界文物出版社

唐詩概論　蘇師雪林　商務印書館

元和姓纂　林寶　商務四庫全書珍本別輯

元和郡縣圖志　李吉甫　商務國學基本叢書本

登科記考　徐松　驚聲文物供應公司

唐僕尚丞郎表　嚴耕望　中研院史語所

唐人行第錄　岑仲勉　九思出版社

隋唐五代史　呂思勉　九思出版社

唐史研究　李樹桐　中華書局

唐史新論　李樹桐　中華書局

三

莊子集釋　郭慶藩　廣文書局

維摩詰所說經　鳩摩羅什譯　大正大藏經　新文豐公司影印
六祖壇經註解　丁福保箋注　瑞成書局
神會和尚遺集　胡適校本　中研院胡適紀念館
禪源諸詮集都序　圭峯宗密　大正大藏經　新文豐公司影印
景德傳燈錄　釋道原　新文豐公司印行
宋高僧傳　沙門贊寧　臺灣印經處
中國佛教史　蔣維喬　國史研究室
釋氏疑年錄　陳　垣編　廣文書局影印
中國禪宗史　印　順　慧日講堂
漢魏兩晉南北朝佛教史　湯錫予　鼎文書局
中國佛教史論集—隋唐五代篇　張曼濤主編　大乘文化出版社
佛教與中國文化　張曼濤主編　大乘文化出版社
禪宗典籍研究　張曼濤主編　大乘文化出版社
禪學論文集　張曼濤主編　大乘文化出版社
中國佛教史　宇井伯壽著　李世傑譯　協志工業叢書
道教與修道秘義指要　黃公偉　新文豐出版公司

中國道教思想史綱　卿希泰　木鐸出版社
六朝隋唐仙道類小說研究　李豐楙　學生書局
生生之德　方東美　黎明文化事業公司
禪學講話　釋東初　中華佛教文化館
禪學的黃金時代　吳經熊著　吳怡譯　商務印書館
禪與心理分析　鈴木大拙著　孟祥森譯　志文出版社
禪學隨筆　鈴木大拙著　孟祥森譯　志文出版社
禪佛入門　鈴木大拙著　李世傑譯　協志工業叢書

四

詩經　藝文印書館影印本
楚辭補注　洪興祖　藝文印書館影印本
文心雕龍註　劉　勰　明倫出版社
唐詩品彙　高　棅　商務四庫全書珍本六集
杜詩鏡銓　楊倫輯　正大印書館
杜詩詳註　仇兆鰲注　文史哲出版社
全唐詩　清聖祖御定　文史哲出版社

書名	作者	出版者
全唐文		匯文書局
文苑英華	李昉等	華文書局
唐詩癸籤	胡震亨	世界書局
唐音	楊士宏	商務印書館四庫珍本
瀛奎律髓	方　回	商務印書館四庫珍本
唐才子傳	辛文房	世界書局
聖歎選批唐才子詩	金聖歎	正中書局
唐詩別裁	沈德潛	商務人人文庫
唐賢三昧集箋註	王漁洋	廣文書局
帶經堂詩話	王漁洋	廣文書局
圍爐詩話	吳　喬	廣文書局
足本隋園詩話及補遺	袁　枚	長安出版社
昭昧詹言	方東樹	廣文書局
十八家詩鈔	曾國藩	廣文書局
唐宋詩舉要	高步瀛	廣文書局
石遺室詩話	陳　衍	商務印書館

唐詩說　夏敬觀　河洛出版社
宋詩話考　郭紹虞　學海出版社
隋唐五代文學批評資料彙編　羅聯添編　成文出版社
百種詩話類編　臺靜農編　藝文印書舘
甌北詩話　趙　翼　廣文書局
苕溪漁隱叢話　胡　仔　長安出版社
詩人玉屑　魏慶之　九思出版社
人間詞話　王國維　廣文書局詞話叢編本
詩論分類纂要　朱任生　商務印書館
孟浩然詩說　蕭繼宗　商務印書館

五

文學概論　王夢鷗　帕米爾書店
中國文學論集　徐復觀　學生書局
中國韻文裏頭所表現的情感　梁啓超　中華書局
唐詩散論　葉慶炳　洪範書店

陳世驥文存　陳世驥　志文出版社
迦陵談詩　葉嘉瑩　三民書局
中國詩學設計篇　黃師永武　巨流圖書公司
中國詩學鑑賞篇　黃師永武　巨流圖書公司
中國詩學考據篇　黃師永武　巨流圖書公司
中國詩學思想篇　黃師永武　巨流圖書公司
詩心　黃師永武　三民書局
中國詩學縱橫論　黃維樑　洪範書店
李商隱評論　顧翊群　中華詩苑
中國詩學　劉若愚　幼獅文化公司
中國詩律研究　王力　文津出版社
中國文學欣賞舉隅　傅庚生　地平線出版社
談文人　洪爲法　華夏出版社
飲之太和　葉維廉　時報出版公司
秩序的生長　葉維廉　志文出版社
中國文學理論　劉若愚　時報出版事業公司

迦陵談詩二集　葉嘉瑩　東大圖書公司
詩與美　黃師永武　洪範書店
文學美綜論　柯慶明　長安出版社
中國詩歌研究　黃景進等　中央文物供應社
中國山水詩研究　王國瓔　聯經出版公司
中國文學講演集　錢　穆　三民書局
唐詩四季　吳經熊　洪範書店
邢光祖文藝論集　邢光祖　大漢出版社
清代詩學初探　吳宏一　牧童出版社
王漁洋詩論之研究　黃景進　文史哲出版社
翁方綱及其詩論　李豐楙　嘉新水泥文化基金會
禪學與唐宋詩學　杜松柏　黎明文化事業公司
王維研究　莊　申　香港萬有圖書公司
王維評傳　劉維崇　正中書局
王維詩　傅東華選註　商務印書館人人文庫
歌詠自然兩大詩豪　郭伯恭著　商務印書館人人文庫

審美詩人—王維　譚繼山編譯　萬盛出版公司
空靈的脚步　吳可道　楓城出版社
嚴羽及其詩論之研究　黃景進　文史哲出版社
王夫之詩論研究　楊松年　文史哲出版社
比興、物色與情景交融　蔡英俊　長安出版社

六

文學論　王夢鷗譯　志文出版社
西洋文學批評史　顏元叔譯　志文出版社
詩學　杜國清譯　田園出版社
現代詩的探求　陳千武譯　田園出版社
文藝心理學　朱光潛　開明書店
詩論　朱光潛　正中書局
藝術的奧妙　姚一葦　開明書店
比較詩學　葉維廉　東大圖書公司
拉奧孔　朱光潛譯　蒲公英出版社
比較文學理論與實踐　張漢良　東大圖書公司

電影與文學　陸潤棠　文化大學出版部
電影藝術論　廖祥雄　三山出版社
藝術概論　虞君質　黎明文化公司
中國藝術精神　徐復觀　學生書局
中國古典繪畫美學　郭　因　丹青圖書公司
美學與藝術　陳從周等　木鐸出版社
中國美學史論集　林同華　丹青圖書公司
美從何處尋　宗白華　元山書局
中國的人物畫和山水畫　傅抱石　華正書局
潘天壽論畫筆錄　潘天壽　丹青圖書公司
詩與畫　蕭麗珠　聯經出版公司
中國古代美學藝術論　朱光潛等　木鐸出版社
繪畫與美學　豐子愷　開明書店
中國古代文藝美學範疇　曾祖蔭　文津出版社

七

王維評傳及其詩　陳秀清　藝術學報第一期

題目	作者	出處
論王維對於中國南宗山水畫的影響	虞君質	美術學報第三期
南宗山水畫祖—王維（上）（下）	汪伯琴	大陸雜誌十六卷五、六期
王摩詰詩析論	胡傳安	人文學報第二期
王維交遊考	胡傳安	人文學報第三期
兩唐書王維傳補正	胡傳安	文史季刊第三期
王維的園林思想	田博元	幼獅文藝四四卷二期
王維及其凝碧池詩	樸　人	中央日報五十年八月二十三日
莊著王維研究質疑	簡錦松	出版與研究四十一期
試論王維詩中的世界（上、中、下）	柯慶明	中外文學六卷一、二、三期
孟浩然與王維的詩風—以用事觀點論二家五律（上、下）	簡錦松	中外文學八卷一、二期
詩與感覺	羅宗濤	中央日報七十年十二月二十一日
王維的空靈與馬致遠的空無	黃敬欽	幼獅文藝四七卷二期
詩中有畫畫中有詩的王摩詰	方延豪	藝文誌七十期
禪宗對於王維詩風的影響	杜松柏	海潮音四八卷十期
大漠孤煙直，長河落日圓—試探王維	何寄澎	幼獅文藝四六卷五期

的內心世界

王維研究　陳一亞　香港私立珠海書院中文研究所碩士論文

王維、李白與杜甫之比較研究　劉肖溪　國立台灣大學中國文學研究所碩士論文

王維詩研究　徐賢德　私立文化學院中文研究所碩士論文

鍾嶸詩品及其詩觀　王夢鷗　中華文化復興月刊十卷四期

試論皎然詩式　王夢鷗　中華文化復興月刊十四卷三期

唐詩人王昌齡生平及其詩論　王夢鷗　中華文化復興月刊十三卷七、八期

嚴羽「以禪喻詩」試解　王夢鷗　中華文化復興月刊第十四卷第八期

「具體性」與唐詩的自然現象　鄭樹森　中國古典文學比較研究（黎明文化事業公司）

「以禪喻詩」到「詩禪一致」　黃景進　古典文學第四集（學生書局）

中國詩論中所講求的純粹性　李豐楙　青年戰士報六十四年十月二十日及十一月三日

論唐詩的語法用字與意象　黃宣範譯　語言學研究論叢（黎明文化事業公司）

唐詩的語意研究　黃宣範譯　翻譯與語意之間（聯經出版事業公司）

中國詩與中國畫　錢鍾書　中國文學研究叢編（龍門書店）

後記

現今中文學界大力推動學術研究風氣，各種學術會議相繼召開。如第一屆中國文學批評研討會，去年六月在清大舉行；唐代研究學者聯誼會也在近期舉辦第一屆國際唐代學術會議；南部幾個學校也有「文學的古典和現代」的交流討論會，研究風氣相形蓬勃起來。身爲中文系人，已不能昧於時勢，亟須思考如何爲中國文學開拓一條新的批評路途，使之旣能有新的建樹又不致迷失傳統，葉嘉瑩先生提出「集體研究」的建議。她在「關於評說中國舊詩的幾個問題」中，也有「非兼具新舊兩種學術修養不可」的呼籲（迦陵談詩二集），當然，這種要求談何容易。面對學術風氣更形開放進步的衝擊下，出身中文系，要求論文有所突破，恐怕非講求新的研究方法不可了。

個人雖有此體認，却常感力不從心，徒喚負負。多年前，曾附驥「新批評」理論，費了大勁寫了一本「李賀詩研究」的小書，雖辱蒙師長獎掖推薦，得了中興文藝獎，心中感激又感愧。以中文系的出身，缺乏西方文學理論的訓練，面對新的批評理論，雖有夸父追日的雄心，也空有心餘力絀的無奈。尤其「新批評」理論已沒落，新的理論典範還未能建立，這本「詩佛王維研究」在理論先天不足的情況下，沒有突破，眞是愧對師友。

以上拉雜敍述個人困境，無非藉此點醒自己，仍要努力以赴。研究的路是寂寞的，幸有良師益友在旁提攜協助，使自己在研究的長途走得順坦些。首先，要感謝黃永武、羅聯添、謝一民等三位老師，指導關照之情不敢或忘。羅老師還常惠贈資料，開放個人藏書以供參考，愛護後輩，惠及外校學子的胸懷，令人敬佩。系中老師也常指示體例，關懷之情使人難以忘懷。另外榮村、景進、興昌、昌明、謙益等友人，或打氣，或代找資料，助我良多，謹此致謝。研究王維，必涉佛典，而佛學內典博大精深，幸得妙心寺住持傳道法師時相指點，並惠借該寺「佛學圖書館」大部分圖書，特此致謝。此次能如期出版，文史哲出版社負責人彭正雄先生是大功臣，他向有學術濟助人之稱，助人緊急，振人危難，值得記上一筆，並謝謝他的大力鼎助。最後，也要感謝家人的全心諒解，在論文趕寫期間分擔冗務，妻子秀琴全力持家，給予安靜的寫作環境，在此謹致謝忱。

楊文雄

七七年二月於台南古都